本书为中宣部 2016 年度重大课题"推进党内政治文化建设研究"（批准号 2016MZD027）阶段性成果

中国政治文化的现代转型探析

石永之 孙聚友 等◎著

中国社会科学出版社

图书在版编目（CIP）数据

中国政治文化的现代转型探析／石永之，孙聚友等著．—北京：
中国社会科学出版社，2017.11
ISBN 978-7-5203-1621-7

Ⅰ.①中… Ⅱ.①石…②孙… Ⅲ.①政治文化—研究—
中国—现代 Ⅳ.①D6

中国版本图书馆 CIP 数据核字（2017）第 295897 号

出 版 人　赵剑英
责任编辑　冯春凤
责任校对　张爱华
责任印制　张雪娇

出　　　版　中国社会科学出版社
社　　　址　北京鼓楼西大街甲 158 号
邮　　　编　100720
网　　　址　http：//www.csspw.cn
发 行 部　010-84083685
门 市 部　010-84029450
经　　　销　新华书店及其他书店

印刷装订　北京君升印刷有限公司
版　　　次　2017 年 11 月第 1 版
印　　　次　2017 年 11 月第 1 次印刷

开　　　本　710×1000　1/16
印　　　张　15
插　　　页　2
字　　　数　244 千字
定　　　价　86.00 元

代前言：中国近现代三个主要流派及其特点

辛亥革命以后，中国近现代以来的哲学文化思潮流派发生了变化。到了五四新文化运动时期，逐渐形成了自由主义的西化派、内部仍可分为不同派别的保守主义派和马克思主义哲学派。在中国现代哲学史上，这三大派别之间的互动，制约着中国现代哲学史的性质和发展趋势，成为这一时期哲学发展的主线。

（一）中国近现代的主要流派

1. 自由主义的西化派

西化思潮产生于戊戌变法时期。1898 年湖南籍维新派人士樊锥在《湘报》发表《开诚篇》一文，文中说："革从前，搜索无剩，唯泰西是效。"这是最早的西化言论。甚至后来变成保守派的严复，在当时也曾发出："从事西学之后，平心察理，然后知中国从来政教之少是而多非。……今日明目张胆为诸公一言道破可乎？四千年文物，九万里中原，所以至于斯极者，其教化学术非也。"[1] 到了五四运动时期，这种西化言论发展成为一种在当时占据主导地位的思潮。

1915 年，在陈独秀主持下的《新青年》杂志（原名《青年》，1916 年 9 月 2 卷 1 号改名），创刊了。汪叔潜在第一卷第一号上发表的文章《新旧问题》中说："所谓新者无它，即外来之西洋文化也；所谓旧者无它，即中国固有之文化也。"这表明了西化派在中西文化问题上的基本态度，即是将中西文化问题看做是新旧文化问题。当时持这种观点的人包括

---

① 严复：《救亡决论》，《严复集》第一册（上），中华书局 1986 年版第 49、53 页。

自由主义者和早期马克思主义者。但西化派的代表当属胡适和后来的陈序经。

胡适是当时倡导全盘西化思潮最有力的人。1917年回国后，任北京大学教授，并加入《新青年》编辑部。发表《文学改良刍议》一文，反对文言文，提倡白话文，主张文学革命。他积极宣传科学民主与个性自由，成为新文化运动的领导人物。胡适自称"思想上受杜威和赫胥黎的影响最大"，主张用实验主义的原则来"重新估定一切价值"。所谓"重新估定一切价值"，既是对传统中国文化进行一番彻底地反省。这是建立在以下的认识之上的："我们必须承认自己百事不如人，不但物质机械上不如人，不但政治制度不如人，音乐不如人，艺术不如人，身体不如人……"①，因此中国现在所要做的，就是全面抛弃过去的传统，引进西方文化，来对中国文化进行完全地改造。

陈序经在20年代，即已感到中国需要全盘西化。他甚至认为胡适的思想还不够激进。胡适在1929年为英文的《基督教年鉴》写过一篇《中国今日的文化冲突》。他在文中使用了"充分的现代化"和"世界化"的术语，来修正过去的"全盘西化"一词。陈序经认为这种说法意义不明确，他说："所谓趋向世界化的文化，与所谓代表现代化的文化，无非就是西洋的文化。"②为了论证他的全盘西化思想，陈序经在1934年写了《中国文化的出路》一书。书中将当时流行的有关中西文化讨论的各种说法进行了总结，将其归纳为（一）主张复返中国固有传统文化的复古派；（二）主张中西调和的折衷派；（三）主张完全接受西方文化的全盘西化派。陈序经在书中对复古派和折衷派进行了批判，认为中国文化的唯一出路，就在于全盘彻底地西化。他说："我们的结论是，救治目前中国的危亡，我们不得不要全盘西洋化。"③如果说，胡适的全盘西化论还可以说是一种"法乎其上，得乎其中"的策略的话，陈序经却不仅相信全盘西化可以实现，而且认为它是一种比较理想的文化出路。

---

① 《胡适论学近著》第一集，商务印书馆1935年版，第639页。

② 《独立评论》第160号。

③ 陈序经：《中国文化的出路》，商务印书馆1934年版，第101页。

2. 文化保守主义的兴起

20 世纪以来中国的保守主义派别，主要有以康有为为代表的孔教派；邓实、黄节、刘师培、章炳麟等人组成的国粹派；本位文化派与国民党新保守主义和现代新儒家学派。在现代哲学思潮中，影响比较大的主要是国民党新保守主义和现代新儒家学派，特别是现代新儒家学派。它的产生标志着在早期保守主义和全盘西化思潮之后，对中国文化今后走向的一次较为冷静思考的结果，代表着保守主义思潮的最新阶段。

中国现代保守主义思潮可以分为以下几类：

第一类是林琴南、辜鸿铭为代表的保守主义者。他们对西化思潮的反对，基本上是基于传统主义的态度，即带有对过去不加分析便统统保留的性质。顽固如辜鸿铭，甚至连小脚、辫子和妾都要保留。这只能成为笑柄，不能对当时的思想潮流起到多大的影响。

第二类是以康有为为代表的孔教派和国民党新保守主义者。对于他们来说，传统文化是否具有永恒普遍的意义的问题，倒不是最重要的。他们关心的是这个传统是否能够对某一项具体目的有效用。儒学宗教是有用的，因为它可以对当时混乱的社会起到稳定人心的作用；帝制对袁世凯来说是有用的，因为它可以用来统一中国。至于帝制和儒学是否在现代社会具有普遍人类的意义，那倒是第二位的事情。

第三类是现代新儒家学派。这一派人士对西方文化的了解要比他们的保守主义前辈多得多。对传统中国文化的了解也要更加全面和更加深刻。他们不反对西方文化中被现代社会普遍认可的某些价值，如民主和科学等等。因此，他们被认为属于"文化保守主义者"，即他们所保守的只限于观念文化的层次。同时这些人又是真正的传统文化价值取向的知识分子。他们认为中国传统文化中的某些内容，不仅在过去具有意义，而且具有永恒的全人类的普遍意义，成为未来人类社会不可或缺的基本价值之一。由于这一流派一方面对西方文化的了解和对中国传统文化的认识深度；另一方面又力图跟上世界的前进潮流。所以，它一直对中国现代哲学思潮的发展起到了一种辅助的作用，并与马克思主义哲学思潮和西化论一起，成为现代哲学思潮的三大组成部分之一。

3. 马克思主义的兴起与发展

五四运动期间涌现出来的早期马克思主义者，在接受唯物史观以前，都是激进的民主主义者。他们的文化哲学与西化派比较接近，有的人甚至就是文化观上的全盘西化派，如陈独秀即认为："中国文明之疾病，已达炎热最高之度，中国民族之命运，已臻奄奄垂死之期"，因此应当"竭力以受西洋文明之特长，以济吾静止文明之穷"①。认为所谓东西文化之争，实际上就是今古文化之争的瞿秋白就说："东西文化的差异，其实不过是时间上的……东方和西方之间，亦没有不可逾越的屏障"。②

但是，中国的马克思主义者在接受了马克思主义以后，便从根本上与其他的西化派区别开来了。他们认识到，文化属于社会意识，而社会意识是由社会存在决定的。李大钊指出："马克思一派唯物史观的要旨，就是说，人类社会一切精神的构造都是表层构造，只有物质的构造是这些表层构造的基础构造……所以思想、主义、哲学、宗教、道德、法制等等不能限制经济变化、物质变化，而经济和物质可以决定思想、主义、哲学、宗教、道德、法制等等。"③瞿秋白也说："所谓文化是人类之一切'所作'。一、生产力之状态；二、根据于此状态而成的经济关系；三、就此关系而形成的社会政治组织；四、依此经济及社会政治组织而定的社会心理，反映此种社会心理的各种思想系统，凡此都是人类在一定的时间、一定的空间中之'所作'。"④这些马克思主义者认为，一切文化上的现象，都有经济上的原因、都可以通过唯物史观来加以说明。这在当时应属比较深刻的认识，超出了同时代的西化派和保守主义者。

马克思主义在中国的发展大致可以分三个阶段：五四运动时期马克思主义的初步传播阶段；30年代马克思主义的新发展与三次大论战；民主革命时期中具有中国特色的马克思主义——毛泽东思想的确立。以毛泽东为代表的中国共产党人，运用马克思主义哲学这一武器，分析了中国特殊的社会性质和历史条件，找到了一条适合中国国情的革命和建设道路，使中国的社会面貌发生了根本的变化。毛泽东思想是一种以马克思主义为指导的，同时又是根植于中国土地上的哲学，是将马克思主义哲学与中国哲学的优秀传统结合的产物。

① 《陈独秀文章选编》（上），生活·读书·新知三联书店1984年版，第402页。
② 同上书，第402页。
③ 《李大钊文集》（下），第139页。
④ 《瞿秋白选集》，人民出版社1985年版，第15—16页。

（二）　中国近现代思想的特点

中国近现代思想是在一个特殊的时代中产生和发展的。它是在传统文化不断衰落和传统政治制度崩溃、帝国主义不断加紧对中国进行文化和经济侵略的特殊环境中形成的。在这种情况下，它具有以下几个特点。

第一，西方哲学的影响。近代以来，中国的大门被列强打开，西方的各种思想大量进入中国。从那时以来，每一个时代的思潮与运动都与西方的影响有关。从某种程度来说，整个中国近代史就是一部西方思想的进入史。严复引进的达尔文的进化论思想，成为百多年以来整个中国思想界占统治地位的学说和救亡图存的理论基础，就是一个明显的例子。中国现代哲学史上的三大思潮，都与西方现代哲学有着密切的关系。

马克思主义进入中国，除了理论上的传播以外，主要是由于俄国十月革命的影响所致。当时中国人接受马克思主义针对当时中国社会的特点，因此中国早期的马克思主义具有使用的特点，即具有很强的革命性。如陈独秀、李大钊等人，马克思主义对他们的影响主要是唯物史观中的阶级斗争学说。李大钊在《我的马克思主义观》一文中介绍马克思主义时认为，马克思关于社会主义的理论，可分为三部分：历史论、经济论和社会民主主义。这三部分理论有着不可分割的关系，而阶级斗争学说恰如一条金线，将这三部分从根本上联络起来。蔡和森也公开申明，"和森为极端马克思派，极端主张：唯物史观，阶级战争，无产阶级专政。……而尤其深恶痛绝掺杂中产阶级思潮的修正派，专恃议院行动的改良"。[①]这说明，中国早期马克思主义者并没有将他们对马克思主义的接受视为纯粹的理论活动，而是看作是改造世界与中国的革命行动。唯物辩证法被介绍进入中国也比较早，但直到20年代后期，才有李达、郭湛波、瞿秋白等一大批人的译著和文章介绍和阐释马克思主义的辩证法思想，并且在30年代与张东荪和叶青等人进行了"唯物辩证法论战"。正是早期唯物史观和唯物辩证法的引进和消化吸收，才有了后来毛泽东同志具有中国特色马克思主义哲学思想和文化观的建成，才有了中国共产党领导的中国革命的胜利。

西化派自由主义哲学思潮所受到的影响，主要是美国的实用主义哲

---

① 蔡和森：《马克思学说与中国无产阶级》，《新青年》第9卷第4号。

学，其中要以杜威的来华访问和他的中国弟子胡适、陶行知、蒋梦麟和刘伯明等人的介绍和鼓吹所造成的影响最大。由胡适解释的实用主义哲学的方法论、真理观、实在论等，在中国思想界形成了实用主义的潮流，对其后的思想文化界产生了很大的影响。

这一时期对其他一些西方哲学家也有介绍，如对近代德国哲学家黑格尔、康德等人的介绍；对英国经验主义和理性主义哲学家的介绍等等。但这些工作并没有对当时的哲学界产生很大的影响。值得一提的是，金岳霖对西方分析哲学和现代逻辑学的介绍和引进，以及新康德主义对张东荪哲学的影响。金岳霖 1937 年撰《逻辑》一书，系统地介绍并引进了西方的演绎逻辑和数理逻辑，对一些基本的逻辑问题作了深入探讨，后来又写了《论道》和《知识论》两本书，建立起一套自己的哲学本体论和认识论体系。张东荪受新康德主义的影响，建立起他的"架构论的宇宙观"和"多元知识论"的哲学。金岳霖和张东荪试图以西方哲学作为基本框架和分析方法，结合中国传统哲学的范畴，建立起中国现代的、融会中西文化的哲学体系。他们的做法表明了中国哲学家试图继承传统哲学，消化外来文化，建立新哲学的努力。

中国现代保守主义哲学家虽然打出弘扬中国传统文化的旗号，但他们中的许多人却都不同程度地受到西方现代哲学的影响，或者可以说，利用了西方现代的非理性主义哲学，来论证自己的哲学。比如现代新儒家学派的梁漱溟和熊十力的哲学思想。在梁漱溟的体系中，叔本华的唯意志论哲学和法国生命派哲学家伯格森的生命本体论和直觉主义，都成为梁氏论证其新孔学哲学思想和"世界文化三路向"文化观的理论依据。从早期保守主义思潮中的"国粹派"思潮、"甲寅派"，到后来的现代新儒家学派，无一例外地都将西方的某种哲学思潮作为哲学思想的来源之一。

西方思想对中国现代思潮的影响是巨大的，但我们在谈到这种影响的时候，也要注意到它的局限性。换句话说，被中国思想家所借用的西方思想，都是经过这些思想家的剪裁取舍后的西方思想，是一种"为我所用"的西方思想。如李大钊对马克思主义三大组成部分的论述，和对阶级斗争这条"金线"的说法，表明了当时中国的马克思主义者所关注的理论是与国内当时的问题相联系的；文化保守主义思想家对西方非理性主义思想的接受，也是由于他们觉得这些对西方理性主义传统持批判态度的理论，似乎正好论证了中国传统思想在当代的有效性和后工业社会中表面上的适用性。即便是全盘西化派的思想家，如胡适，对他所引进的实用主义哲学也是有取有舍。他对实用主义哲学中的科学主义传统，如他所归纳出来的"实验主义只是一种方法，只是研究问题的方法。它的方法是：细心搜求事实，大胆提出假设，再细心求实证"①大力宣传，而对其中的人文主义方面，则不予理会。实用主义受叔本华、尼采的唯意志论和伯格森生命哲学的影响，由尼采的生命意志、权利意志脱胎而成的"情感意志"成为实用主义用来解释其哲学世界观的基本概念。有关这一点，我们在胡适的思想中基本见不到。所以，只是当可以作为批判传统文化的武器时，"西方思想"才被西化派所接受。

第一，它的民族主义背景。

民族主义在当今世界是一个热门话题，其原因大致有二：其一是时代使然。随着冷战的结束，过去一直以意识形态之争为表现形式的国家间的竞争，现在多以文化（宗教）和民族争端的形式出现，而文化之争实际上也是民族竞争的一种表现。其二是因为民族主义的复杂性，也就是其所导出的多种可能性使然。民族主义资源可以作为反抗外族压迫的武器，可以作为后发展国家在社会转型期凝聚民气的焦点，同样也可能被霸权主义者作为侵略的工具。中国作为一个历史上饱受帝国主义侵略的民族，民族主义情绪高涨是理所当然的。

中国近代以来思潮迭起，派别林立。他们都有各自的理论作为指导，有不同的理想作为自己的目标。但我们仍然可以从所有这些纷呈的思潮中体会到其背后有一个共同的源泉，这就是民族主义的动力。近代以来的所有政治、社会、文化运动，总是有民主主义在其后或隐或现地起作用。

中国现代思想史上的自由主义、保守主义和马克思主义三大思潮，虽然它们有各自的价值追求，甚至在很多时候这种追求表现出世界主义的倾向，但如果我们细度一下，我们就会发现，无论是所谓自由的价值，或是共产主义学说，还是被认为具有普遍意义的中国传统文化，其背后仍然深藏着民主主义的潜流。

在自由主义者那里，自由主义是以一种目的被接受的，但更是以一种

①　《胡适文存·我的歧路》二集卷三，北京：商务印书馆1934年版，第99页。

手段来使用的。早年严复在介绍西方的自由主义时，便表现出由于西方原义的自由主义的不同。他将密尔的《论自由》翻译成《群己界权论》时，即对作者的原义进行了改造。对密尔来说，个人自由在一定程度上不但不是达成经济增长的工具，而且也不是提高人的素质与能力的手段。对于密尔来说，自由本身即是最终的目的。而严复提倡自由则是为了反对封建专制压制个人的创造力。因为这种压制造成个性的萎缩，最终导致国家的衰败。所以，由严复开创的中国自由主义的最终目的只能是国家的富强。用中国自由主义的代表人物胡适的话来说就是："争你们个人的自由，便是为国家争自由！……自由平等的国家不是一群奴才建造得起来的！"①总而言之，自由与国家的关系，可以有两种不同的态度：人们爱自由的国家，因为这个国家是一块"自由的乐土"，或认为自由的价值即在于它可以使国家富强，它是一种强国富民的手段。中国现代的自由主义者大都属于后一种。

与具有西化倾向的自由主义者对立的，是保守主义者。其中最具典型意义的，是现代新儒家学派。虽然在对待中国传统文化的态度上，这两种思潮针锋相对，但在文化与民族主义的关系问题上，两者却具有相同的思维方式。同自由主义者一样，现代新儒家认为，近代中国的失败，从根本上说是文化的失败。与自由主义者不同的是，他们认定，只有发扬固有文化传统，再配有现代的科学民主，才能使中国复兴。以上两种思潮虽然在关于传统文化的看法上不同，但都认为思想文化问题才是民族国家复兴的根本问题。这种被称为"思想为根本来解决迫切的社会政治问题"的方法，具有以文化为工具的民族主义性质。在保守主义者标出的"意义的追求"的背后，民族主义的脉络清晰可见。

20世纪初，马克思主义之所以能够在中国传播开来，重要的原因之一是，它是作为挽救中华民族危亡的思想武器而出现的。虽然共产党的第一次代表大会确定了其最终目标是实现共产主义，且当时的党的纲领重点完全落在反对资产阶级的无产阶级革命运动上，但在第二次代表大会以后，便将注意力转移到中华民族的解放的具体现实上来。无论是在理论上还是在行动上，中国共产党都继承了五四运动的传统，将自己的革命汇入

---

① 《介绍我自己的思想》，《胡适论学近著》，山东人民出版社1998年版，第500页。

反对帝国主义压迫的民族革命的洪流之中。在抗日战争中，中国共产党人在当时开展的"新启蒙"运动中，再次明确了自己的民族革命思想，认为中国共产党最主要的任务是唤起民族的自觉，保卫自己的国家。

可以看出，在现代史上的自由主义、保守主义和马克思主义几大思潮的背后，涌动着一股强劲的民族主义潜流。这一自近代以来中国社会思潮中始终如一的主题，左右着中国人民的思考和行动，最终形成了中国现代史上一系列波澜壮阔的反帝反封建的民主主义和民族主义革命运动。

目　　录

文化融合篇

理论探索篇

现代价值篇

现实应用篇

文化融合篇

陈独秀与文化保守主义的论战

辛亥革命后，一批先进的知识分子认识到思想启蒙的重要，在《新青年》的周围，形成了一个传播西方文化、抨击传统文化的群体，陈独秀就是其中的重要人物。从 1917 年起，他先后发表《东西民族根本思想之差异》《吾人最后之觉悟》《孔子之道与现代生活》《文学革命论》《质问〈东方杂志〉记者》《基督教与中国人》《新文化运动是什么？》《科学与人生观序》等一系列论著，详细阐述了他对于中国文化与西方文化、新文化与旧文化等重要问题的哲学思考。

一　对国民性的批判

1903 年陈独秀与章士钊等人创办《国民日报》。在《国民日报》停刊后，他又从上海回到安徽，创办了《安徽俗话报》。这张报纸于 1904年创刊，前后共印发 22 期。这一时期他已基本确立了反帝反封建的民主革命思想。

陈独秀这一时期的思想有两方面，一是救国，二是开启民智。他在创刊号上第一篇文章就大声疾呼："这是怎么好呢？我们中国人，又要做洋人的百姓了啊！"他认为这是由于清政府的软弱和帝国主义的侵略所造成的，因此他号召中国人民起来反抗帝国主义的侵略，推翻腐朽的满清政府。

陈独秀在宣传救国的同时，还在思考着中国积弱的原因。他将这归于国民的劣根性，中国之所以亡国，是因为中国人天生有几种不好的性格。如"第一桩，只知道有家，不知道有国"。因此，当官的只图安逸，搜刮钱财，而不顾国家的兴亡；百姓则将国事委之官府，不闻不问。"第二桩只知道听天命，不知道尽人力"①，统治者借此维护统治，人民也不知反抗与斗争。他认为，中国人的国民性，概括起来有六个方面：

第一，不勤。"吾华惰民，即不终朝闲散，亦不解时间上之经济为何事，可贵有限之光阴，掷之闲谈而不惜焉，掷之博弈而不惜焉，掷之睡眠宴饮而不惜焉。""自食其力，乃社会有体面者所羞为，宁甘厚颜以仰权门之余沥。……人力废而产业衰，产业衰而国力堕。"

第二，不俭。陈独秀说："吾华之贫，宇内仅有。"原因之一就是国民崇尚奢侈，使消费超过生产，结果导致国力衰微。

第三，不廉。他说："中国人专以造罪恶而得金钱，复以金钱造成罪恶也。但有钱可图，便无恶不作。"中国人以当官发财为人生唯一目的，而中国的官吏，贪为其通病，而社会风气却对此非常宽容不以为怪。

第四，不洁。不洁有两义，一是外观不洁。中国人"衣冠整洁者，百不获一，触目皆囚首垢面，污秽逼人"，"公共卫生，国无定制，痰唾无禁，粪秽载途。沐浴不勤，臭恶视西人所畜犬马加甚；厨灶不治，远不若欧美厕所之清洁"。二是内心不洁。中国的专制统治，使人无不以利禄钻营而奔走，而不去从事创业获利的道路，这就会导致人人内心存肮脏钻营之心。

第五，不诚。诚是一种人格，一种道德精神，中国人习于不诚，人格沦丧，已成社会大患。如袁世凯称帝时，一部分人分明心怀反对，而表面却附和赞成，而袁势一去，则又叛袁独立，前后判若两人。陈独秀说："不诚之民族，为善不终，为恶亦不终。吾见多乐于为恶之人，吾未见始终为恶之硬汉。……吾愿爱国之士，无论维新守旧，帝党共和，皆本诸良心之至诚，慎厥始终，以存国民一线之人格。"

第六，无信。由于不诚，造成无信，给经济带来巨大的损失。现代经济中，信用极其重要，但在中国，"政府无信，则纸币不行，内债难得，……人民无信，则非独资无由创业。"中国人视集资创业为骗钱之别名，"是故民信不立，国之金融，决无起死回生之望。政府以借债而存，

———————————
① 陈独秀：《陈独秀著作选》第一卷，第81—82页。

人民以盗窃而活，由贫而弱，由弱而亡"。①

　　陈独秀认为，中国人的国民劣性，其源远流长，根深蒂固，他曾列举了"学说之为害""专职君主之流毒"和"统一之为害"三种原因，但他以为主要的原因就是专制主义。他说："全国人民，以君主之爱憎为爱憎，以君主之教训为良知。生死予夺，唯一人之意是从。人格丧亡，异议杜绝。所谓纲常大义，无所逃于天地之间，而民德，民志，民气，扫地尽矣。"② 在他看来，中国人如果"不以根性薄弱之亡国贱奴自处"，就必须推翻旧有的封建专制制度，代之以西方的民主政治。这样才可以改造我国的国民性，达到救国的目的。

二　东西文明的异同

　　经过数年的探索，陈独秀认识到了文化变革才是社会变革的根本。与陈独秀同时代的梁漱溟在他的《东西文化及其哲学》一书中说道，在辛亥革命失败以后，"于是大家乃有更进一步的觉悟，以为政治的改革仍然是枝叶，还有更根本的问题在后头。假如不从更根本的地方做起，则所有种种作法都是不中用的，乃至所有西洋文化，都是不能领受接纳的。此种觉悟的时期很难显明的划分出来，而稍微显著一点的，不能不算《新青年》陈独秀他们几位先生。他们的意思要想将种种枝叶抛开直截了当地去求最后的根本。所谓根本就是整个的西方文化——是整个文化不相同的问题"③。与此同时陈独秀还接受了进化论思想。并以此为武器在思想文化领域开始一场革命。他说："新陈代谢，陈腐朽败者无时不在天然淘汰之途，与新鲜活泼者以空间之位置及时间之生命。人身尊新陈代谢之道则健康，陈腐朽败之细胞充塞人身则人身亡；社会尊新陈代谢之道则隆盛，陈腐朽败之分子充塞社会则社会亡。"④在陈独秀这里，进化论已经不是简单的政治革命中的去旧布新，而是带有文化比较的意义，也就是新的（现代的）文化与旧的（传统的）文化之间的冲突与选择。

_____

① 陈独秀：《陈独秀著作选》第一卷，第207—212页。
② 同上书，第154页。
③ 梁漱溟：《东西文化及其哲学》第一卷，济南：山东人民出版社1985年版，第334页。
④ 《陈独秀著作选》第一卷，第129页。

陈独秀将世界上不同的文化大致分为两种，即东洋文化与西洋文化。他说："五方风土不同，而思想遂因以各异。世界民族多矣：以人种言，略分黄白；以地理言，略分东西两洋。"在他看来，这两种文化互相冲突，两种文化的"根本思想亦各成一系，若南北之不相并，水火之不相容也"。① 陈独秀认为东西文化有以下三种不同之处：

第一是"西洋民族以战争为本位，东洋民族以安息为本位"。中国文化中道家尚守雌，儒家崇礼让，佛教说空无，皆以不争和平为最高境界。而西洋民族则自古好勇斗狠，"自古宗教之战，政治之战，商业之战，欧罗巴之全部文明史，无一字非鲜血所书。……西洋民族性，恶侮辱，宁斗死；东洋民族性，恶斗死，宁忍辱"。在当今的强权世界中，崇尚安息的民族性便是一种卑劣的民族性，注定要受到列强的欺辱。

第二是"西洋民族以个人为本位，东洋民族以家族为本位"。西方文化是以个人主义为标榜的文化，一切文化、伦理、道德、法律、政治，都是以拥护个人的自由权利与幸福为宗旨的。陈独秀认为，个人主义之所以合理，有以下几方面的理由：一是从哲学上来看，作为万物之灵的人，只有以自由为动力，才能使其得以充分发挥。二是从认识论上来看，人是有理性的。只有给人以自由，才能使理性得以实现。三是从法律的角度来看，人是权利的主体，而"自由者，权利之实行力也"。不讲个人的自由与平等，个人的权利就无从实现。而东洋民族则是以宗法社会为代表，是以家族为本位，个人没有权利，一切听命于家长，而且是一种"家国同构"的模式，"国家组织，一如家族，尊元首，重阶级"。这种文化只会带来无个人独立人格、没有个人自由和平等、不讲个人奋斗，一切依赖他人的性格。东方民族今日的衰败之象，皆是由此而起。

第三是"西洋民族以法治为本位，以实利为本位；东洋民族以感情为本位，以虚文为本位"。东洋民族的风俗习惯是"伪饰虚文任用感情"，以情感为社会交往的维系，表面上家庭和睦，情感融融，实际上则是黑幕重重。由此引出的家庭经济，义务权利关系混乱，严重制约了经济的发展。西洋民族注重法制，无论是国家、社会、家庭在经济问题上，皆是"对法信用者多，对人信用者寡；些微授受，恒依法立据"。虽然看上去

---

① 《陈独秀文章选编》（上），第97页。

似乎有刻薄寡恩之嫌，但结果却是"社会各界，不相侵渔。以小人始，以君子终"，而社会经济也得到发展。

陈独秀从经济、社会结构和民族性格等几方面区分了东方文化与西方文化的不同，他所列举这些差异，不完全是他的创造，在许多方面是继承和发展了严复等启蒙思想家的思想。对东西文化之间的差异，陈独秀的一些看法很有见地，比如在文化比较的问题上，他企图从经济、政治和社会等领域的现象中找到更根本的东西，这就是道德伦理。陈独秀说："伦理思想，影响于政治，各国皆然，吾华尤甚"，这说明了他的见识。但当时的文化讨论中感情的成分远大于理性，因此陈独秀所列举的例子也免不了有笼统和片面的倾向。

另外，陈独秀尚不能明确区分两种文化传统之间的本质差异，只能举一些表面的例子来说明问题，这与其文化观的理论来源有着很大的关系。他虽然始终在讲两种文化的不同和差异，但实际上他根本不认为东西文化是本质相异的两种文化传统。这种理论即是当时西化派所普遍信奉的进化论思想。

三　新文化与旧文化

陈独秀认为，不同文化之间的差别，只是时间上的差异，而非实质的不同。他说："近世文明，东西洋绝别为二。代表东洋文明者，曰印度，曰中国。此二种文明虽不无相异之点，而大体相同，其质量举未能脱古代文明之窠臼，名为'近世'，其实犹古之遗也。可称曰'近世文明'者，乃欧罗巴人之所独有，即西洋文明也，亦谓之欧罗巴文明。移植亚美利加，风靡亚细亚者，皆此物也。"①也就是说，东西文明差别的本质是时代上的差异，而非是两种根本不同的文化。这样，东西文化的比较，就成了新文化与旧文化的比较了。根据进化论，新的一定要淘汰旧的，"人类文明之进化，新陈代谢，如水之逝，如矢之行，时时相续，时时变易"。②既然旧文化已经陈腐，新文化正在兴起，因此用新文化代替旧文化即是进

① 《陈独秀著作选》第一卷，第136页。
② 《陈独秀文章选编》（上），第73页。

化的必然。在中国就是用西方文化来代替中国传统文化。陈独秀列举了新旧文化的六个特征：

（1）自主的而非奴隶的。所谓自主，即"等一人也，各有自主之权，绝无奴隶他人之权利，亦绝无以奴自处之义务"，即强调个体的自由和平等。其中包括反对封建专制，追求政治上的自由；反对教会的压迫，争取思想上的解放；另外还有经济平等和妇女解放等内容。在这里，陈独秀强调的是思想上的解放，个人与国家的独立。他所谓的经济平等，只是靠平均财产来达到的。

（2）进步的而非保守的。由于东西文化的区别是新文化与旧文化的区别，因此就必须要强调进步和更新，反对停滞与保守。陈独秀说："自宇宙之根本大法言之，森罗万象，无日不在演进之途，万无保守现状之理"。在他看来，西方文化之所以能领先世界，并非它自古就好，而是它能够日新月异，才能从古代发展到现代，成为顺应潮流的一种文化。而中国文化则"固有之伦理、法律、学术、礼俗，无一非封建制度之遗，……思想差迟，几及千载；尊重廿四朝之历史性，而不作改进之图"。这将导致中国人被排除在 20 世纪之世界之外。因此在陈独秀看来，"吾宁忍过去之国粹之消亡，而不忍现在及将来之民族，不适世界之生存而归消灭也"。

（3）进取的而非退隐的。西方国家之所以能够发展成为现代国家，原因是他们的文化中含有积极进取的美德。陈独秀说："欧俗以横利无前为上德，亚洲以闲逸恬淡为美风"，这是中西文化优劣的重要原因之一。在中国文化中，"老尚雌退，儒崇礼让，佛说空无"，视退守谦让为美德。而这种习俗在崇尚进化论优胜劣败法则的今日世界中，难免被淘汰的命运。

（4）世界的而非锁国的。现代世界，交通往来早已打破国家的界限。陈独秀说："海陆交通，朝夕千里。古之所谓绝国，今视之若在户庭"。一国发生的事情，对其他的国家同样也会产生巨大的影响，正所谓"立国于今之世，其兴亡存废，视其国之内政者半，影响于国外者亦其半焉"。①由于对国民及其旧文化旧风俗的激愤之情，陈独秀称甲午战争和庚

---

① 《陈独秀著作选》第一卷，第130—133页。

子之变为"两次福音",如无这两次事件,中国至今尚处于"八股垂发时代"。他认为世界上应该有一条共同的人类文化发展的规律,而不应该分这文化是否与自己国家的文化相同或相似。用他的话来说,就是:"只当论其是不是,不当论其古不古,只当论其粹不粹,不当论其国不国"。①

(5)实利的而非虚文的。这一条与他论中西文化的区别时所述大致相同,用一个抽象的"实利""虚文"来区别东、西两种不同的文化。所谓"实利",陈独秀指的是物质文明的发展和功利主义的提倡,认为只有物质文明的发展才可能带来社会制度和思想文化的发展变化,"举凡政治之所营,教育之所期,文学技术之所风向,万马奔驰,无不齐集于利用厚生之一途"。而"虚文"一词,在这里是指中国传统的名教。陈独秀说:"今日之社会制度,人心思想,悉自周汉两代而来。——周礼崇尚虚文,汉则罢黜百家而尊儒重道。——名教之所昭垂,人心之所祈向,无一不与社会现实生活背道而驰"。因此应当大力提倡功利主义,专事利用厚生之事。

(6)科学的而非想象的。陈独秀说:"科学者何?吾人对于事物之概念,综合客观之现象,诉之主观之理性而不矛盾之谓也。想象者何?既超脱客观之现象,复抛弃主观之理性,凭空构造,有假定而无实证。"可以看出,陈独秀所谓科学即是当时流行的实证主义思潮。他认为中国传统的学术多是比附与想象,没有科学的证实。科学与人权,如同鸟之双翼,车之双轮。西洋之所以兴旺发达,中国之所以落后,即因此两者之有无而区别开来。②

陈独秀大力宣传科学和民主的新文化,反对传统的旧礼教、旧道德,在社会上引起巨大的反响,激起了保守派的攻击。1919年2、3月间,林纾在《公言报》、《申报》上发表《荆生》、《妖梦》等小说和致蔡元培的公开信,攻击新文化运动"覆孔孟,铲伦常",漫骂西化派对旧道德的抨击是"人头畜鸣"。针对这股思潮,陈独秀写了《本志罪案之答辩书》,将他们倡导的西方文化的精神概括为科学与民主。陈独秀写道:

　　他们所非难本志的,无非是破坏孔教,破坏礼法,破坏国粹,破

---

① 《陈独秀文章选编》(上),第259页。
② 《陈独秀著作选》第一卷,第133—135页。

坏贞洁，破坏旧伦理（忠、孝、节），破坏旧艺术（中国戏），破坏旧宗教（鬼神），破坏旧文学，破坏旧政治（特权人治）这几条罪案，本社同人当然直认不讳。但是追本溯源，本社同人本来无罪。只因为拥护那德谟克拉西和塞因斯两位先生，才犯下了这几条滔天大罪。要拥护德先生，便不得不反对孔教，礼法，贞洁，旧伦理，旧政治；要拥护那塞先生，须不得不反对旧艺术，旧宗教；要拥护德先生又拥护塞先生，便不得不反对国粹和旧文学。①

陈独秀最后宣告：

我们现在认定只有这两位先生，可以救治中国政治上道德上学术上思想上一切的黑暗。若因为拥护这两位先生，一切政府的压迫，社会的攻击笑骂，就是断头流血，都不推辞。

四　对传统文化的批判

从《新青年》创刊时起，批判传统文化就成了陈独秀思想的主题，但是将矛头集中在孔子及其代表的儒学身上，则是从1916年底开始的，这是当时思想界的环境所引发的。

辛亥革命后，中国出现了以袁世凯为代表的帝制复辟势力和以张勋、康有为为代表的文化复古势力。这些人为了政治上复古的需要，开始鼓吹尊孔，形成了一股尊孔复古的思潮。10月，《天坛宪法草案》经宪法起草委员会三读通过。该草案第十九条第二项规定："国民教育，以孔子之道为修身大本"。1916年8月，这时袁世凯已经死去，但在宪法会议上就要不要定孔教为国教展开了激烈地争论。11月2日，参、众两院中坚定支持定孔教为国教的一百多名议员在北京组成"国教维持会"，通电吁请各省督军支持。在此前后，各地尊孔会、军阀、政客、宿儒不断函电交驰，上书北洋政府，要求"以孔教为大教，编入宪法，复祀孔子之跪拜礼"。康有为说："万国礼教主无不跪，中国民不拜天，不奉耶、回，又不拜孔

---

① 《陈独秀著作选》第一卷，第234页。

子，留此膝何为？"①

　　以孔子为代表的儒家思想，经历史上的统治者不断地加工改造，到了清末时，已经丧失了其中的精华，成为统治者的一个工具。同时在以学习四书五经为终身事业的儒家知识分子来说，儒学此时已经成为一种谋生的手段了。在很大程度上它已失去了其作为信仰而存在的地位。

　　陈独秀针对这股潮流，连续发表了《驳康有为致总统总理书》、《宪法与孔教》、《孔子之道与现代生活》等文章，对尊孔派进行了严厉的批判。他清楚地认识到，这不仅只关系到宪法修改的问题，而且是"吾人实际生活及伦理思想之根本也"，是新文化与旧文化之间的拼死斗争。他认识到，当前最重要的，就是要展开对封建传统文化本质的批判。

　　尊孔派在理论上共同的地方，就是认为道德是万古不变的，因此孔子制定的道德可以存诸万世，放之四海而皆准。陈独秀从进化论出发，否定了道德不变的观念，指出道德也是随着社会的变迁而变迁的。从这个基本的道理出发，陈独秀论证了古代的道德不适宜现代生活。他将孔子之道与现代生活进行了比较，揭示了它们在政治、经济、社会、家庭等方面的对立与冲突。

　　首先，陈独秀认为，以儒学为代表的中国传统文化，是封建专制权力的思想基础。所以，要在中国建立真正的民主政治，必须将儒学扫除干净，"否则不但共和政治不能进行，就是这块共和招牌，也是挂不住的"。这样一来，什么是儒学的基本性质，就成为关键的理论问题了。在当时的论辩中，陈独秀同孔教派等保守主义人士进行了直接的斗争。

　　有的人提出，倍受批判的三纲五常等封建内容，本不是孔孟的思想，而是汉宋儒学对孔子思想的歪曲，才酿成了君权万能的流弊。因此他们提出要区分原始儒学与汉宋儒学，并声明自己捍卫的是真正的孔教。

　　陈独秀反对将原始儒学与汉宋儒学区分开来，把传统文化中的阴暗一面完全归于儒家后学的观点。他引用了大量的材料，以说明孔子与孟子、荀子、董仲舒、朱熹等人在根本思想上是一致的，由此证明如三纲五常等内容就是孔子思想。陈独秀说："鄙意以为佛耶二教，后师所说，虽与原始教主不必尽同，且较为完美繁琐。而根本教义，则与原始教主之说不

————————————

① 《时报》，1916 年 9 月 20 日。

殊。……孔子之道，亦复如是。足下分汉宋儒者以及今之孔教孔道诸会之孔教，与真正孔子之教为二，且谓孔教为后人所坏。愚今所欲问者：汉唐以来诸儒，何以不依傍道法杨墨，人亦不以道法杨墨称之？何以独与孔子为缘而复败坏之也？……今之尊孔者，多丑诋宋儒，犹之足下谓孔教为后人所坏。不知宋儒中朱子学行不在孔子之下，俗人只以尊古而仰之耳。孔门文史，由汉儒传之。孔门伦理道德，由宋儒传之。此事彰著，不可谓诬。谓汉宋之人独尊儒家，墨法名农，诸家皆废，遂至败坏中国则可，谓汉宋伪儒败坏孔教则不可也。"①

在说明了儒学的一贯性以后，接下来陈独秀又解释了儒学的本质到底是什么的问题。当时对儒学的基本思想是什么的问题争论得很激烈。有人认为，以三纲五常为代表的专制儒学是宋儒后来提倡的伪儒学，不能代表儒学的本义。原始儒学是以"四教"（文、行、忠、信）、"四绝"（毋意、毋必、毋固、毋我）与"三慎"（齐、战、疾）作为其基本理论的。陈独秀不同意这种说法，认为三纲五常才是儒学一贯的宗旨。他说："三纲五常之名词，虽不见于经，而其学说之实质，非起自两汉、唐、宋以后，则不可争之事实也。"儒学产生于宗法社会，经历代统治者的完善和发展，形成了一整套的伦理政治学说，其中以"忠孝"为其根本。他说："孔子之道，以伦理政治忠孝一贯，为其大本，其它则枝叶也。故国必尊君，如家之有父。"② 儒学所提倡的内容，与君权有着必然的联系，是君主专制的思想基础。主张尊孔，就必要有君主，就必然要实行君主专制。而民主共和制度，以西方文化中人权、民主思想为基础。在这种制度下，国民处于主人的地位，而君主专制，则使国民处于奴隶的地位。

陈独秀对儒学的三纲五常具体进行了解释：

> 儒者三纲之说，为一切道德政治之大原。君为臣纲，则民于君为附属品，而无独立自主之人格矣；父为子纲，则子于父为附属品，而无独立人格矣；夫为妻纲，则妻于夫为附属品，而无独立人格矣。率天下之男女，为臣，为子，为妻，而不见有一独立自主之人者，三纲

① 《陈独秀著作选》第一卷，第250—251页。
② 《陈独秀文章选编》（上），第146页。

之说为之也。缘此而生金科玉律之道德名词，曰忠，曰孝，曰节，皆非推己及人之主人道德，而为以己属人之奴隶道德也。①

　　总而言之，以三纲五常为主要内容的儒学，是与民主共和的理想完全背道而驰的，是传统中国封建道德政治的基础。因此，陈独秀断言："孔教与共和乃绝对两不相容之物，存其一必废其一。"②

　　当时还有人将孟子的"民贵君轻"的民本思想举出，认为这种中国古代的政治思想与现代的民主主义不仅不矛盾，而且还可以作为民主共和制度的理论基础。对此，陈独秀认为："所谓民视民听，民贵君轻，所谓民为邦本，皆以君主之社稷——即君主祖遗之家长——为本位。此等仁民爱国为民之民本主义……，皆自根本上取消国民之人格，而与以人民为主体，由民主主义之民主政治，绝非一物。"③陈独秀清楚地看到，以西方资产阶级民主思想为代表的"民有、民治、民享"的民主主义，与为民做主的传统清官思想，是两种根本不同的政治传统。

　　陈独秀与当时的保守主义人士进行的争论，表现出近代思想发展史中经常可以见到的一种现象。当一种传统的思想面临着被批判、被否定的命运时，人们对待旧学说一般有两种反应。一种是全力对这种面临被抛弃的学说进行维护，力图全面维持这种学说，使其得以保留；另一种是采用重新解释旧学说的方法，用旧的学说思想来与新思想加以比附，从而将新旧两种思想衔接起来，达到维护旧学说的目的。而陈独秀特别强调了新旧思想、西方文化与东方文化的对立，主张将旧思想全面抛弃。他的这种做法与前人的"中体西用"、"托古改制"等做法相比，有着思维模式变革上的意义。对旧的思维方法的解放，有着重要的意义。

---

① 《陈独秀文章选编》（上），第 230 页。
② 同上书，第 103 页。
③ 同上书，第 353 页。

中国特色的毛泽东思想

毛泽东（1893—1976），字润之，湖南省湘潭县韶山冲人。当代伟大的马克思列宁主义者，伟大的无产阶级革命家、战略家和理论家，1921年代表湖南参加中国共产党第一次代表大会。1935年当选为政治局常委，确立了他在红军和党中央的领导地位。1937年发表《实践论》和《矛盾论》，标志着毛泽东哲学体系的系统化。毛泽东在长期的革命斗争实践中进行了一系列富有开创性的理论探索，总结了中国革命的丰富经验，凝聚了中国共产党人的思想智慧，最终形成了适合中国国情的毛泽东思想，在一系列方面丰富和发展了马克思列宁主义。毛泽东思想是马列主义在中国的发展，是马列主义普遍原理和中国革命具体实践相结合的产物。马克思主义的毛泽东的主要著作收入《毛泽东选集》和《毛泽东著作选读》。

一 毛泽东哲学思想的系统化

毛泽东在1937年写了《实践论》和《矛盾论》，是由于中国革命发展到这一阶段需要有关中国革命的理论加以指导，因此可以说，"两论"的产生是中国社会的矛盾运动在理论上的反映，是中国革命发展的产物，标志着毛泽东哲学思想体系的正式形成。

中国共产党自1921年诞生到1937年抗日战争爆发，其间有过辉煌的胜利，也经历过惨痛的失败。中国共产党正是在这种长期正反两方面的经验中，才产生了毛泽东思想，找到了适合中国国情的革命道路。在《反对本本主义》和《中国革命战争的战略问题》等总结中国革命经验的一系列著作的基础上，《实践论》与《矛盾论》的发表，为中国革命找到了一条正确的道路。

《实践论》的副标题为"论认识和实践的关系——知和行的关系"，说明它是毛泽东为纠正当时中国共产党内的主观主义，特别是教条主义的错误思想而写的。《实践论》是一篇马克思主义哲学认识论著作，对认识的实践基础和认识的产生、发展的历史辩证过程等马克思主义哲学中认识论的基本问题作了系统的论述。同时，这篇文章还对中国古代哲学中的知行关系进行了总结，批判地吸收了中国古代与近代的哲学家在知行关系上的合理因素，提出了辩证唯物论的知行统一观。

（一）《实践论》对马克思主义哲学认识论的论述与发展

《实践论》的内容可以分为三个部分，第一部分全面地论述了认识对实践的依赖关系，强调马克思主义的认识论是在实践基础上的能动的革命的反映论。第二部分阐述了认识的产生和发展的历史辩证过程，揭示了认识发展的两次飞跃，并对哲学史上的各种流派进行了批判。第三部分概括了认识发展的总规律。

1. 毛泽东系统地论述了认识对实践的依赖关系

马克思和恩格斯将实践范畴导入认识论，强调实践是对不可知论"以及其它一切哲学上的怪论的最令人信服的驳斥"。① 列宁也说："生活、实践的观点，应当是认识论的首先的和基本的观点。"② 毛泽东接受了马克思、列宁关于实践的理论，他说：辩证唯物论的认识论把实践提到第一的地位，认为人的认识一点也不能离开实践，排斥一切否认实践重要性、使认识离开实践的错误理论。③ 在这个前提下，毛泽东论述了实践在认识过程中的作用。

首先，实践是认识的来源。人类对自然和社会的认识，都是通过实践才能获得。毛泽东说："从认识过程的秩序说来，感觉经验是第一的东西，我们强调社会实践在认识过程中的意义，就在于只有社会实践才能使人的认识开始发生，开始从客观外界得到感觉经验。……认识开始于经验——这就是认识论的唯物论。"④

---

① 《马克思恩格斯选集》第 4 卷，人民出版社 1995 年版，第 225 页。
② 《列宁选集》第 2 卷，人民出版社 1995 年版，第 103 页。
③ 《毛泽东选集》第 1 卷，人民出版社 1991 年版，第 284 页。
④ 同上书，第 290 页。

其次，实践是推动事物发展的动力。人类的实践活动是在历史的发展中逐步由低向高发展的，相应的，人们对自然和社会的认识，也是由低级向高级发展的。这种发展即是在实践的作用下，由现象到更深一层的本质，由片面到全面。而这种认识，即是"在认识过程中根据实践基础更完全地反映客观事物的东西"。

再次，实践是检验认识的真理性的标准。对一个认识的结果是否是真理，不是依主观上觉得怎么样，而是要根据客观上社会实践的效果如何而定。只有实践，也就是实验与社会实践，才是检验人们对于自然与社会认识的真理性的标准。

最后，实践是认识的目的。马克思主义哲学认识论是能动的认识论，它强调认识世界的目的是为了改造世界。毛泽东特别强调了这一点。他说："马克思主义看重理论，正是，也仅仅是，因为它能够指导行动。如果有了正确的理论，只是把它空谈一阵，束之高阁，并不实行，那么，这种理论再好也是没有意义的。"①

2. 毛泽东在《实践论》中论述了认识的辩证发展过程和认识活动的总过程

他在总结中国革命实践经验的基础上，具体地论述了认识发展的全过程，发展了马克思主义哲学的这一理论。

他在《实践论》中将这一过程表述为：从实践开始，经过感性认识上升到理性认识；再从理性认识回到实践的过程。这其中包括有感性认识、理性认识和实践三个阶段，从感性认识到理性认识、再从理性认识到实践两个飞跃。

关于第一阶段、第二阶段和第一次飞跃的过程问题，毛泽东说："认识的过程，第一步，是开始接触外界事情，属于感觉的阶段。第二步，是综合感觉的材料加以整理和改造，属于概念、判断和推理的阶段。"② 此即认识过程的感性阶段与理性阶段。那么，如何整理和改造外界的感官材料呢？毛泽东说："将丰富的感觉材料加以去粗取精、去伪存真、由此及

---

① 《毛泽东选集》第 1 卷，第 292 页。
② 同上书，第 290 页。

彼、由表及里的改造制作工夫，造成概念和理论的系统"①。经过这种抽象的过程，感性认识就发生了性质上的变化。"感性的认识是属于事物之片面的、现象的、外部联系的东西，论理的认识则推进了一大步，到达了事物的全体的、本质的、内部联系的东西，到达了暴露周围世界的内在的矛盾，因而能在周围世界的总体上，在周围世界一切方面的内部联系上去把握周围世界的发展。"② 同时，这两个阶段的关系是既区别又联系，理性认识依赖于感性认识，而感性认识又有待于发展到理性认识。由感性认识到理性认识的变化，是认识上的第一次飞跃。

除了感性认识和理性认识两个阶段之外，认识的过程还包括从理性认识到实践这一阶段。这是认识过程的第二次飞跃。毛泽东特别强调第二次飞跃，他指出："认识的能动作用，不但表现于从感性的认识到理性的认识之能动的飞跃，更重要的还须表现于从理性的认识到革命的实践这一个飞跃。"③ 这一次飞跃之所以重要，就在于它一方面可以检验第一次飞跃的结果——理性认识的正确与否；而另一方面只有通过这一次飞跃，才能够真正达到认识世界的目的，即改造世界。

从第一次飞跃到第二次飞跃，这表明一个完整的认识过程的完成。但是由于人们的认识是要受到许多条件的限制，这里既有认识手段的限制，也有认识对象的客观发展过程本质逐渐显露的限制，因此一个正确的认识往往是由实践到认识，再由认识到实践的多次重复才能完成。毛泽东说："许多时候须反复失败过多次，才能纠正错误的认识，才能达到和客观过程的规律性相符合，因而才能够变主观的东西为客观的东西，即在实践中得到预想的结果。"毛泽东将这一过程描述为："实践、认识、再实践、再认识，这种形式，循环往复以至无穷，而实践和认识之每一循环的内容，都比较地进到了高一级的程度。"④

毛泽东在《实践论》中对马克思主义认识论的概括，特别指明了实践在认识中的决定作用，论述了实践与认识的辩证关系，阐明了认识是一个随着自然与社会不断运动而无限发展的辩证的矛盾运动过程。这一论述

① 《毛泽东选集》第 1 卷，第 291 页。
② 同上书，第 286 页。
③ 同上书，第 292 页。
④ 同上书，第 296—297 页。

在马克思主义哲学发展史上占有重要的地位。

（二）《实践论》对中国哲学知行问题的概括与总结

毛泽东的《实践论》不仅是对马克思主义哲学认识论的发展，同样也是对中国古代哲学的继承和发扬，是把辩证唯物主义的哲学原理与中国革命的具体实践相结合的一个典范，也是在清理中国古代哲学遗产方面的一个典范。它用辩证唯物论的认识论对我国传统哲学中的知行问题作出了全面的科学的总结。

在有关知行关系的问题上，也就是人类自身的认识与实践这两种能动的活动之间的关系问题，中国历史上产生过许多学说和观点，发生过激烈的争论。这些争论促进了人类认识的发展，提高了人类的思辨能力，也对社会的发展起到了一定的积极作用。但是两千多年来，从孔夫子到孙中山，由于历史条件的限制，也由于阶级地位的偏见，使得他们基本上都是脱离具体的社会实践，脱离人民群众这一知与行的主体去考察知行问题，因此不能正确地揭示人类认识的本质及其发展规律。毛泽东在马克思主义哲学理论的基础上，总结继承了中国古代哲学中重视实践的特点，对中国古代的知行学说作出了科学的总结。

1. 毛泽东强调辩证唯物论的实践论是以科学的社会实践为特征的，改正和丰富了中国古代的知行观

毛泽东说："唯心论和机械唯物论，机会主义和冒险主义，都是以主观和客观相分裂，以认识和实践相脱离为特征的。以科学的社会实践为特征的马克思列宁主义的认识论，不能不坚决反对这些错误思想。"①

所谓旧哲学的特点是"以认识和实践相脱离为特征的"，是将实践排斥在认识之外，并不是说旧哲学家不讲实践的概念，相反，中国古代的哲学家非常强调知与行相联系，甚至十分强调行在求知过程中的重要性。如墨子认为认识的来源是"闻知"与"亲知"，而颜元更强调直接实践对于认识的重要，提出只有"箸取而纳之口"，才能识别蔬菜的味道，只有通过看病、用药针灸，才可能"疗疾救世"。清代杰出的唯物主义哲学家王夫之，特别强调实践对认识的决定作用。王夫之说："以人之知行言汉

---

① 《毛泽东选集》第 1 卷，第 295 页。

字，闻见之知，不如心之所喻；心之所喻，不如身之所亲行焉。"（《周易内传》卷五）这种强调知识出于实际操作的传统，对毛泽东的影响很大。但是中国古代哲学家没有能对行或实践作出科学的解释。这主要表现在：

（1）一些唯心论者将行归结为纯粹的观念活动。如王阳明所谓"一念发动处，便即是行了"，认为"知之真切笃实处便是行"，以知代行，销行以归知。或者将其看做是为了实现某种先验的理性原则或道德原则的活动。如宋明理学所讲的"践履笃行"，就只是一种个人的修身养性的道德活动。

（2）一些唯物论者不了解行或实践的社会性和历史性。如王夫之、颜元讲的行或实践，都是孤立的个人活动。他们不了解进行实践活动的人，总是处在一定的社会关系之中，因而实践总是社会的历史的活动。

2. 毛泽东由于将实践的观点引入了认识论，正确说明了认识的辩证发展过程

中国古代有许多哲学家对认识发展过程的问题进行过讨论，但由于时代的局限，往往流于片面。如孟子在感性认识与理性认识的关系上，只承认理性认识"心之官"的实在，认为感性认识之来源的"耳目之官不思"，因此得不到真理，强调只有理性才可以得到真正的知识，认为耳目之官不但不能成为认识的起点，反而会破坏正确的认识。与此相对立的是以墨子为代表的经验论者。他们只承认感觉经验的可靠，强调"请或闻之见之，则必以为有，莫闻莫见，则以为无"，而否认理性认识能够得到可靠的知识。

历史上也有一些哲学家强调二者皆不可偏废。但是从整体上来说，旧唯物主义者都不能认识到，都未达到在实践的基础上辩证统一。这一任务是由毛泽东在接受马克思主义哲学思想，并继承总结了优秀的传统中国哲学的遗产之后完成的。可以说，中国哲学史上关于知先行后、知行分合、知行轻重和知行难易等问题，到了毛泽东这里得到了一个总的解决。毛泽东用辩证唯物论的知行统一观，综合了以往的知行学说的一切积极成果，批判了在知行问题上的错误观念。它不仅是对辩证唯物论的继承发展，也是对中国古代哲学遗产的伟大总结。

（三）毛泽东的矛盾论哲学思想

《矛盾论》是毛泽东为了克服当时中国共产党内的严重教条主义于

1937 年 8 月撰写的一篇哲学著作。此文发表后，引起强烈反响，成为马克思主义哲学的一部重要著作。

1. 《矛盾论》对唯物辩证法的论述与发展

《矛盾论》是以对立统一规律为唯物辩证法的核心而进行论述的，其内容主要有以下几个方面。

(1) 确立了将对立统一规律作为唯物辩证法的实质与核心的观点。列宁曾经提出过辩证法的本质与核心的问题，认为这一问题需要很好地研究。马克思主义哲学在中国传播期间，马克思主义哲学的理论工作者如李达、艾思奇等人也就此问题做过论述。在《矛盾论》中，毛泽东坚持并且论证了这个重要的问题。他指出，唯物辩证法与形而上学是两种对立的宇宙观。在人类的认识史中，从来就有关于宇宙发展法则的两种见解：一是形而上学的看法；另一种是辩证法的见解，形成了互相对立的宇宙观。所谓形而上学的宇宙观，就是用孤立的、静止的和片面的观点去看世界，将世界上的一切事物都看成是永远孤立和不变的，即使变化，也只是数量上的增减和场所的变更。此外，形而上学的观点还将这种变化的原因归结为外力的推动。毛泽东说，形而上学是"简单地从事物外部去找发展的原因，否认唯物辩证法所主张的事物因内部矛盾引起发展的学说。"① 在他看来，形而上学与唯物辩证法在宇宙发展观上的根本对立，就在于是否承认事物的发展是由事物内部的矛盾运动所引起。唯物辩证法的宇宙观不仅承认事物是发展的，而且认为事物内部的矛盾运动才是事物运动发展的根本原因，而一事物与他事物的互相联系与互相影响，则是事物发展的第二位的原因。毛泽东将此表述为：外因是变化的条件，内因是变化的根据，外因通过内因而起作用。

(2) 毛泽东在《矛盾论》中，重点论述了矛盾问题。对矛盾问题的论述，是毛泽东哲学思想中最有特色的地方，是他对马克思主义哲学的一大贡献。毛泽东强调，对立统一规律的运用，即矛盾分析方法，是一个最基本的思想方法和工作方法。他认为，马克思主义方法论中最基本的方法就是矛盾分析法，即用对立统一规律对事物进行观察和分析的方法。所谓认识世界，就是认识事物的矛盾，而改造世界，也就是运用对立统一规律

---

① 《毛泽东选集》第 1 卷，第 301 页。

的具体方法去解决各种不同性质的矛盾。他主要从以下几个方面论述了关于矛盾问题的理论：

首先，关于矛盾的普遍性与特殊性的问题。毛泽东说："矛盾的普遍性和矛盾的特殊性的关系，就是矛盾的共性和个性的关系。"矛盾普遍性是说"矛盾存在于一切过程中，并贯串于一切过程的始终"，在这个意义上，表明了矛盾的绝对性。矛盾的特殊性是说矛盾着的事物及其每一个侧面各有其特点，"因为矛盾的各各特殊，所以形成了个性。一切个性都是有条件地暂时地存在的，所以是相对的"。①

按照毛泽东的说法，矛盾的普遍性具有两方面的含义：一是矛盾存在于一切事物的发展过程中，二是每一事物的发展过程中存在着自始至终的矛盾运动。这都是在讲矛盾存在的普遍性，但是普遍存在的矛盾又各有其特点，这就是矛盾的特殊性。所谓矛盾的特殊性，就是指矛盾的个性和特点。矛盾的特殊性存在着几种情况：（1）各种物质运动形式中的矛盾，都带有特殊性。毛泽东指出，这种特殊的运动形式就构成一事物区别于他事物的特殊的本质。这就是诸种事物所以有千差万别的内在原因，或者叫作根据。一类事物的特殊的矛盾，决定了这一类事物的本质属性。因此认识特殊的矛盾，是认识一类事物的基础。（2）每一个物质运动形式在其发展过程中，在发展的每一个具体阶段，都有其特殊性。他强调：如果人们不去注意事物发展过程中的阶段性，就不能适当地处理事物的矛盾。②（3）在事物发展过程中的矛盾的各个方面，也都有其特殊性。研究矛盾发展过程的各个方面的特殊性，就是研究矛盾的每一个方面各占有何种特定的地位，以何种具体的形式与对立的一方发生既对立又统一的关系。只有从矛盾的各个方面着手进行研究，才有可能了解事物的总体和本质。

其次，毛泽东分析了矛盾的不平衡性问题，论述了主要矛盾和次要矛盾、主要的矛盾方面和次要的矛盾方面及其相互转化的原理和意义。毛泽东指出，在复杂事物的发展过程中，会有许多的矛盾存在，但其中必有一种起着主要的、领导的和决定的作用的矛盾，由于它的存在和发展，规定或影响着其他矛盾的存在和发展，这个矛盾就是主要矛盾。其他的矛盾则

---

① 《毛泽东选集》第 1 卷，第 319—320 页。

② 同上书，第 310 页。

处于次要的、从属的和服从的地位，而这些矛盾就是非主要矛盾或次要矛盾。毛泽东认为，产生这种差别的根本原因，是由于矛盾力量的绝对不平衡性。他说："世界上没有绝对地平衡发展的东西，我们必须反对平衡论，或均衡论。"① 因此，毛泽东强调，在一个复杂的环境中，如果不懂得抓住主要矛盾，就会找不到中心问题，也就找不到解决问题的方法。此外，在一对矛盾中，其矛盾双方的发展也是不平衡的，同样有主要的方面与次要的方面之分。所谓矛盾的主要方面，就是在这一对矛盾中处于支配地位的、起主导作用的方面。一事物的性质，主要是由取得支配地位的矛盾的主要方面所规定的。然而，不论是主要矛盾与次要矛盾，还是矛盾的主要方面与非主要方面，都不是一成不变的，而是在一定条件下互相转化的。随着主要矛盾和矛盾的主要方面的转化，矛盾的发展过程就会表现出阶段性。在《矛盾论》中，毛泽东以中国革命过程中的主要矛盾和非主要矛盾的关系问题为例，说明了这一规律所起的作用。

再次，毛泽东详细地阐述了矛盾的同一性与斗争性及其相互关系原理。毛泽东指出：所谓矛盾的同一性，是指矛盾着的对立面因一定的条件，一方面互相对立，一方面又互相联系、互相贯通、互相渗透、互相依赖的性质。矛盾的同一性有如下两种情形："第一，事物发展过程中的每一种矛盾的两个方面，各以和它对立着的方面为自己存在的前提，双方共处于一个统一体中；第二，矛盾着的双方，依据一定的条件，各向着其相反的方面转化。"② 所谓矛盾的斗争性，是指矛盾双方互相排斥、互相对立、互相否定的趋势。他指出，矛盾的斗争性是绝对的，而矛盾的同一性是相对的。在《矛盾论》中，毛泽东对这两个方面的问题具体解释如下：

（1）关于矛盾的同一性的两种情形，毛泽东更注重后者。他说："更重要的，还在于矛盾着的事物的互相转化。"③ 这是因为，只有当矛盾的主要方面与非主要方面互相转化时，事物的发展才取得了质的飞跃。这意味着旧事物的灭亡和新生事物的产生，表明事物发展到了一个新的阶段。

（2）不论是矛盾着的事物处于共同体之中，还是互相转化，都是在

① 《毛泽东选集》第 1 卷，第 326 页。
② 同上书，第 327 页。
③ 同上书，第 328 页。

一定的条件下才能发生。毛泽东强调："无此一定的条件，就不能成为矛盾，不能共居，也不能转化。"① 这就是说，唯物辩证法所说的矛盾的同一性，是具体的同一，不论是共处于一体，还是互相转化，都是在一定的现实条件下才可能发生的，而非主观的想象。这就将矛盾的同一性奠定在坚实的唯物论的基础之上，同唯心主义的辩证法划清了界限。

（3）矛盾的斗争性是绝对的、普遍的，但是矛盾斗争的具体形式是多种多样的和相对的。由于矛盾的性质及其所处的历史条件不同，因此不能把矛盾的斗争性归结为某一种斗争形式，不能用一种斗争形式来代替另一种斗争形式。矛盾的性质不同，解决的方法亦不同，因此表现出的斗争形式亦不同。比如对抗是矛盾斗争的一种形式，而不是矛盾斗争的唯一形式。

（4）毛泽东发挥了列宁关于矛盾同一性的相对性与斗争性的绝对性的思想。他指出，同一性之所以是相对的，首先因为同一性是暂时的，"一切过程都有始有终，一切过程都转化为它们的对立物。一切过程的常住性是相对的"。其次，由于同一性是有条件的。正是由于一定的条件才可以构成矛盾的同一性，因此才说它是有条件的和相对的。如果将对立面的同一看做是绝对的和无条件的，那就否定了事物的运动发展变化，导出形而上学的发展观。斗争性之所以是绝对的，是因为矛盾的斗争贯穿于矛盾发展过程的始终，并且决定着事物的转化。在一事物转化为他事物之后，也就是新的矛盾斗争的开始。矛盾的斗争是贯彻始终的，是无所不在的，因此说矛盾的斗争性是无条件的、绝对的。他说："有条件的相对的同一性和无条件的绝对的斗争性相结合，构成了一切事物的矛盾运动。"②

（四）《矛盾论》对中国辩证法优秀传统的继承与发扬

中国传统哲学中蕴涵着丰富的辩证法思想，虽然中国现代哲学的主流是外来的西方近代哲学思潮，但是深厚的传统哲学也必然对现代的思想家产生很大的影响。毛泽东的哲学思想中就表现出深深的传统哲学的烙印。或许我们可以这样说，毛泽东的哲学思想，是以中国哲学的形式表述的马

---

① 《毛泽东选集》第1卷，第333页。
② 同上书，第331—332页。

克思主义哲学，因此它可以更好地为中国人民所接受，成为中国人民革命斗争的武器。

1. 毛泽东关于矛盾精髓学说对传统哲学的继承

毛泽东关于矛盾精髓学说，关于矛盾的普遍性与特殊性（共性与个性）的思想，从来源上说，是对马克思主义，特别是对列宁的有关思想的直接继承，而从思维特征上来说，则是与中国传统哲学的有关思想相联系的。

矛盾的普遍性与特殊性的关系问题，在中国哲学史上是一个有着悠久历史传统的思想课题。比如宋明理学中的朱子，便用"理一分殊"的学说来解释一般与特殊的关系。朱子用体用关系来解释理一与万殊的关系，他说："至诚无息者，道之体也，万殊之所以一本也。万物各得其所者，道之用也，一本之所以万殊也。"所谓道之体，或称一本的东西，即是作为理一的一般；而万物从道体之中分有，才有了作为特殊的万物。朱子已经看到了一般与个别的差异，同时他又强调一般与个别是互相联系的，不能离开个别去认识一般。明末清初杰出的唯物主义哲学家王夫之，更是对一般与特殊的关系作出了较为全面的总结。王夫之认为，标志事物普遍规律或共同本质的"道"与特殊具体事物的"器"是统一而不可分割的。他认为，任何一般都是个别的一部分或一方面的本质，因此只能是"道在器中"、"道者器之道"，也就是说，共性是寓于个性之中的。他还提出了"尽器则道无不贯，尽道所以审器"的思想，认为认识过程总是由个别到一般，又从一般到个别的过程。

在反映西周时期哲学思维水平的《周易》中，就有关于矛盾双方对立与转化的思想。比如其中的阴阳观念。《周易》中既强调阴阳之间的对立，同时又指出对立双方相互转化的问题。老子也特别注重对立事物的统一问题。王夫之对对立面的统一问题有着系统的论述，他认为，阴阳是对立的，阴阳对立的统一成为太极。他还认为对立面也可以互相转化，说："天下有截然分析而必相对待之物乎？……金烁则液，水冻则坚，一刚柔之无畛也。"也就是说，凡是相对待的东西都是可以互相转化的，而非"截然分析而相对待"。即使是天下公认为正确的东西，如果将其绝对化，也可以变为错误；天下公认为不好的东西，在一定的条件下，也可以变成好事。

毛泽东关于事物矛盾问题精髓的学说，正是继承了中国古代哲学思想的优秀成果，用马克思主义哲学将其加以整理，并且以现代的科学知识进行论证，克服了古代哲学思想中的缺陷，解决了古人所不能解决的问题。这是中国哲学的最高总结，也是对马克思主义哲学的极大丰富。

2. 毛泽东对古代哲学矛盾发展不平衡学说的发展

中国古老的矛盾学说中有一个特点，就是注重对矛盾发展的不平衡性的论述。阴阳观念之所以被用来解释事物的运动变化，就在于阴阳所代表的两种力量和趋势被认为是经常处于不平衡状态，并且在其相互作用中不断地改变着事物力量的对比，才引起事物的变化。《周语·国语》中认为，地震发生的原因是"阳伏而不能出，阴迫而不能蒸，于是有地震"。即是说阴阳两种力量由平衡发展到不平衡，因此引起地震。《易经》中的六十四卦象，是根据阴阳在卦象中所处的位置，即其力量对比所表示出来的趋势说明吉凶。王夫之继承了明朝王廷相有关"偏胜"、"偏盛"的思想，更加明确地肯定了矛盾的双方力量发展的不平衡。他说："阴阳迭为消长"，"阳削则阴长，阴削则阳长"。因为阴阳迭为消长，"是故阴阳者不在多寡。而在主辅之分"（《周易外传·序卦》）。强调随着矛盾双方力量对比变化造成了事物的变化。这一切都对毛泽东有关矛盾发展不平衡的理论有着直接的影响。

3. 《老子》一书中的辩证法思想，对中国古代哲学的形成起到了很大的影响，其中的矛盾同一性的理论，对毛泽东有关思想的形成也起到了很大的作用

《老子》说："有无相生，难易相成，长短相形，高下相倾……"意在说明矛盾双方是对立的统一，其中一方总是以另一方的存在为自己存在的条件。另外，毛泽东非常重视《老子》中关于"物极必反"的学说，他说："我们中国人常说：'相反相成。'就是说相反的东西有同一性。这句话是辩证法的，是违反形而上学的。'相反'就是说两个矛盾方面的互相排斥，或互相斗争。'相成'就是说在一定条件下两个矛盾方面互相联接起来，获得了同一性。"[①] 毛泽东在他的军事思想中，充分利用了有关矛盾的同一性的理论，为红军制定了以唯物辩证法为指导思想的战略战术。

①　《毛泽东选集》第 1 卷，第 333 页。

总而言之，毛泽东在接受了马克思主义哲学中的唯物辩证法的同时，也吸收了中国传统思想的一些精华，并使用中国传统哲学的表达方式，来达到马克思主义哲学的中国化。毛泽东的哲学思想，既是对马克思主义哲学的发展，又是对中国传统哲学的优秀遗产的最好继承，是将马克思主义哲学与中国优秀传统哲学相结合的产物。

二　毛泽东哲学思想对现代哲学史的总结

毛泽东的哲学思想是在总结了近代以来的哲学思想发展，特别是接受了马克思主义哲学并将其中国化之后，才最终得以形成的。它对中国近代以来哲学思想的总结，主要表现在文化、政治和哲学思想等几个方面。正是在这几方面问题上，毛泽东哲学思想使中国近代以来的哲学发展发生了一次伟大的革命。

1. 近代以来文化争论的哲学总结

近代以来，中国革命最主要的问题是所谓"中国向何处去"的主题。而这个问题最突出的表现，就是中西文化的讨论，它贯穿于整个中国近代思想发展史。毛泽东哲学思想正是在这个问题上对中西文化争论作出了总结。

在毛泽东哲学思想形成之前，在中西文化争论中，马克思主义者与全盘西化派、中国本位文化派和文化保守主义者进行了激烈地争论。同时，中国的马克思主义者还在另一条战线上，同中国共产党内部的教条主义者和经验主义者展开了争论。可以这样说，中国的马克思主义者对中西文化之争的总结，主要是通过解决马克思主义中国化的问题来达到的。所以，马克思主义中国化的问题，不仅仅是中国共产党内的斗争，而且对指引整个中国革命的进程，解决中国革命的现代化进程中如何处理好传统与现代、外来文化与民族文化之间的关系问题具有重大意义。

什么是中国革命和中国社会的特点？什么是中国革命所应当走的路？毛泽东和中国共产党人指出，中国是一个半殖民地半封建社会，它具有地域广大、人口众多、政治经济发展不平衡等特点，加上悠久的历史和文化，使得中国革命有着与西方和苏联革命不同的道路。中国共产党人认为，中国革命道路是一个由无产阶级领导的、以工农联盟为主体的民主统一战线走武装斗争和农村包围城市道路的新民主主义革命。这一结论的意义在于指出了，不论是在政治革命还是在文化革命问题上，全盘西化和中体西用的思维方式，都是不符合中国国情的，都是注定不能成功的。中国新文化的道路，正如毛泽东所说：对于外国文化，排外主义的方针是错误的，应当尽量吸取进步的外国文化，以为发展中国新文化的借镜；盲目搬用的方针也是错误的，应当以中国人民的实际需要为基础，批判地吸收外国文化。……对于中国古代文化，同样，既不是一概排斥，也不是盲目搬用，而是批判地接受它，以利于中国的新文化。① 毛泽东又将这种新文化定义为"民族的、科学的、大众的文化"。周恩来后来解释为"民族的形式，科学的内容，大众的方向"，将中国的具体国情、科学的内容和大众的传统融合在一起，对中国革命中的文化争论作出了科学的解释。

2. 近代以来哲学发展的总结

近代以来，中国社会的主要矛盾是中华民族和帝国主义之间的矛盾。这一矛盾决定了中国近现代哲学发展的方向，是要解决"中国向何处去"的问题。解决这一问题，就必须认识人类和中国历史演变的规律，才可能决定中华民族的发展方向。正因如此，才使得进化论的历史发展观成为中国近代哲学思想的逻辑起点。中国近代哲学的"变易"历史观与知行问题是紧密联系在一起的。因此，如果知行问题得不到很好的解决，就不可能建立起一套救亡哲学，中国革命也不可能成功。

在马克思主义哲学传入的初期，马克思恩格斯关于唯物史观的著作首先被介绍到中国。李大钊、李达、瞿秋白等人都著译了大量的唯物史观文章，并且以唯物史观为武器来分析中国社会和指导中国革命。当时中国正面临民族危亡的时刻，如何改造中国社会成为思想界的一个重大问题。唯物史观的传入正好符合了当时的需要，引导中国人民走向了正确改造社会的道路。另外，十月革命的成功，恰恰是对唯物史观的一次证明。这使得中国人民更加注重对唯物史观的介绍，将其作为中国革命的思想武器。而在唯物史观的理论之中，阶级斗争学说受到了特别的关注。正如李大钊所说，"阶级竞争说恰如一条金线"将马克思主义的各个部分联系起来，成为中国社会革命的理论武器。当时的马克思主义者尚未将唯物史观同唯物辩

---

① 《毛泽东选集》第 3 卷，人民出版社 1991 年版，第 1083 页。

证法有机地结合起来，表现为认识上和理论上的不成熟。

如果我们将由进化论向马克思主义唯物史观的飞跃，看作是我国现代思想史上的一次质变，那么，从唯物史观到唯物辩证法的深入传播，则是使得中国革命的思想路线和思想方法实现了彻底的变革，结果是创立了全新的革命哲学。通过 20 世纪 20 年代的唯物辩证法论战等一系列思想争论，使得唯物辩证法在中国人民的头脑中深深地扎下了根。而毛泽东哲学思想的正式形成，则是将马克思主义的唯物史观与唯物辩证法有机地结合了起来，彻底地解决了近代以来的知行关系、心物关系和群己关系等一系列问题。毛泽东的哲学思想既概括了辩证唯物主义的认识论关于思维与存在关系问题的基本观点，也体现了唯物史观关于社会存在与社会意识的关系问题的基本观点。因此，毛泽东哲学思想第一次将马克思主义哲学在中国完整地统一起来，并应用于中国革命的具体实践当中，使得中国革命有了坚实的理论基础。

3. 认识规律与群众路线的统一

毛泽东哲学思想表明，马克思主义哲学的唯物史观和辩证唯物主义是一个有机整体，这在毛泽东的"能动的革命反映论"思想中得到了体现。他将人民群众是历史的创造者思想与马克思主义的认识论结合起来，提出了认识论与政治工作中的群众路线、实践观点与群众观点相结合的理论。在毛泽东看来，一个概念、判断和推理的形成过程，同认识的过程一样，也是一个循环往复的螺旋式发展过程。群众的实践经验是人类智慧的唯一源泉，具有理论所不具备的生动丰富内容。但是相对于理论来说，群众经验还是没有经过整理的、粗糙的初级材料，因此有必要通过比较和鉴别、综合与分析等思维方法，对其进行概括和总结，得出更深刻、更正确、更能反映事物本质的理论，再反过来被群众所接受，用于指导群众工作的实践，达到主观与客观、理论与实践的具体的历史的统一。

认识和实践的辩证运动是无穷的，因此，从群众中来，到群众中去的辩证运动同样也是无穷的。从群众的实践中得出的理论，再回到群众当中去，被群众当做指导理论贯彻于实践中时，必然会产生出许多新的经验，需要加以集中与总结，上升为新的理论，再回到群众的实践中去，形成一种无穷循环往复的过程。

毛泽东在谈到有关群众路线的工作方法时说："我们共产党人无论进

行何项工作，有两个方法是必须采用的，一是一般和个别相结合，二是领导和群众相结合。"① 这两者是统一的，无论是从群众中来，到群众中去，还是从实践中来，到实践中去，都体现马克思主义哲学认识路线与党的群众路线的有机统一，是马克思主义哲学的认识论和历史唯物论的有机统一，形成了具有中国特色的马克思主义，极大地丰富了马克思主义哲学思想。

① 《毛泽东选集》第 3 卷，第 897 页。

近现代儒学与自由主义的遭遇战

自由主义作为一种思潮，兴起于 17 世纪的英国。约翰·格雷在《自由主义》一书中说：

> 尽管历史学家从古代世界，尤其是从古希腊与罗马中，找出自由观念的成分，然则，这些成分仅仅构成自由主义史前的内容，而不是现代自由主义运动的组成部分。作为一种政治思潮与知识传统，作为一种可以辨认的思想要素，自由主义的出现只是 17 世纪以后的事。①

而作为一个政治术语的"自由主义"则直到 19 世纪中叶之后才逐步确立起来。②

对中国人来说，自由主义最初是"西学东渐"的舶来品，但进入中国后便得到迅速而广泛的传播。与此同时，中国本土的自由主义也随之形成并逐渐发展起来，成为近代中国的一股重要思潮。这无疑令本土的儒学遭遇到前所未有的挑战。近现代儒学，包括洋务儒学、维新儒学以及现代新儒学，基于儒学的主体意识和自我更新的要求，对自由主义作出了越来越深入的回应。儒学与自由主义相互激荡的历史境遇，构成了张君劢自由观的特定时代际遇。

---

① John Gray, Liberalism, England: Open University Press, 1986, p. ix.

② ［美］乔·萨托利：《民主新论》，冯克利、阎克文译，北京：东方出版社 1997 年版，第 374 页。

自由主义的西学东渐

近代以来的"西学东渐"①，与明末清初时期的"西学东来"② 有着不同的意味。"西学东渐"发生于中国社会的转型时期，其意图在于"以西方之学术，灌输于中国，使中国日趋于文明富强之境"；"借西方文明之学术以改良东方之文化，必可使此老大帝国，一变而为少年新中国"。③ 这从"西学东渐"一词的字面意义上便可窥得一斑，所谓"渐者，进也"（《周易·序卦传》），即设想以西方文明"进入"或"灌输"于"东方之文化"，而此"东方之文化"的主流无疑就是儒学。

在此风潮中，自由主义作为西方文明的一种学术典范和根本，被中国思想界视为改良"老大帝国"的思想法宝。由是，西方自由主义自身发展过程中依次兴起的三种理论也相继在中国得到广泛传播：（1）从洋务运动到新文化运动前，古典自由主义思想广泛传播；（2）从新文化运动到新中国成立前，新自由主义思想广泛传播；（3）建国之后、特别是改革开放以来，新古典自由主义思想广泛传播。在此过程中，中国的自由主义也应运而生，而且与西方自由主义不同理论的传播具有明显的对应性。自洋务运动时期兴起至今，自由主义已成为近现代中国最重要的思潮之一。

一　西方自由主义在中国的传播

在近代的"西学东渐"风潮中，中国人之所以对西方自由主义情有独钟，大概不外乎两方面的原因：第一是晚清以来，特别是鸦片战争以后，中国与西方交战的挫败感，激发了中国人对自身思想文化的

---

①　"西学东渐"一语出自晚清维新人物容闳（1828—1921）的一本回忆录的书名。该书原以英文写成，1909 年由美国的亨利·霍尔特出版公司出版，原题为 My Life in China and America（吾在中国与美国之生活）；后由徐凤石、恽铁樵译成中文，1915 年由商务印书馆出版，始题为《西学东渐记》。

②　黄玉顺：《从"西学东渐"到"中学西进"——当代中国哲学学者的历史使命》，《学术月刊》2012 年 11 月号；人大复印资料《中国哲学》2013 年第 2 期全文转载。

③　容闳：《西学东渐记》，长沙：湖南人民出版社 1981 年版，第 23、88 页。

反思，最终发现中弱西强的根本原因在于思想观念上的差距，而最为核心的一点就在于现代自由观念的有无；第二是自明清以来，中国社会内部已萌动出对现代性的诉求，直至西方自由主义传入之后，才真正找到了一种理论的表达，而自由诉求的合理性也在中西对比的巨大差距面前得到事实的证明。对于第二点，当时中国人并没有意识到，但对第一点却有明确意识，这也是当时中国盛行西学的直接缘由。可以说，中国的思想家最初积极传播西方自由主义，更多的是作为一种实现富强文明的工具；但随着中国社会的现代化发展，自由主义不仅仅是一种工具，而且本身也成为一种价值诉求，这便进一步促进了自由主义的深广传播。

历史地看，在洋务运动之前，西方自由主义已经自行潜入中国。1835年传教士在广州创办的《新闻》杂志便刊登了关于"自主之理"的消息："英吉利国之公会，甚推自主之理……倘国要旺相，必有自主之理。"① 这里所谓"自主"便是"自由"之意。1838年，该刊又以《自主之理》为题勾勒了自由主义的理论轮廓：

英民说道："我国基为自主之理。……自帝君至于庶人，各品必奠国之律例……设使国主任情偏执，藉势舞权，庶民恃其律例，可以即防范。……至于自主之理，与纵情自用迥分别矣……欲守此自主之理，大开言路，任意无碍，各语其意，各著其志。至于国政之法度，可以议论慷慨。"②

然而在当时，这并没有触动国人的神经，更不必说主动传播了。直到洋务运动之后，西方自由主义才在中国得到广泛传播。既然是传播，也就意味着相对滞后于西方自由主义的发展；但从传播内容的先后次序来看，大致与西方自由主义历史发展的过程相对应。

（一）洋务运动—新文化运动：古典自由主义在中国的传播

古典自由主义（classical liberalism），是西方自由主义发展的第一阶段，兴起于 17 世纪的英国。历史上，虽然由霍布斯第一个论证了个体主

---

① 爱汉者等：《东西洋考每月统记传》，黄时鉴整理，中华书局 1997 年版，第 186 页。
② 同上书，第 339—340 页。

义，但公认的自由主义理论奠基人是洛克。他认为，在"自然状态"下，人人具有趋利避害、保存自身的"自私"本性，这并不是什么"原罪"，而是人所享有的"自然权利"、"自然自由"；他据此提出个人的生命、自由、财产不容侵犯，并且主张以自然法为原则进行社会建制，而国家（政府）只是消极的存在，即：其权本为民所授，其权应为民所用。[①] 到"19 世纪 70 年代，自由主义在其历史进程中达到了顶峰，它促进欧洲的绝大多数国家产生了成文法和议会，扩大了选举权，并在宪法上明文规定要保障人身自由"[②]。这一时期，古典自由主义主要代表的思想都在中国得到了传播，如集大成者穆勒，经济领域的理论代表亚当·斯密，着力从法理维度进行阐释的孟德斯鸠，以及提出功利主义伦理学的边沁等，其中以穆勒、亚当·斯密和孟德斯鸠的思想传播得最为广泛。

这就不得不提到严复，他是早期在中国传播自由主义的最重要人物。严复留英期间，目睹了"日不落帝国"的强盛国势而深受触动，意识到"今日中国不变法则必亡"，而变法则需"用西洋之术"；但此术并非洋务派所指的西方科技器物之术，而是其"政教"思想，"谓英国与诸欧之所以富强，公理日伸，其端在此一事"[③]。什么是公理？他认为就是君主立宪、自由平等以及斯宾塞的社会达尔文主义等西方政治伦理思想。于是，为实现强国目标，启蒙大众，严复回国后便积极地传播自由主义。

从 1898 年到 1909 年的十多年中，由他翻译出版的西方名著就有八部，其中四部是英国古典自由主义思想家的作品；[④] 其所翻译和传播的赫胥黎《天演论》的进化论思想，以及斯宾塞《群学肄言》的社会达尔文主义，也都是古典自由主义所崇尚的自然法原则下的自由竞争思想的体现。其中最具代表性的就是穆勒的 *On Liberty*，这是穆勒最著名的代表作，至今有学者认为穆勒的这部著作"不失为一个 19 世纪版本的洛克《政府

---

① 李小科：《澄清被混用的"新自由主义"——兼谈对 New Liberalism 和 Neo‑Liberalism 的翻译》，《复旦大学学报》2006 年第 1 期。

② 《新编剑桥世界近代史》，中国社会科学出版社 1987 年版，第 339 页。

③ 王栻主编：《严复集》第 4 册，第 969 页。

④ 按出版年代先后，依次是赫胥黎《天演论》、亚当·斯密《原富》、斯宾塞《群学肄言》、穆勒《群己权界论》、爱德华·甄克斯《社会通诠》、孟德斯鸠《法意》、穆勒《穆勒名学》、耶芳斯《名学浅说》。

论》"①。穆勒的思想主要是在边沁功利主义伦理的基础上，提出应当维护最大多数人的个体自由权利，在强调"己"的同时，兼顾到了他人、社会大多数人的权利。可以说，这一思想既是对古典自由主义的总结，也是转向新自由主义的前奏。严复颇为用心地思考古典自由主义的思想实质，进而将 *On Liberty* 译为《群己权界论》。此书的出版，对于中国人深入理解现代政治自由观念起到了深远作用。

除此之外，西方自由主义的其他一些论著也通过严复的翻译得到了传播。其中，他通过翻译亚当·斯密的《原富》，宣传了放任的、自主竞争的自由经济思想。亚当·斯密主要在经济领域发挥了洛克的经济自由思想，主张经济活动中的"自由放任主义"（法语：Laissezfaire）。他基于"理性—经济人"的假设，提出在"理性—经济人"组成的社会中，自由市场如同"看不见的手"，可以自发而合理有效地配置各种资源，实现效率最大化；而政府就如同"守夜人"，只是社会和法律规则的被动执行者。② 之后，严复又通过翻译法国思想家孟德斯鸠的《法意》（即《论法的精神》）传播了立法权、行政权和司法权三权分立制衡的政治法则和法律、宪法对于人权自由的保障意义。孟德斯鸠主要是深化了洛克的分权思想，认为如果没有对权力的制约，就必然出现权力的滥用，因此提出唯有分权才能保障自由的实现，③ 进而从制度设计上有效限制了政府权力对个人权利侵害的可能。

严复的译本，文风古朴典雅，"与晚周诸子相上下"，"疑出北魏人手"，④ 这种翻译风格使中国人更易于接受，大大增强了传播效果。继严复之后，越来越多的中国知识分子开始主动传播西方自由主义思想，如：张君劢留日期间研究了英国洛克的《政府论》、美国威尔逊的《国家论》，并于 1906 年摘译了穆勒的《穆勒约翰议院政治论》（又名《代议政治论》）发表在《新民丛报》上。十多年间，中国思想界对西方政治思想的兴趣日渐浓厚，西方的自由学说成为知识分子热议的主题。当时英国的自由主义思想家霍布豪斯（Leonard Trelawny Hobhouse，1864—1929）也注

① 高全喜：《为什么我们今天依然还要读穆勒?》，《读书》2011 年第 6 期。
② 帅勇：《宏观经济学的奠基人——凯恩斯》，河北大学出版社 2001 年版，第 72 页。
③ ［法］孟德斯鸠：《论法的精神》（上），商务印书馆 2004 年版，第 185 页。
④ 《吴汝纶序》，严复译《天演论》，商务印书馆 1981 年版，第 vii 页。

意到了中国对自由主义思想的高度热情和积极传播，乐观地认为这是
"当代最伟大、最有希望的政治现实"①。

（二）新文化运动—1949 年前：新自由主义在中国的传播

随着一战的结束，古典自由主义的弊端暴露无遗；作为一种修正和纠
偏的思想学说，新自由主义（new - liberalism）代之而起。相较于古典自
由主义，新自由主义更注重从平等的维度上落实和保障个体权利，这正是
针对古典自由主义主张自由放任的经济而导致的社会贫富差距过大、混乱
无序等弊端而进行反思的结果。而对于个体权利的平等享有、社会正义的
维护，他们认为任何个体都不具备这个能力，唯有委托政府才能实现。于
是，新自由主义对政府做了积极的定位，主张赋予政府更多的权力，以便
积极有为地承担更多的社会责任；他们尤其强调政府调控经济、主持社会
利益分配以及加强对社会弱势群体保护的职能。这套理论学说也成为西方
实行"福利国家"政策的重要理论基础。由于其中的诸多主张与欧洲的
社会主义存在着相似之处，因此也被称为"自由的社会主义"或"社会
的自由主义"（social liberalism）。

新自由主义之所以能在中国得到广泛传播，一方面是由于国内思想家受
到一战后西方思想界的影响，对古典自由主义进行了反思。例如 1914 年胡适
就指出，"今日西方政治学说之趋势，乃由放任主义而趋干涉主义，由个人主
义而趋社会主义。"② 1922 年 9 月，在《五十年来之世界哲学》一文中，他把
"从放任主义变到干涉主义"总结为 50 年政治哲学变迁的三个趋势之一。
1926 年 7 月，在《我们对于西洋近代文明的态度》一文中，胡适批评古典自
由主义的"自由竞争的经济制度不能达到真正的'自由，平等，博爱'的目
的"，认为"最大多数人的最大幸福"的"社会化"才是西方近代文明的特
征。③ 另一方面与新文化运动的兴起相关。新文化运动时期一些活跃知识分
子，正是西方新自由主义在中国的宣传者和代言人，他们除了直接翻译相关
著作，还通过办杂志和报刊、演讲等多种途径进行传播，在当时最广为人知

---

① ［英］霍布豪斯：《自由主义》，商务印书馆 1996 年版，第 119—120 页。
② 曹伯言、季维龙编：《胡适年谱》，安徽教育出版社 1989 年版，第 71 页。
③ 何卓恩编：《胡适文集》，长春出版社 2013 年版，第 34 页。

的西方新自由主义代表是美国的杜威（John Dewey，1859—1952）、英国的罗素（Bertrand Russell，1872—1970）和拉斯基（Harold Joseph Laski，1893—1950）。

杜威是美国实用主义的集大成者，而实用主义本身就是深受新自由主义影响的一个思想派别。因此，杜威在政治上强调积极的自由，要求人们意识到自身生活在一个"集体化时代"，进而提倡"社群主义的民主"，表现出融合自由主义与社群主义的倾向。

杜威思想的引进和传播主要得益于胡适、陶行知等人的积极工作。在杜威来华前，陶行知便撰写了《介绍杜威先生的教育学说》一文，推介杜威的生平和学术思想，并发表在 1919 年 3 月 31 日《时报·教育周刊·世界教育新思潮》第 6 号上。胡适则在《新青年》杂志上发表《实验主义》一文，系统地介绍了实用主义。之后，胡适在以《独立评论》为平台展开的"民主与独裁"的辩论中，以杜威的民主思想与"独裁派"抗衡，运用并宣传新自由主义的思想。

杜威本人于 1919 年 4 月接受胡适邀请首次来华讲学。此后两年，杜威一直留在中国，不但亲历了五四运动，还在多家报纸杂志上撰文鼓励中国的自由民主运动，同时宣传自己的自由主义思想。在此期间，杜威共在中国的 11 个省做了 130 多次演讲，这些讲演分别发表在《晨报》、《新潮》等报刊上；[1] 1920 年汇编出版的《杜威五种长期演讲录》（包括《社会哲学与政治哲学》《〈教育哲学〉思想之派别》《现代的三个哲学家》和《伦理讲演纪略》等"五大系列讲演"）一时间成为广大知识分子竞相传阅的读本，在当时产生了轰动性的社会效应。

罗素作为英国知名的自由民主斗士，来华前在中国已颇有名气。1920 年受邀来华后，共做了五次演讲，也是风靡全国。罗素批评古典自由主义的自由放任经济，主张经济平等，还曾对苏联模式寄予厚望，结合了自由主义与基尔特社会主义的思想。[2] 他在中国的信徒徐志摩、张东荪等都对他的自由主义思想做了积极宣传。

---

① ［美］费正清：《伟大的中国革命 1800—1985》，刘尊棋译，国际文化出版公司 1989 年版，第 187 页。

② 基尔特社会主义，也称行会主义。

拉斯基在英国思想界和政界都具有很大影响力，甚至有学者说，英国的 1920 年到 1950 年属于"拉斯基时代"[1]。他一直努力调和自由主义与社会主义，早期倡导多元主义国家论，而后期更加强调国家干预职能，主张发展计划经济，反对激进革命而倡导以渐进改良实现社会进步，结合了自由主义与费边主义的主张，其思想整体上倾向于民主社会主义。他的学说为资本主义获得新的发展空间提供了理论支撑和目标导引，不仅在资本主义现代化国家得到了积极回应，在不发达国家也有热情的支持者。[2]

拉斯基拥有一批中国学生。他在美国任教期间，张奚若、蒋廷黻、金岳霖、曾炳钧、雷沛鸿、林毕等人都听过他的课。20 世纪 20 年代，罗隆基、王造时、杭立武、钱昌照、卢锡荣、徐志摩、陈源等都在伦敦政治经济学院受教于他。罗隆基、储安平等回国后，分别通过组党与办报的方式来传播其思想。此外，拉斯基还有诸多忠实的中国信徒，张君劢也是其中之一。1927 年，张君劢翻译了他的理论著作《政治典范》，同时又著《赖氏学说概要》，着重评介了拉斯基的多元主义国家论、权利为自我发展之条件、新财产制度论以及政治与经济改革等思想；拉斯基早期提出的多元主义国家论对张君劢的影响甚深，成为他政治自由观念中的重要内容。1928 年，胡适、徐志摩、罗隆基等创办的《新月》杂志也刊发了拉斯基的著作，重点介绍了他的费边主义理论。[3] 30 年代，以《主张与批评》《自由言论》《再生》为平台组建的费边主义团体也参与评介拉斯基的思想，此间萧公权、张君劢、杭立武等人是重要的传播者，重点是对其思想做基本的引进介绍，还配合相应的学理分析。后来，特别是抗战爆发后，随着民族危机加剧和国内局势的变化，中国对拉斯基的译介变得更加实用化，从张君劢的国家社会主义主张，到罗隆基起草的民盟纲领，无不带有拉斯基的思想印记。

---

　　[1]　Peter Lamb, Harold Laski: Problems of Democracy, The Sovereign State and International Society, New York: Palgrave Macmillan, 2004, p. 1.

　　[2]　丁三青：《张君劢解读：中国史境下的自由主义话语》，第 139 页。

　　[3]　此间翻译的著作有：（1）拉斯基：《服从的危险》，罗隆基译，《新月》第 3 卷第 5、6 期合刊，1930 年；（2）拉斯基：《平等的呼吁》，罗隆基译，《新月》第 3 卷第 7 期，1930 年；（3）拉斯基：《教师与学生》，胡毅译，《新月》第 3 卷第 10 期，1930 年。

通过自己的学生和信徒，拉斯基的学说在民国时期广为流传。从后续的影响看，拉斯基虽然没有来华，但他对于中国知识界影响却超过了杜威和罗素。整个抗战时期，一直到新古典自由主义的哈耶克思想广泛传播前，中国大多数自由主义者都是拉斯基的信徒。

新自由主义属于西方自由主义的左翼激进派，诸多思想主张借鉴了社会主义，在中国的影响时间和程度都远胜于古典自由主义。20世纪后期，新自由主义的三大代表人物凯恩斯、罗尔斯和德沃金在不同领域进一步发展了新自由主义思想。凯恩斯将新自由主义的思想运用到经济领域，提出了"凯恩斯主义"；罗尔斯提出的"正义论"在政治哲学的领域中进一步发挥了新自由主义；德沃金的"自由主义法学""权利论法学"则从法理角度对新自由主义做了阐发。当今，新自由主义在中国依然拥有众多的信奉者，相关的理论学说也是当前政治哲学研究的重要内容。

（三）1949年后：新古典自由主义在中国的传播

新古典自由主义（neo – liberalism）代表着西方自由主义发展的第三个阶段，它是对前两个阶段自由主义的修正与融合，它的兴起最初是出于对"国家社会主义"的警惕。一战之后，随着社会主义的崛起和福利国家的建立，部分思想家担心国家大规模的掌控经济会导致极权主义（totalitarianism）。基于此，奥地利学派的重要代表哈耶克（Hayek，1899—1992）和米塞斯（Ludwig von Mises，1881—1973）重申了"消极自由"的意义，主张"复归"到古典自由主义立场，以求分别矫正新自由主义和古典自由主义的偏颇。新古典自由主义在20世纪70年代的后半期开始渐渐高涨，90年代以来，在经济全球化的趋势下，逐步在世界范围内广泛传播。

中国学者关注到新古典自由主义的思想，大约在建国前后。广为国内学者所研究和传播的新古典自由主义，主要是哈耶克的思想。哈耶克作为公认的新古典自由主义的主要代表，[①] 曾经与凯恩斯进行过论战。他大力主张全球化的自由经济，提出"自发秩序"理论，既强调原始意义上的个体权利（消极自由），又赋予个体以权力，主张个体在公共

---

① 新古典自由主义的其他代表人物还有米塞斯，弗里德曼、诺齐克等。

事务中积极有为，个体对于社会秩序的形成应该有担当的责任和勇气。他对政府的定位是消极的，其最终目标是取消政府；但作为过渡，他认为政府需要继续承担发放福利等责任。哈耶克的思想具有理想主义的色彩，通过对现实的批判，指向了人的全面解放，以及对现代民族国家的超越。

哈耶克最著名的代表作《通往奴役之路》[①]，主要是针对拉斯基的社会主义纲领提出的批判，该书于 1944 年在英国出版，潘光旦 1946 年在政论集《自由之路》中详细介绍了此书。1950 年，台湾的自由主义者殷海光将其翻译成中文，并于 1962 年第一次被介绍到大陆，成为国内了解新古典自由主义的重要资料。自 20 世纪 80 年代，国内出版了哈耶克的《个人主义与经济秩序》之后，哈耶克的思想得到了全面介绍。1991 年出版了《致命的自负》（当时译为《不幸的观念》）。1997 年出版了《自由宪章》，并重新翻译出版了《通往奴役之路》。2000 年出版《法、立法与自由》《哈耶克思想精粹》等。除此，还出版了诸多国内学者的研究性著作和哈耶克的传记等。可以说，国内对新古典自由主义的理解大多是来自于哈耶克的思想。

除了哈耶克之外，米塞斯等人的思想也被介绍到国内，如夏道平翻译了米塞斯的《反资本主义的心境》、《人的行为》等书，大力宣扬自由经济，认为只有自由主义和私有制才符合全人类利益。这些思想的传播进一步加深了国内对于新古典自由主义的理解和思考。

当今，西方自由主义的三大派别在国内各有传播，但主要以新自由主义和新古典自由主义的思想最为多，其中罗尔斯和哈耶克分别作为这两派的主要代表，成为当代中国学者特别关注的西方自由主义思想家，其思想得到了最为普遍的传播。在传播西方自由主义的同时，中国内在自生的现代性诉求也直接激发和促进了中国本土的自由主义的形成和发展。

---

① 《通往奴役之路》（*The Road to Serfdom*）是新古典自由主义（Neoliberalism）代表弗里德里克·哈耶克的最知名著作，这本书最先在 1944 年于英国由 Routledge Press 出版，接着在 1944 年 9 月由芝加哥大学出版。《读者文摘》在 1945 年 4 月也出版了稍微减缩的版本。

二 中国自由主义的形成和发展

自由主义的确是西学东渐以来进入中国的，但如果说中国的自由主义是完全移植西方的却是言过其实。其实，并不存在绝对现成地被移植的西方自由主义和绝对接受移植的中国自由主义。中国思想界在学习西方自由主义思想的同时，也为中国人自身的现代性诉求找到了一种学理依据；但中国的自由主义者更是基于中国特定的文化传统和历史境遇，逐步形成了本土的自由主义思想。

关于中国自由主义兴起于何时，存在不同的观点：一种是以胡伟希为代表，认为中国的自由主义兴起于戊戌维新时期；[1] 另一种是以许纪霖为代表，认为中国的自由主义发起于"五四"时期。[2] 事实上，西学东渐本身就是一个互动的过程，在西方自由主义传播的同时，中国的自由主义已经在形成发展之中了。因此，笔者姑且做这样的推断，中国自由主义大致兴起于洋务时期和维新时期；在新文化运动时期正式形成，作为一股独立的政治力量登上历史舞台；在20—30年代迅速发展，之后几十年又趋向衰落。

（一）中国自由主义的兴起阶段（洋务运动—新文化运动）

在遭遇西方自由主义的同时，中国的自由主义也悄然形成。可以说，"西学东渐"本身就是一个诠释学事件，中西之学汇聚在一个特定时空中，通过诠释的方式传播西方自由主义，这种诠释本身也生成了中国的自由主义。[3] 因此，最早在国内传播西方自由主义的知识分子，也就成为中

---

① 参见胡伟希等：《十字街头与塔：中国近代自由主义思潮研究》，上海人民出版社2001年版。

② 参见许纪霖：《在自由与公正之间——现代中国自由主义思潮（1915—1949）》，《思想与文化》第1辑，华东师范大学出版社2001年版，第150页。

③ 参见黄玉顺：《从"西学东渐"到"中学西进"——当代中国哲学学者的历史使命》，《学术月刊》2012年11月号。

国最早的自由主义者，严复、梁启超等正是其中的代表。①

　　严复在翻译西方自由主义的著作时，添加了大量的按语来阐释自己对西方自由主义的理解，实际上表达了自己的观点。正如傅斯年指出的，"他只对于自己负责"②，其实已然表明严复翻译西方自由主义著作，其最终目的不在传播西方思想本身，更重要的是为了表达自己的思想，而这恰恰意味着中国自由主义的兴起。严复通过翻译穆勒的《群己权界论》，精准地把握住了现代政治自由的核心问题，指出"学者必先明乎己与群之界限，而后自由之说乃可用耳"③，进而突出强调"存我"的根本意义，认为这是中西差距的关键，主张"自由为体，民主为用"，"身贵自由，国贵自主"④，"是故富强者，不外利民之政也，而必自民之能自利始；能自利自能自由始；能自由自能自治始，能自治者，必其能恕、能用絜短之道者也"⑤。他将个体的自主自立自由看作是开"民智"、新"民德"的起点，也是国家强盛之根本，欲"强国"必以"新民"为本，而新民"皆得自由始"；个体的自由权利是不容侵犯的，"侵人自由者，斯为逆天理，贼人道。……故侵人自由，虽国君不能"⑥。严复对个体自由权利的

----

　　① 当前学界对于严复究竟是不是自由主义者存在着争议。参见丁三青《张君劢解读：中国史境下的自由主义解读模式》，第49页注。另有史华兹撰写的《寻求富强：严复与西方》（江苏人民出版社1996年版）就是把严复当作一个自由主义者。袁伟时认为严复实际上"开启了中国自由主义的两个传统"：一是珍视国家独立和富强，二是珍视个人自由与寻求国家民主化相结合。"严复不愧是最早的自由主义者和与之一体两面的个人主义者"。刘军宁在评价严复对古典自由主义的持守时也肯定了他的自由主义者身份："除严复之外，儒学中不言利的倾向几乎在中国所有的自由主义者身上概莫能外地表现出来。从而除严复之外还没有其他人更能够配得上是一位古典自由主义者"。宝成关也认为，"中国自由主义思想的两大特点：工具主义、与西方古典主义严重脱节，可以追溯到严复那里，严复首开其端，后辈竞其余绪"。与这些看法相左，另有研究者则否认严复的所谓自由主义者身份，除上述许纪霖的意见外，观点最鲜明的应以萧功秦为代表，他曾有针对性地指出："一些国外的权威学者把严复称之为'中国自由主义者'可以说是极大的误解。正是严复，认为中国长期专制传统以及由此形成的国民性，作为中国的既存现实，使中国不能通过自由主义的方式来实现富强。如果仅因为严复称赞过西方自由主义而把他当做自由主义者，而无视这位思想家所主张的现代化过程中的权威政治论，那无疑是本末倒置。"

　　② 傅斯年：《译书感言》，原载1919年3月《新潮》第3期，转引自杨义：《文学地理学会通》，中国社会科学出版社2013年版，第554页。

　　③ 严复：《群己权界论〈自序〉》，王栻主编：《严复集》第5册，第132页。

　　④ 严复：《原强》，王栻主编：《严复集》第1册，第17页。

　　⑤ 同上书，第14页。

　　⑥ 严复：《论世变之亟》，王栻主编：《严复集》第1册，第3页。

看法，是对传统儒家伦理的颠覆。他对当时的孔教运动嗤之以鼻，明确指出："今日更有可怪者，是一种自鸣孔教之人，其持孔教也，大抵于（与）耶稣、谟罕衡衡，以逞一时之意气门户而已。"① 可以说，严复的自由论说代表着 19 世纪末中国的启蒙强音。②

随着严复对社会有机体思想的宣传以及戊戌变法的失败，③ 越来越多的知识分子意识到"个体"的主体价值，个体对于民族国家的根本意义得到了突出强调。梁启超专作《新民说》就在于说明"苟有新民，何患无新制度、无新政府、无新国家"④；"故善治国者，必先进化其民"⑤。然而他认为，中国人的奴性太重，缺乏独立自主的意识，所以要提出"新民之道"。⑥ 那么，如何才算新民？他所谓"新民"的标准，就是具有公德、国家思想、进取冒险精神、权力思想、自由思想、自治思想、自尊、合群、毅力、义务思想等，以改变中国人在君主专制社会下形成的奴性。他说："自由者，权利之表证也。……故今日欲救精神界之中国，舍自由美德之外，其道无由。"⑦ 这是对个体自由观念的充分肯定。

这一阶段中国的自由主义者，虽然积极宣扬个体自由权利的重要性，强调个体对于民族国家的根本意义，但依然是出于国家富强的目的，而对于现代国家存在的价值和意义没做深入的思考，这意味着此时中国的自由主义者对现代自由的理解还远远不够。

（二）中国自由主义的正式形成（新文化运动时期）

随着 1915 年新文化运动的兴起，对个人自由权利的强调被越来越鲜明而强烈地表达出来，中国的自由主义很快成为一股独立的社会力量登上历史舞台。1915 年陈独秀发表在《新青年》创刊号中的《敬告青年》一

---

① 严复：《有如三保》，王栻主编：《严复集》第 1 册，第 82 页。
② 李泽厚：《中国近代思想史论》，安徽文艺出版社 1984 年版，第 272 页。
③ 戊戌维新以前，中国知识分子将强国之要在于国家政体的改革，认为先有好国家方有好国民，"变法之本，在育人才；人才之兴，在开学校；学校之立，在变科举；而一切要其大成，在变官制"（梁启超）。
④ 梁启超：《新民说》，《饮冰室合集·专集之四》，北京：中华书局 1989 年版，第 2 页。
⑤ 梁启超：《自由书》，《饮冰室合集·专集之三》，第 9 页。
⑥ 梁启超：《新民说》，《饮冰室合集·专集之四》，第 1 页。
⑦ 梁启超：《十种德性相反相成义》，《饮冰室合集·文集之五》，第 45 页。

文，堪称中国自由主义的宣言。这一时期，除了《新青年》之外，胡适等创办的《努力周报》、《新月》、《独立评论》，张君劢主办的《再生》，还有《现代评论》、《观察》等报纸杂志，都成为中国的自由主义者思想交流和传播的重要平台。

陈独秀认为，自由权利是近代文明的基本特征之一："个人之自由权利，载诸宪章，国法不得而剥夺之，所谓人权是也。"[①] 确实，"可以说，没有权利这块基石，自由主义的理论大厦就无从建立"[②]。陈独秀此时提出以"人权与科学并重"，其实质都是以追求个人自由为最终目的。胡适也在《建设的文学革命论》一文中指出："社会最大的罪恶莫过于摧折个人的个性，不使他自由发展。"[③] 他们都积极主张言论自由，对传统的礼教和孔教进行了激烈地批判。

此间中国的自由主义者更加清晰地从两个维度上强调了个体自由问题：

第一，强调自由是权界问题。如胡适认为："今之所谓自由者，一人之自由，以他人之自由为界，但不侵越此界，则个人得遂所欲然。"[④] 这里就不是简单地强调个体自由至上优先，而是关注到了权利平等的问题，意识到人人享有平等的权利，明确个体间的权界，才能保障每个人的自由。这一点不能不说是已经受到了西方新自由主义的影响，虽然新自由主义是杜威访华之后才正式传入，但此前胡适等人在留美期间已经吸纳了此派的基本观点，因此其主张已经有所流露。

第二，更鲜明地强调个体的根本性地位。这是戊戌之后的自由主义者越来越强烈的倾向。陈独秀说："集人成国，个人之人格高，斯国家之人格亦高；个人之权巩固，斯国家之权亦巩固。"[⑤] 这意味着中国的自由主义者不再将国家置于绝对至上的地位，而是将个体与国家的关系疏远开

---

① 陈独秀：《吾人之最后觉悟》，《独秀文存》，第40页。

② 顾肃：《自由主义基本原理》，中央编译出版社2003年版，第97页。

③ 胡适：《易卜生主义》，《胡适精选集》，万卷出版公司2014年版，第218页。

④ 胡适：《藏晖室札记》（续），原载《新青年》第3卷第4号，此据《胡适日记》卷1，安徽教育出版社2001年版，第470页。

⑤ 陈独秀：《袁世凯复活》《答王庸工（国体）》《一九一六年》，《陈独秀文章选编》（上），生活·读书·新知三联书店1984年版，第158、82、103页。

来，认为个人的幸福并不系于国家，而是需要个人去抗争；有能力抗争的人，一定是具备"纯粹个人主义之大精神"，推崇"拥护个人之自由权利与幸福"、"谋个性之发展"①。当时不少人明确倡导"彻头彻尾的个人主义"或"个人主义的人间本位主义"（周作人）、"任个人而排众数"（鲁迅），同时表现出对国家的警惕性，如章士钊认为，国家权力"漫无经界"的扩张必定会"犯吾人权根本之说"，并明确提出："国为人而设，非人为国而设也。人为权利而造国，非国为人而造权利也。……国家者，非人生之归宿，乃其方法也。盖人之所求者幸福也，外此立国，焉用国为。"② 这显然已经对国家的地位及其存在目的等问题做了深入的思考。

此时中国的自由主义者一致认为，发展个体自由是西方优于中国的根本之处，而传统的儒家礼教则对个体自由的发展造成了阻碍。于是，他们将矛头指向了儒学，以"全盘西化"、"全盘反传统"的激进方式掀起"反孔非儒"运动。在宣扬个人自由权利的同时，他们进一步明确强调："我们不是为君主而生的！不是为圣贤而生的！也不是为纲常礼教而生的！"③ 而"儒者三纲""无独立自主之人格"④；专制政治"护持元恶，抑塞士气，摧折民权"⑤；宗法制度"窒碍个人意思之自由"，"剥夺个人法律上平等之权利"，"养成依赖性，戕贼个人之生产力"⑥；传统人生观"极容易变成奴隶，而且变了之后，还万分喜欢"⑦ 等等，统统成为他们抨击的对象；而关乎思想、言论、出版的三大自由权利，则被尊崇为"精神之生命"。⑧

关于中国自由主义者对儒学的过激反抗，殷海光认为："中国早期的自由主义者多数只能算是'解放者'。他们是从孔制、礼教、与旧制度里'解放'出来的一群人。他们之从孔制、礼教、与旧制度里'解放'出

① 陈独秀：《东西民族根本思想之差异》，《独秀文存》，第 28 页。
② 章士钊：《复辟评议》，《章士钊全集》第 3 卷，上海文汇出版社 2000 年版，第 406 页。
③ 吴虞：《吃人与礼教》，《吴虞集》，四川人民出版社 1985 年版，第 97 页。
④ 陈独秀：《一九一六年》，《独秀文存》，第 29、34 页。
⑤ 李大钊：《大衰篇》，《李大钊选集》，人民出版社 1959 年版，第 1 页。
⑥ 陈独秀：《东西民族根本思想之差异》，《独秀文存》，第 29 页。
⑦ 鲁迅：《坟·灯下漫笔》，《鲁迅全集》第 1 卷，人民文学出版社 1973 年版，第 194 页。
⑧ 平平：《北京大学暗流之感想》，《每周评论》第 18 号，1919 年 4 月 13 日。

来，正像一群妇女之从包小脚的束缚里'解放'出来一样。"① 此话道出了中国自由主义刚刚形成时期的特点。然而随着西方新自由主义的盛行，中国的自由主义者渐渐由强调个体权利、个体自由优先，而兼顾到个体间的权利平等、社会公正和政府的责任等问题，这在中国自由主义的发展阶段上鲜明地呈现出来。

（三）中国自由主义的深入发展阶段（20 世纪 20 年代—1949 年）

自 20 世纪 20 年代之后直至新中国成立前期，自由主义运动在曲折起伏的过程中逐步深入，他们不再局限于文化运动的思想启蒙，而是更多地参与到现实的政治实践中，积极要求落实自由主义的思想主张，主要体现为以下四个方面的政治实践：

（1）组建民主政党（中国主要的民主党派大都在此期间成立）。

（2）参与国民政府的立宪工作。

（3）发起保障人权运动。针对国民政府取消言论自由、思想自由，发起政治批判运动。1929 年胡适的《人权与约法》与罗隆基的《专家政治》一并发表，针对当时国民党蔑视人权的行径进行批判，这是自由主义者与政府的直接冲突。此后一系列的文章纷纷发表，并结集出版了《人权论集》。

（4）抗日战争后期，自由主义者试图借各自的努力将中国政治导向民主之路。1945 年罗隆基在《民主周刊》上发表文章，发出"中国需要有第三个大政党"的呼吁，力图通过组建"第三个有力的大政党"来"缓冲国共两党的武力对峙与冲突"，而这个大政党的社会基础是中间力量，具体而言，"就是知识阶级和自由主义的温和分子"。② 罗隆基的看法在自由主义知识分子中很有代表性，他们几乎一致认定"中间派"是解决国共两党纷争的主要力量。对于中间派路线，张东荪做了通俗而精辟的概括："中国必须于内政上建立一个资本主义与共产主义中间的政治制度"，"政治方面比较多采取英美式的自由主义与民主主义，同时在经济

---

① 殷海光：《自由主义的趋向》，〔美〕史华慈等：《近代中国思想人物论：自由主义》，台北：时报文化出版公司 1985 年版，第 21—22 页。

② 周钟歧：《论革命》，《观察》1947 年 1 月 25 日，第 10 页。

方面比较上多采取苏联式的计划经济与社会主义"。①

此时正值民族危亡的抗战时期,加之西方新自由主义的影响,中国的自由主义者在思想上进行了调整,在强调个体自由权利的同时,也强调政府的积极有为,甚至出现了与社会主义调和的倾向。如 1926 年胡适就撰文指出:"自由竞争的经济制度不能达到真正的'自由,平等,博爱'的目的",进而提出"好政府主义",强调"政府是社会用来谋最大多数的最大福利的工具,故凡能尽此职务的是好政府,不能尽此职务的是坏政府,妨碍或摧毁社会的公共福利的是恶政府",② 偏向于通过政府权力的加强来实现个体权利。张君劢也基于新自由主义的立场,提出政治上实行"修正的民主政治",经济上折中英美放任自由经济和苏联模式的社会主义经济模式,文化上主张以"精神自由"为基础发展民族文化,增强民族意志。这都体现出他们对政府存在的积极定位,而且在政治实践中也支持赋予政府更多的权力。应该看到,他们对强有力政府的需要,是当时摆脱危亡时局、保障个体权利所不可避免的选择。事实上,这也是各国现代化初级阶段普遍存在的现象。当然,这些变化都是自由主义内部的修正和调整,其自由主义的底色并未因此而改变。

1948 年 9 月,胡适在《世界日报》上发表了《自由主义》一文,提出"自由四要义",即不受外力拘束压迫的权利、民主、容忍、和平改革。这算是简明概括了中国自由主义思想的核心内容。

新中国成立后,中国的自由主义者依然深入发展了新文化运动以来的思想,虽然之后又受到新古典自由主义的影响出现了一些新变化,但从理论建构上并没有突破性的发展,依然是借助西方自由主义的理论对中国的自由人权、民主政治等问题进行分析论说和政治实践,而一直没有创建中国的自由理论,如傅斯年所说:"我们只可说是知道新思想可贵的人,并不是彻底的把新思想代替了旧思想的人。"③

当然,"中国的自由主义迄未定型。……自严复以降,……在中国思

---

① 张东苏:《一个中间性的政治路线》,《再生周刊》第 118 期,1946 年 6 月。

② 胡适:《胡适日记全编》第 5 卷,合肥:安徽教育出版社 2001 年版,第 416—417 页。

③ 傅斯年:《中国狗和中国人》,《傅斯年全集》第 1 卷,台北:联经出版事业公司 1980 年版,第 300 页。

想界可以作代表人物的人物里，没有任何人的思想是从头到尾像化石一样不变的"①。也就是说，中国的自由主义并不成熟，至今还在摸索发展之中。尽管如此，自由主义者富有冲击力的思想和主张已经对传统儒学形成了巨大的挑战，而儒学要在现代中国继续发展，就必须应对这一挑战。

近现代儒学对自由主义的回应

对儒学来说，自由主义的"西学东渐"犹如"第二之佛教又见告矣"②。这一方面意味着自由主义对传统儒学形成了巨大挑战，而且更甚于佛教；但另一方面，当年儒学正是通过对佛教的批判吸收才实现了自身理论的更新，在这个意义上，自由主义的传播也预示着儒学将再度实现自身的更新。事实上，近现代儒学对自由主义的回应也证明了这一点：这种回应一方面体现为近现代儒学对自由主义思想的消化；另一方面则体现为儒学对自身理论特质的保持。就前一个方面说，自由作为一种现代性的诉求，是内生于中国社会生活本身的，也就是说，中国要发展现代性，并不是以现成的西方文明来改造现成的中国。在这个意义上，近现代儒学与自由主义的融通从一开始就是一个自然而然的事情。就后一个方面说，近现代儒学始终具有自觉的主体意识，在吸纳自由主义的过程中并没有丧失儒家的立场和特质，因此，近现代儒学并没有被自由主义所"改良"，事实上，自由主义渐渐地带上了儒学色彩。

需要强调的是，笔者在此所说的近现代儒学，并不是指传统儒学"在"近现代，而是指有别于传统儒学的"近现代儒学"形态，主要包括晚清以来的洋务儒学、维新儒学和现代新儒学。这三种儒学形态展现出近现代儒学对自由主义逐步深入的回应：第一阶段的洋务儒学对政治自由是消极抗拒；第二阶段的维新儒学对政治自由积极吸纳，但没有从形而上学层面做回应；第三阶段的现代新儒学不仅积极吸纳政治自由，而且尝试建构儒家形而上学的现代理论形态来为政治自由奠基。

---

①　殷海光：《自由主义的趋向》，[美] 史华慈等：《近代中国思想人物论：自由主义》，第21—22页。

②　王国维：《论近年之学术界》，《王国维遗书》第5册《静安文集》，上海：上海古籍书店1983年版，第94页。

一 "西用"与"中体"之断裂：洋务
儒学对政治自由的抗拒

洋务儒学以"中学为体、西学为用"（张之洞《劝学篇·会通》）为思想纲领，这使其思想性质上已远不同于传统儒学，而可以视为近代儒学的第一阶段。但这一思想纲领也造成了洋务儒学思想中"西用"与"中体"的断裂，最典型的表现就是他们对现代政治自由观念的抗拒。

所谓"西用"，就是在器物层面上向西方学习，谋求富国强兵之术，以练兵、制器、筹设海防等作为"自强"的主要内容。洋务派的干将薛福成指出：

> 商政矿务宜筹也，不变则彼富而我贫；考工制器宜精也，不变则彼巧而我拙；火轮、舟车、电报宜兴也，不变则彼捷而我迟；约章之利病，使才之优绌，兵制阵法之变化宜讲也，不变则彼协而我孤、彼坚而我脆。①

因此，洋务派主张先以"军工自强"，再以"重商求富"。在军事上，洋务派聘请洋人教练西方兵法，制造先进武器，开办军工厂，筹编水师，初步建立了一套近代军事体系。同时，开设"西文""西艺"学堂，培养具有西学知识的新式人才。在经济上，洋务派已经意识到实现中国经济的腾飞比直接拥有强兵良将还重要，于是提出以"商"为"四民之纲领"②，不仅积极发展资本主义工商业，而且还对工商、军事、考工技术等方面的具体办法和规则进行了一些变革，完全颠覆了对"商"的传统价值定位。

所谓"中体"，即是仍以传统儒学为根本，实质就是指君主专制统治下的伦理纲常和政治制度不能动摇；即便是学习现代科技工艺，也不过都

---

① 薛福成：《筹洋刍议·变法》，马忠文、任青编：《中国近代思想家文库·薛福成卷》，中国人民大学出版社 2014 年版，第 185 页。

② 郑观应：《盛世危言·商务二》，夏东元编：《郑观应集》，上海人民出版社 1982 年版，第 607 页。

是"末""器"、工具而已，真正居于本位的还是中国传统的"纲常名教"。如王韬在《易言跋》中强调"盖万世不变者，孔子之道也"①；薛福成认为"取西人器数之学以卫吾尧舜禹汤文武周公之道"②；郑观应说"道为本，器为末，器可变，道不可变，庶知所变者，富强之权术而非孔孟之常经也"③；邵作舟指出"中国之杂艺不逮泰西，而道德、学问、制度、文章，则复然出于万国之上"④。

　　在此原则之下，洋务派一手抓新器，一手握旧物，只新其貌，而不新其心，也就是只学习西方的科技工商，却拒不接受现代价值观念。然而，洋务派不曾想到"中学"与"西学"各有体用，仅仅外在形式上的移花接木，根本无法促成自身有机体的更新；更没有认识到政治自由是中西方共有的一种现代性诉求，并非专属于西方，因此，拒绝政治自由的态度本身就决定了洋务派不可能实现儒学的现代转化。这种"西用"与"中体"的断裂，在张之洞、李鸿章、曾国藩等典型洋务派儒家的身上有着鲜明的体现。

　　历史上，张之洞被称为"一个开明的原教旨主义者"⑤，集开明与原教旨主义于一身正是洋务派"中体西用"的体现。其"开明"在于主张"西用"，还意识到"西艺非要，西政为要"，所谓"西政"是强兵富国的具体举措，即"学校、地理、度支、赋税、武备、律例、劝公、通商"（张之洞《劝学篇·设学》）等等。但在根子上，他却是抱守"中体"的"原教旨主义者"，认为专制制度是不能变的"圣道"，是"古今之常经，中西之通义"（张之洞《劝学篇·同心》），西方的器械只是"补吾缺"而已。他说："圣人之所以为圣人，中国之所以为中国，实在于此。故知君臣之纲，则民权之说不可行也；知父子之纲，则父子同罪免丧废祀之说不可行也；知夫妇之纲，则女权之说不可行也。"（张之洞《劝学篇·时

---

　　① 王韬：《弢园文录外编》，上海：上海书店出版社 2002 年版，第 266 页。

　　② 薛福成：《筹洋刍议·变法》，马忠文、任青编：《中国近代思想家文库·薛福成卷》，第 185 页。

　　③ 郑观应：《盛世危言·增订新编凡例》，夏东元编：《郑观应集》，第 240 页。

　　④ 邵作舟：《邵氏危言》，翦伯赞等编：《中国近代史资料丛刊·戊戌变法》第 1 册，上海：神州国光社 1953 年版，第 183 页。

　　⑤ 黄玉顺：《反应·对应·回应——现代儒家对"西学东渐"之态度》，《上海师范大学学报》2009 年第 5 期。

纲》）至于涉及政治自由的民权民主观念，则更是需要辟除的邪说，"使民权之说一倡，愚民必喜，乱民必作，纪纲不行，大乱四起"（张之洞《劝学篇·知类》）。人权是政治自由的核心内容，而张之洞却视之如洪水猛兽，拒之千里之外，这根本难以与其"开明"的西学相一贯。

曾国藩也积极提倡西学，尤其指出西方军事科技"可以剿发捻，可以勤远略"①，因此主张大力学习。但他对传统的礼法纲纪却深信不疑，认为"君臣父子，上下尊卑，秩然如冠履之不可倒置"②，因此，面对纲纪紊乱的局面，他主张以礼制收拾人心，发挥传统道德伦理的约束力以正纲纪。这也是他治理湘军时并用的两手：一方面主张配备最先进的现代化武器，另一方面以"维护名教伦常"为治军的最高理念。③ 对他来讲，现代自由观念不但是不能接纳的，而且还是要根本遏制的异端邪说。

李鸿章更是如此，他认为："查治国之道，在乎自强。而审时度势，则自强以练兵为要，练兵又以制器为先。"④ 因此，他一方面积极提倡西学，筹建水师，兴办军工业，培养新式人才；另一方面又坚信"中国文武制度，事事远出于西人之上"⑤。在他看来，"君为政本"是万不能动摇的，如果"举国听于议院，势太偏重愈趋愈远，遂有废国法均贫富之党起于后"⑥。议院代表着民主政治，而民主政治乃政治自由的制度安排形式，拒绝议院活动，是对政治自由的直接排斥。

当然，洋务儒学派中还有一些更富有现代思想的早期改良派，他们从观念上并不拒绝政治自由，甚至还直接表达了对政治自由的诉求。例如他们希望在商业活动中独立自主、自由经营，更要求效仿西方议院，"由民公举"选为议员。不过，一提到个体自由、民主政治这些西方议会制度

　　① 曾国藩：《复陈购买外洋船炮折》，《曾国藩全集·奏稿三》，长沙：岳麓书社 2011 年版，第 186 页。
　　② 曾国藩：《讨粤匪檄》，《曾国藩全集·诗文》，第 140 页。
　　③ 萧一山：《清代通史》（下），北京：中华书局 1986 年版，第 196 页。
　　④ 邵作舟：《邵氏危言·译书》，翦伯赞等编：《中国近代史资料丛刊·戊戌变法》第 1 册，第 183 页。
　　⑤ 《筹办夷务始末》（同治期），北京：中华书局 1979 年版，第 10 页。
　　⑥ 宋育仁：《泰西各国采风记》，《郭嵩焘等使西记六种》，上海：中西书局 2012 年版，第 325 页。

的思想观念，他们还是坚决排斥。正如李泽厚指出的：

> 从王韬、马建忠、薛福成直到郑观应、陈炽、陈虬（何、胡略
> 有不同），所有这些人都几乎一致地排斥和否定西方资产阶级社会政
> 治的理论思想，无保留地拥护中国封建主义的"纲常名教"。①

由此可见，不论是专制官僚、还是改良志士，洋务儒家都不允许
"西用"有损"中体"。在他们看来，"西用"之学的唯一目的是维护
"中体"，即维护君主专制制度。正是由于他们对君主专制制度的执守，
导致了海战的失利和工商企业的倒闭，洋务运动也最终以失败收场。鉴于
洋务运动的失利，梁启超说：

> 中国之当改革，三十年于兹矣，然而不见改革之效，而徒增其弊
> 者，何也？凡改革之事，必除旧与布新两者之用力相等，然后可有效
> 也。……苟不务除旧而言布新，其势必将旧政之积弊悉移而纳于新政
> 之中，而新政反增其弊。②

这就是说，仅仅从器物上接受现代性，是很外在的。现代性作为一种
生活方式是立体的、整体性的转变，而其根本是在于观念上的现代转化，
因此对现代自由观念的拒绝，不但无法应对自由主义的挑战，而且"反
增其弊"，会给儒学带来更大的威胁。随后兴起的维新儒学正是通过对洋
务运动失败的反思，才从政治哲学层面上积极接受了现代自由。

二　"中体"何以"维新"：维新儒学之自由本体的困境

这里首先要明确地界定一下"维新儒学"的范围。广义上讲，"维新
儒学"也可以涵盖洋务儒学，因为洋务儒学也有维新的思想，但他们仅
仅是在"器物"上维新，而拒绝现代性的价值观念，包括现代政治自由

---

①　李泽厚：《中国近代思想史论》。
②　梁启超：《李鸿章传·政变原因答客难》，《政治月刊》第 3 卷第 3 期，1935 年 7 月。

观念，故不属于本节要讨论的维新儒学；另外，有人可以被称为维新学者，却不能被称为维新儒者，如提出"西学东渐"的容闳，虽然富有更多的维新思想，但他并不认同儒学，"对他来说，中国反倒象异乡，他连本国语言也几乎忘光了"①，更像是西化派，绝难视为一个儒者。因此，在此所指的"维新儒学"不包括前面这两种，而主要指以康、梁、谭为代表的维新变法派。

应该说，从维新儒学开始，才是真正的近现代儒学。与洋务儒家不同，维新儒家意识到，中国社会向现代转型不能拒绝现代政治自由，而是需要积极的倡导和宣传，同时努力尝试以儒学话语进行理论表达。这在积极地应对自由主义方面比洋务儒学进步了许多。然而，尽管他们喊出"器既变，道安得独不变"②，吸纳了政治自由观念，但所变之"道"只是政治层面上的"道"，因此着力于形下的政治制度的设计和建构，这样的"形下的反应性的吸纳"③，从其所属的观念层级上看，依然属于形下的"用"的层面，从这个意义上讲他们与洋务儒学是一样的。因此，"中学为体，西学为用"（张之洞《劝学篇·会通》）不仅是洋务派的思想纲领，同样也适用于维新派。

当然，这并不是说维新儒学没有形而上学层级的维新诉求，而是说他们的形而上学维新还仅仅是初步的、粗陋的，他们主要关注的确实还是形而下学的制度问题，其维新的内容就是政教伦理制度的变革；而他们政治自由的诉求所依赖的形而上学依据，却是传统儒学的本体论。

其中，康有为的思想最为典型。他提出"维新变法"的内容，就是要破除封建专制下的纲常名教，实现政治自由，而且为个体的自由解放勾画了一幅理想蓝图——《大同书》。康有为对政治自由的核心内容有清晰的把握，他指出："所求自由者，非放肆乱行也。求人身之自由，则免为奴役耳，免不法之刑罚，拘囚搜检耳"；这就是"各有自立自主自由之人权"④，并且以此为实现大同理想的基础（所谓"近者自由之义，实为太

---

① 容闳：《西学东渐记》，第 7 页。

② 谭嗣同：《报贝元征》（上），蔡尚思、方行编：《谭嗣同全集》，第 197 页。

③ 黄玉顺：《反应·对应·回应——现代儒家对"西学东渐"之态度》，《上海师范大学学报》2009 年第 5 期。

④ 康有为：《大同书》，第 134 页。

平之基"①）。康有为如此明确地将现代政治自由作为未来社会的基础，与之前的洋务派形成了鲜明对比，这无疑是儒学向现代转化的一个突出体现。

为了实现自由，康有为提出"破除九界"。他将专制等级制度下的纲常伦理归结为国、级、种、形、家、产、乱、类、苦"九界"，认为个人必须从"九界"中解放出来，才能成为独立自主、自由平等的个体；而这一主张的依据就是"天予人权"。对此，他在《大同书》中做了论述：

> 欲以度我全世界之同胞而永救其痛苦焉，其惟天予人权、平等独立哉，其惟天予人权、平等独立哉？
>
> 全世界人欲去家界之累乎，在明男女平等各有独立之权始矣，此天予人之权也；全世界人欲去私产之害乎，在明男女平等各自独立始矣，此天予人之权也；全世界人欲去国之争乎，在明男女平等各自独立始矣，此天予人之权也；全世界人欲去种界之争乎，在明男女平等各自独立始矣，此天予人之权也；全世界人欲致大同之世、太平之境乎，在明男女平等各自独立始矣，此天予人之权也……②

所谓"天予人权"之"天"，乃是他依傍春秋公羊学为人权找到的根本依据，据此，他对西方自然法意义上的"天赋人权"做了中国化的解释："人者，天所生也，有是身体即有其权利，侵权者谓之侵天权，让权者谓之失天职。"③ 这种阐释虽然为传统的天人关系注入了现代人权观念，但在理论建构上并没有创新，不过是将传统理论套用在现代人权问题上，他所说的"天"还是传统公羊学所讲的意志之"天"，而以此为现代人权依据显然是牵强的。

尽管如此，但在现实政治中，他为了实现自由人权而主张废除传统的君主专制，改为君主立宪，这意味着君主不再具有至上权威性，所以他说："立宪之国，不论君主民主，要皆以国为国民之公有物，而君主虽稍

---

① 康有为：《大同书》，第 161 页。

② 同上书，第 253 页。

③ 同上书，第 130 页。

贵异，不过全国中之一分子而已。"① 这就表明他是有意通过立宪来限制君主的权力，让民众成为国家的主人。在他看来，实行立宪、落实民权是通往大同社会的必经之路，对此他明确说："民权之起，宪法之兴，合群均产之说，皆为大同之先声也。若立宪，君主既已无权，亦与民主等耳；他日君衔必徐徐尽废，而归于大同耳。"② 他主导的维新变法运动，正是这一思想的落实。

为此，康有为还通过重新诠释儒家经典来为维新变法的合法性提供传统思想的依据。在《礼运注》中，他指出："夫天下国家者，为天下国家之人公共同有之器也。非一人一家所得私有。当合大众公选贤能以任其职，不得世传其子孙兄弟也，此君臣之公理也。"③ 这当然也是儒学革新的一种体现，甚至有学者认为"中国的自由主义是从康有为注《礼运》开始成为一个传统的"④。但康有为这种"六经注我"的做法，并不能真正将政治自由纳入到儒学传统之中，毕竟，缺少本体论支撑的解释往往流于表面，而康有为在本体论上对政治自由的回应却是很被动、很敷衍的。

对康有为政治自由的主张进一步发挥的是梁启超。他认为："自由者，天下之公理，人生之要具，无往而无不适用也。"⑤ 并指出："自由者，奴隶之对待也。"⑥ 进而他从摆脱奴役的角度上，强调自由就是不要受传统的三纲之制的束缚，不要受制于世俗成见，主要包含四方面的内容："一曰政治上之自由；二曰宗教上之自由；三曰民族上之自由；四曰生计上之自由（即日本所谓经济上自由）。"⑦ 这都是从经验生活中的现实自由权利上讲的，虽然"宗教上之自由"也涉及本体论问题，但在此是作为一项政治权利提出来的，实质是指信仰的自由权利问题。至于这些自由权利的本体依据，他却没有做相应的论述。

相对而言，谭嗣同对政治自由的本体依据问题思考得更多些。他所提

① 沈茂骏：《康南海政史文选》，广东高等教育出版社 1993 年版，第 98 页。
② 康有为：《大同书》，第 70 页。
③ 康有为：《礼运注》，中华书局 1987 年版，第 236 页。
④ 参见李泽厚、干春松：《"中国式自由主义"是未来政治走向》，载于爱思想网站 http://www.aisixiang.com/data/73826.html.
⑤ 梁启超：《梁启超全集》第 2 册，第 675 页。
⑥ 同上。
⑦ 同上。

出的"仁学",就是通过确立"仁"的本体论地位,给出了一个由形上本体贯通到形下政治自由的观念架构,即通过"仁为天地万物之源","仁以通为第一义""仁即通",以及"通之象为平等"三个环节,呈现了"仁→通→平等"的一体关联性。谭嗣同虽然没有直接谈"自由",而是代之以"平等",但平等问题本身就是政治自由的一个重要涵项,如严复所说,"故言自由,则不可不明平等,平等而后有自主之权"①。这一点特别体现在"新自由主义"(new‐liberalism)那里,尤其强调人与人之间享有平等的机会和权利。谭嗣同所提出的"冲决君主之网罗","遍地为民主",鼓励国民打破等级,争取平等的人权,也是此意。他还基于传统儒学的五伦关系,强调发展自由而平等的朋友关系,因为"总括其义,曰不失自主之权而已矣"②。对于西方,他也持有平等互利、自由往来的态度,"西人商于中国,以其货物仁我,亦欲购我之货物以仁彼也"③。然而,不得不承认,谭嗣同的"仁学"理论虽然不乏新意,但杂糅了中西、儒道释等多种思想元素,而没有融为一体,只能说他是为政治自由提供了一种本体论依据的雏形。

由上表明,维新儒家不仅吸纳了政治自由的价值,而且尝试进行理论的表达,甚至还"把此前中国知识分子自由意识的骚动最终发展成为一场政治变革运动"。④ 然而,从传统儒学自我更新的意义上来讲,维新儒学对自由主义的回应还是被动的,其原因在于,他们还只是在"用"上维新,而并没有"新"体的自觉意识。

三 "开新"与"返本"之断裂:现代新儒家自由观的症结

现代新儒家是五四以来的现代儒学运动在 20 世纪最重要的理论代表。作为对自由主义的进一步回应,现代新儒家打出"返本开新"的旗帜,不仅鲜明地表达了自身对现代政治自由的诉求,在外王层面积极开新,而且深入到本体论的思考中,力图通过"返本"的努力,为政治自由找到

① 王栻主编:《严复集》,第 118 页。
② 蔡尚思、方行编:《谭嗣同全集》,第 350 页。
③ 同上书,第 327—328 页。
④ 丁三青:《张君劢解读:中国史境下的自由主义解读模式》,第 49 页。

本土文化的形上根基。例如，

　　牟宗三的理论建构就是典型。他力图以内圣层面的"道统"开出外王层面的"政统"与"学统"。其中"政统"就是指"作为政治生活常轨的民主政治"①，这些内容正是政治自由观念的体现；而"道统"则是指中国传统的"德性之学"，是"更高一层，更具纲维性、笼罩性的圣贤学问"，就是所谓的"道德的形上学"。②

　　牟宗三认为，政治自由乃是现代社会中没有中西之分和政党之别的价值诉求：

　　　　自由、民主之所以是超然的，即是说，不论你信什么主义，民主政治乃是实现人权的一个条件，严格地说，即是一个实现人权的形态条件（formal condition）。民主政治是个架子，超然而不可和任何特殊的政党、特殊的政策同一化。③

　　政治自由虽然先发于西方，但并不独属于西方；而今中国社会发展政治自由"并非是西化，乃是自己文化生命之发展与充实"④。显然，牟宗三不仅有清醒的儒家主体意识，而且有着对儒学更新的自觉。他认为，在现实生活中，政治自由方面的问题"虽不是最高境界中的事，它是中间架构性的东西，然而在人间实践过程中实现价值上，实现道德理性上，这中间架构性的东西却是不可少的"⑤。然而，传统儒家在这方面远不及西方，特别缺乏政治自由领域的制度化建构，表现在中国的社会治理上"只有治道而无政道"⑥；但是他坚信"民主政治即可从儒家学术的开显中一根而转出"⑦，也就是所谓由"道统"开出"政统"。

　　在牟宗三的理论中，勾连"道统"与"政统"的关键就是"良知"，

---

① 黄克剑、钟小霖编：《牟宗三集》，群言出版社1993年版，第162页。

② 同上。

③ 牟宗三：《肯定自由、肯定民主》，朱建民记录，《联合报》1979年6月2日。

④ 牟宗三：《生命的学问》（修订版），三民书局1997年版，第60—71页。

⑤ 牟宗三：《历史哲学》，台湾学生书局1984年版，第193页。

⑥ 牟宗三：《论中国的治道》，黄克剑、钟小霖编：《牟宗三集》，第246页。

⑦ 方克立、李锦全主编：《现代新儒家学案》（下），中国社会科学出版社1995年版，第518、519页。

"道统"的开显全乎仰仗于"良知的自我坎陷"。由于"良知"既是"形上学的绝对实体",也是"道德意识",本身就是"两层存有",因此"坎陷"也对应在两个层面上。"自我坎陷"乃是良知作为形上绝对实体的自性,即绝对主体性、绝对能动性。所谓"即存有即活动",相当于黑格尔"纯有"的自我展开,所以,牟宗三将"良知"称为"自由无限心"。

而他主张的"坎陷",首先是从道德的进路入,也就是"依道德的进路先展露道德的实体以直接地开道德界"①,通过良知的这一层坎陷开出"有执的存有",也就是以良知为根本依据,确立起形下的民主(政统)与科学(学统)。政治自由作为"政统"的重要内容,也由此获得了根本依据。对此,牟宗三特别指出:

> 吾人须知"精神人格之树立"中的自由(freedom)是精神的、本原的,而其成之政治制度,以及此制度下的出版、言论、结社等自由(liberty),则是些文制的。这些文制是精神自由的客观形态。②

由此表明,牟宗三认为,政治自由就是依靠良知自觉"辩证的开显"出来的客观形态,换言之,良知就是他为政治自由找到的形上学依据。

不过,良知还是一种"道德意识",这意味着良知虽然是本体,却有着某种道德价值立场;或者说,其道德的形上学是由道德的进路入,本身就是将形下的道德意识超拔出来,提升到形上层面来充当本体。这是因为,在牟宗三看来,良知具有"智的直觉",因此,不仅可以坎陷出"有执的存有",还可以坎陷出"本体界的存有",也就是"无执的存有",以此证成"物自身"。如此一来,有限的"道德意识"也就成为"无限心",他说:"吾人由道德开无限心,由无限心说智的直觉,故本体界可朗现。"③ 由此"无限心"人才可能达到"圆善",说明人虽然是有限的,却也是无限的。

---

① 方克立、李锦全主编:《现代新儒家学案》(下),第434页。
② 牟宗三:《道德的理想主义》,《牟宗三先生全集》第9册,第312—313页。
③ 方克立、李锦全主编:《现代新儒家学案》(下),第427页。

对此，从内容上看，良知所证成的"物自身"实为某种既定的"圆善"，这意味着良知本身是一种先验预设性的存在者，而且具有某种既定的道德伦理内容。细察之下，不免发现，"良知"所预设的道德内容依然没有摆脱传统儒学礼法制度所规定的价值观念，这表明"人更少地作为个体的'自然人'，而更多地作为'体制人'亦即礼制化的人而存在了"①；以此看来，个体一旦脱离这套礼法规定赋予的价值，也就失去自身存在的价值了。而牟宗三正是以这套观念为预设，规定着人的存在，这无疑否定了个体价值的根本地位。在这个意义上，牟宗三所建构的"内圣之学"依然是"老"的。另外，良知既是本体，又是道德意识，这本身也存在悖谬，因为：本体意味着超越一切形下的价值观念，包括道德意识，具有普遍一般性，唯此才能成为形下政治自由的依据；而"良知"作为道德意识，本身已属于形下的价值领域，是经验化的存在，那么，经验性的"道德意识"如何通达普遍一般性的本体？显然，在这个意义上，"良知"并没有资格充当本体，而牟宗三将形下的道德意识超拔出来置于本体地位，难免有僭越之嫌。

这一问题其实普遍地存在于现代新儒家的理论中。例如唐君毅的"心灵九境说"②，就是通过心灵通达更高的境界，使个体可以赢获更高层次的自由，而境界的提升全系于道德自我在某种"现成在手的"道德理性指导下，进行道德实践，是以道德心统摄客观境、主观境和超主客观境。③

总而言之，现代新儒家通过系统的理论建构，对自由主义做了深入而积极地回应，但他们由"返本"而建构的内圣之学，依然带有前现代的道德色彩，难以与积极"开新"的外王之学相贯通。即便是牟宗三这样精巧的理论设计，也难以弥合"返本"与"开新"之间的鸿沟。就此而言，当代儒家一项重要的思想使命就是要深入探析其中的思想根由，并在此基础上提出新的思想路径。

---

① 黄玉顺：《中西之间：轴心时代文化转型的比较——以〈周易〉为透视文本》，《四川大学学报》2003 年第 3 期，人大复印资料《中国哲学》2003 年第 9 期全文转载。

② 唐君毅：《生命存在与心灵境界》，台北：台湾学生书局 1977 年版。

③ 郭萍：《自由与境界——唐君毅心灵境界论解析》，《社会科学家》2016 年第 2 期。

中国自由观念的民族性与时代性

　　自近代至今，中国思想界一直存在着这样的争论，即当代中国究竟该接纳西方的自由观念，还是继承中国的自由观念。这种选择"西方"还是"中国"的纠结似乎表明，只要处理好中西之别就可以彻底解决中国的自由问题。殊不知，争论双方错将现代等同于西方，传统等同于中国，进而以中西之别掩盖了古今之变。于是，我们看到一方是以发展中国现代化为名，企图与传统决裂，依靠移植西方自由来发展中国的现代自由；另一方则以拒绝西方为名，拒绝中国发展现代自由，主张复活前现代的价值。

　　事实上，中西之别与古今之变乃是两个不同维度的问题：中西之别属于民族性的问题，古今之变则属于时代性的问题。如若将二者混为一谈，又如何能恰当的理解中国的自由观念呢？为此，我们有必要对中国自由观念的民族性与时代性做一番澄清。

一　理解中国自由观念的基本维度：时代性和民族性

　　诚然，自由作为古今中外人类共同追求的价值是超越时代与民族的。但这种超越并不是空洞、抽象的超越，而总是真实的呈现在具体的社会历史发展过程中。这是因为任何自由总是属于某个具体民族和某个具体时代，而绝不会是任何民族或任何时代之外的自由。所以，我们对自由的言说也无法摆脱身处其中的民族和时代，就如同我们无法跳出自己的皮肤。也正是因为这样，各民族对自由的理解与领悟不尽相同，于是形成了中国与西方不同的自由观念；同时各时代对自由的理解也总是带有鲜明的时代特质，形成了前现代与现代不同的自由观念。在这个意义上，自由是非超越性的，因此，自由观念也都有其民族性和时代性。

当然，自由的非超越性并不妨碍其超越性。因为每个民族、每个时代的自由观念虽各不相同，但都是试图对具有普遍意义的自由问题作出解答，同时自由的超越性也只有通过民族性与时代性才能被"召唤"出来，才能在各民族、各时代的生活中以不同的形态"现身"。就此而言，时代性与民族性恰恰是我们解读一切自由观念的两个基本维度。

自然地，理解中国的自由观念也离不开这两个维度。要知道，所谓"中国"本身就是一个兼具民族性和时代性的概念。一方面，"中国"作为一个民族性概念（当然不是人种学意义，或地域意义上的民族性，而是文化意义上的民族性），代表着中国人在追求自由的过程中所形成的，不同于西方的特有的对自由问题的观念形态和言说方式。另一方面，"中国"又是一个承载着历史变迁的时代性概念，呈现为从前现代的王权时代、皇权时代，到现代的民权时代的历史变迁，故而，中国不同时期的自由观念也就具有不同的时代特质。

在此，笔者首先要从民族性和时代性维度上对中国自由观念的特质做一番澄清，进而探究其民族性与时代性是如何可能的，以期找到恰当理解中国自由观念的思想途径。

二　中国自由观念的民族性

鲍桑葵曾说哲学"如果失掉了它的民族性格就会失掉它的某些本质"[①]，具体到自由观念也是如此。我们说中国自由观念之所以是中国的，而非西方的，就在于中国人对自由问题具有与西方不同的发问方式，论说系统和解决思路、言说方式。在此，为了更突显中国自由观念的民族性，笔者对照着西方自由观念的民族性来论述。[②]

虽然我们不能对中西思想传统中的自由观念笼统的一概而论，但无法

---

① 转引自贺麟：《现代西方哲学讲演集》，上海人民出版社 1984 年版，第 370 页。
② 笔者认为，一切自由观念都源于存在本身，也即生活本身，而生活本身并无分别且衍流不止。在这个意义上，根本不存在现成的中国自由观念和西方自由观念，因此中西对照比较的方法并不合适。但同时在中西不同的生活境域中，自由观念的现身样态确实不同，故为了言说的方便起见，姑且借用。

否认的是，中西自由观念确实呈现出各自一以贯之的民族特质。总体说来，西方具有鲜明的理性自由特质，而中国一直体现出德性自由的特质。

众所周知，在西方古希腊哲学时期就体现出以求真向善为自由的思想，柏拉图就是这一思想的首要奠定者。他以"善"为最高理念并认为"善"必须通过洞见真理方能获得。据此，他对自由做了这样的定义："人之本性追求善，只有当人能够追求并终于达到善时，人才是自由的。"[①] 照此说法，自由显然是存在于人们对真理的认识中。继柏拉图之后，亚里士多德努力以抽象的概念和逻辑接近真理，让这种以求真为自由的观念进一步凸显出来。从此也确立了西方自由观念的理性主义基调。

近代以来，西方的理性自由得到了最为充分体现。笛卡儿就将"自由观念重新被建立在理性主体的认知功能和求善本性之上，柏拉图主义的求善原则和自主性自由观得到了长足的发展"[②]。康德虽然提出不同于纯粹理性的实践理性（自由意志），但自由意志"作为普遍立法意志的每个有理性的存在者的意志"[③] 归根到底还是一个理性公设，所以他才说："善良意志只有为有理性的东西所独具。"[④] 而黑格尔通过"绝对精神"的辩证展开将理性自由推至巅峰。当然，现代西方哲学中的唯意志主义可说是理性自由的一个反动，但应当看到，西方的"非理性主义是寄托在理性主义身上的，是理性主义自身的一个环节，虽然是最高的环节，但它实现的仍然是理性预定的目的，即把握绝对的真理。"[⑤] 即便在神学盛行的中世纪，经院哲学对上帝的论证和言说也依然是以抽象概念和确定性逻辑推导展开的，同样保存着理性自由的基因，最典型的就是托马斯·阿奎那对上帝存在的论证正是依靠亚里士多德的逻辑学才得以完成的。当代西方盛行的分析哲学、现象学运动虽然是反对传统理性主义的哲学，却也依然是一种理性主义的言说，例如我们无论如何也无法否定逻辑实证主义和胡塞尔的先验现象学所具有理性的内核，这实际上是以一种拒斥和解构的方式延续着理性自由的传统。

---

① 转引自谢文郁：《自由与生存》，上海人民出版社 2007 年版，导言第 9 页。

② 谢文郁：《自由与生存》，上海人民出版社 2007 年版，代序第 10 页。

③ ［德］康德：《道德形而上学基础》，苗力田译，上海人民出版社 2012 年版，第 49 页。

④ 同上书，第 9 页。

⑤ 邓晓芒：《西方哲学史中的理性主义和非理性主义》，《现代哲学》2011 年第 3 期。

　　这种由理性确证的最高自由作为政治自由的根本依据，为西方自由主义的兴起奠定了哲学基础。可以说，现代西方的自由人权、民主平等等政治自由的内容实质都是这种理性自由的具体展开。当代西方最具代表性的政治哲学理论——罗尔斯的"正义论"就是一个理论典型。

　　相较之下，以儒道释为主流的中国自由观念却少有理性自由的特质。儒家虽然不否认理性的价值，但始终未把它置于根本地位。宋儒张载就明确指出："见闻之知，乃物交而知，非德性所知；德性所知，不萌于见闻。"（《正蒙·大心》）① 其中"见闻之知"就是感官经验的理性认知，张载认为它是褊狭而有限的，只是"小知"，而唯有"德性之知"才是"大知"。另外，佛家主张"去执"，道家强调"为学日益，为道日损"，主张"绝圣弃智"则认为理性认知不但得不到自由，而且根本是一种自我束缚。可以说，儒、道、释三家都不主张通过理性获得自由，也不认同理性自由的根本价值。

　　中国的自由观念更多地体现为一种德性自由，这源于中国人对"德"的重视。虽然儒、道、释三家所言之"德"不尽相同，但在三家合流的过程中，对于"德"的理解也逐步融通合一。我们知道，儒家之"德"是仁爱之德，如孔子就以"仁"为总德，孟子在"性善论"中延伸性提出仁、义、礼、智"四德"；道家之"德"是真、朴的自然之德，即老子所说："含德之厚者，比于赤子。"（《老子》第五十五章）② 随着儒道合流发展，"德"已成为至仁至真的统一体，这在魏晋玄学中就有突出的体现。佛教也通过与儒道的融通，实现了佛教之"德"与儒道之"德"的合一，特别是禅宗所讲的心性本觉，佛性本有，就是通过发挥先验心性的领悟作用而成佛，而成佛也就实现了"德"的圆融。借鉴佛老思想而形成的宋明新儒学所体现的"德"正是儒、道、释三家之"德"融通的成果。如张载的《西铭》提倡："民吾同胞，物吾与也"③，阳明在《大学问》中主张："视天下犹一家，中国犹一人"④，这些与其说是儒家仁爱之德的展现，不如说是儒道释三家

① （宋）张载：《正蒙》，（清）王夫之注，上海古籍出版社 2000 年版，第 144 页。

② 朱谦之：《老子校释》，中华书局 1984 年版。

③ （宋）张载：《张载集》，章锡琛点校，中华书局 1978 年版，第 62 页。

④ （明）王阳明：《王阳明全集》卷 26，中华书局 1992 年版，第 968 页。

之"德"共同内核的凝聚。

由于"德"的本义与作为动词的"得"相通，如《说文》所言："德者，得也。"① 因此，所谓"德性"首先是一种得其本性的实践过程，然而本性之得与不得全在于自己，所以说"德性"本身就是一种自由。我们看到，佛禅讲"自性迷，佛即是众生；自性悟，众生即是佛。"② 自己执迷不悟，就是凡夫；而自己幡然醒悟，即立地成佛，至于到底能否得到佛性，是众生还是成佛，根本无系他人而全在于"自性"。在儒家，孔子讲"为仁由己，岂由人乎哉？"（《论语·颜渊》）③ 孟子明言"四德"（即仁义礼智）是"求则得之，舍则失之"（《孟子·尽心上》）④。显然，求舍、得失全在自己，而非由他人主宰。这都表明，"德性"乃是主体的自主自觉，如荀子所说："出令而无所受令；自禁也，自使也，自夺也，自取也，自行也，自止也。"（《荀子·解蔽》）⑤ 总之，这种主动自觉的"得"，"能"行动，在确证主体的同时也让自由得以直观。所以，在中国的思想传统中，德性的呈现就是主体的自由，德性自由也就是中国人所追求的最高自由。

不仅如此，德性自由还是一切具体自由的根本依据。例如儒家特别讲求自觉的道德践履，这种道德自由之所以可能根本在于人是德性的存在者。人作为主体不仅在现实生活中践履具体的"德行"，而且具有"人同此心，心同此理"的"德性"，也就是本体论上的普遍主体性。"德性"作为形上的绝对主体性乃是现实的制定社会政治制度、伦理规范（"德目"）和言行（"德行"）的本体依据，它为形下自由的实现奠定了形上学的基础。这一传统也被近现代儒学所继承，维新儒学"照着"传统德性自由观念来讲，为现代政治自由正名；现代新儒学则"接着"传统德性自由观念讲，通过建构现代形态的德性形上学（如牟宗三的"道德的形而上学"）为现代政治自由提供本体依据。

当然，中西自由观念虽具有不同的民族性，但这并不意味着二者彼此

---

① （汉）许慎撰，（清）段玉裁注：《说文解字》，上海古籍出版社 1981 年版。
② 王孺童编校：《〈坛经〉诸本集成》，宗教文化出版社 2014 年版，第 126 页。
③ 《论语》：《十三经注疏·论语注疏》，中华书局 1980 年版。
④ 《孟子》：《十三经注疏·孟子注疏》，中华书局 1980 年版。
⑤ （清）王先谦：《荀子集解》，中华书局 1988 年版。

隔绝，相互排斥。恰恰相反，不同的民族性总是在相互借鉴、融通才能得到保持和发展。一方面，我们已经看到当今西方的理性自由观念不仅面临着难以克服的理论困境，而且面对由其导致的现代社会弊病也无能为力。所以，一些西方学者，如狄百瑞（William Theodore de Bary）、安乐哲（Roger T. Ames）、安靖如（Stephen C. Angle）等开始积极从中国汲取思想资源补充发展西方自由。另一方面，我们意识到由于西方率先为现代自由的合理性提供了相应的理论支撑，这同样值得我们借鉴。近代以来的中国思想家已经开始借鉴西方自由理论重新阐释传统的德性自由，也正是发展德性自由的一种努力。

三　中国自由观念的时代性

中国自由观念的时代性是要考察中国自由观念在不同历史阶段所具有的不同时代特质。为此，我们首先需要对中国历史的分期问题做一个简单说明。毋庸置疑，现实的自由总是某种主体的自由，因为唯有主体才享有自由，而非主体无自由。所以，有什么样的主体就有什么样的自由，而社会主体的转变，也就意味着自由观念也发生相应地转变。这就是说，自由的时代性与主体的时代性是一致的。因此，我们有必要从主体转变的角度概括中国历史发展的不同阶段，以便更明晰地呈现自由的时代性。

有鉴于传统历史分期理论的局限性①，笔者参考了黄玉顺教授的观点，即将中国历史发展分为："王权列国时代（夏商西周）→ 第一次社会大转型（春秋战国）→ 皇权帝国时代（自秦至清）→ 第二次社会大转型（近现当代）→ 民权国族时代。"② 对此，他曾以表格方式对各时代的社会特质做了提纲挈领的描绘（见下表）：

① 对于中国社会发展的历史分期问题，传统的观点是：依次经历原始社会、奴隶社会、封建社会、资本主义社会、社会主义社会，呈现由低级到高级，由简单到复杂的历史演进过程，这种理论虽具有相当普遍的适用性，但没有突显社会主体的历史变迁。

② 黄玉顺：《国民政治儒学——儒家政治哲学的现代转型》，《东岳论丛》，2015 年第 11 期。

时代 特征	王权列国时代	皇权帝国时代	民权国族时代
社会形态	宗族社会	家族社会	国民社会
生活方式	宗族生活	家族生活	市民生活
所有制	土地公有制	土地私有制	混合所有制
家庭形态	宗族家庭	家族家庭	核心家庭
社会主体	宗族	家族	个体
政治体制	王权政治	皇权政治	民权政治
主权者	王族	皇族	公民
治理方式	贵族共和	宰辅制度	代议制度
国际秩序	王国—列国封建体系	帝国—藩国朝贡体系	国族—国族交往体系
核心价值观	宗族宗法观念	家族宗法观念	人权观念

　　笔者认为，这种历史分期凸显了社会主体转变与整个社会（包括社会制度安排、价值观念等）历史转型之间的联动关系，所以更有助于我们把握中国自由观念的时代性特质及其历史演变的整体脉络。

　　据此，我们可以对中国自由观念的历史形态做这样的归纳：王权时代的宗族自由观念、皇权时代的家族自由观念和民权时代的个体自由观念。通过这三种不同自由观念的解读，我们便可以概括呈现中国自由观念的时代性特质和历史演变脉络，说明中国自由观念是一个历时演变、与时俱进的观念。

（一）王权时代自由观念的特质：宗族自由

　　中国的王权时代是前轴心时期的春秋战国乃至西周之前的时代。这一时期以宗族（clan family）为核心来安排社会生活，其根本价值目标是为了实现宗族利益，虽然也存在个体性行为，但一切个体行为都是为了宗族价值的实现。也就是说，宗族群体乃是王权时代宗族社会生活方式下所认同的价值主体。所谓宗族，乃是按父系血缘结成的大家庭，即所谓"父之党为宗族"（《尔雅·释亲》）①。宗族社会就是依靠血亲纽带形成"家—国—天下"同构的宗法等级社会，其中最大的宗族就是天子为代表的王族。据此而言，为"天下"也就是为"王族"，反之亦然。所以王族拥有最大的权利和权力，也就是最大自由的享有者，其他的大宗、小宗则按其不同等级而不同程度地享有自由。需要声明的是，享有自由的主体是王族和各宗族，而非天子、诸侯王等任何个体，也就是说，王权时代自由观念的根本时代特质是体现为一种群体性的宗族自由。

在前轴心时期的西方自由观念中也体现着类似的时代特质，《荷马史诗》所描述宗教仪式就能反映出宗族社会生活中的自由观念。例如以人做牺牲的祭祀活动实际是一种祈求保障宗族利益的行为，而这其中根本没有考虑作为祭品之人的个体自由权利问题，所体现的同样是一种宗族的自由观念。当然，此时自由观念尚未哲学化，更多的是依靠原始的神学观念来维护宗族自由的合法性。

（二）皇权时代自由观念的特质：家族自由

春秋战国以来，中国进入轴心时期，社会发生了第一次大转型，即由宗族为社会主体的王权时代向家族为社会主体的皇权时代过渡。此时家—国同构的社会模式已经解体，代之而起的是大夫之"家"，例如"三家分晋"所指的"三家"即是此类，虽然社会秩序仍以宗法维系，但各"家"之间已不存在血亲关系。秦汉以降，"封建废而大宗之法不行，则小宗亦无据依而起，于是宗子遂易为族长"（《方氏支祠碑记》）②，族长所管理的不再是宗族，而是家族。由此家族生活方式得到确立，相应地以家族为核心安排社会生活，以保障家族利益为目的进行制度建构。家族随之成为新的社会主体，享有社会权利并掌握政治权力，也即成为自由的享有者。皇族作为最大的家族自然享有最大程度的自由，而各级士大夫家族按其等级享有不同程度的自由。与宗族自由相似的是，家族自由也非皇帝或士大夫个人的自由，而是皇族和各级家族全体的自由。这是因为在皇权时代完全以家族群体价值作为评判个体的根本价值标准，个体则是实现家族利益

---

① 《尔雅》：《十三经注疏·尔雅注疏》，中华书局 1980 年版。

② （清）刘大槐：《刘大槐集》，上海古籍出版社 1990 年版。

的工具性存在。

当然，皇权时代的士大夫并不是一味地顺从皇族，而是体现出某种独立的自由精神，特别是孟子所彰显的"说大人，则藐之"（《孟子·尽心下》）的品格，"闻诛一夫纣矣，未闻弑君"（《孟子·梁惠王下》）的革命精神，这确实体现出"从道不从君"的独立自主性，但他所从之"道"并未脱离宗法家族的伦理网罗，依然是以家族利益为指向的。也就是说，"大丈夫"指所代表的价值主体并不是一个个体，而是一个家族。因此，"大丈夫"的独立精神实质还是家族自由，而与现代自由观念有着根本不同，这也是皇权时代自由观念的时代特质。应当承认，在传统的家族生活方式下，家族自由有其适宜性和正当性，但随着生活方式的变迁，这种自由已不适用于现代社会。

几乎与中国同时，西方社会也在逐步向皇权时代过渡，因此当时的西方自由观念也体现出明显的家族自由特质。以往曾有人认为希腊的民主城邦制就已经体现出现代性的个体观念（individual idea），相应地具有个体自由观念。但事实上，个体自由观念是在西方现代性的生活方式中才确立起来的价值观念，在近代以前的西方社会同样以家族为社会主体，个体并没有独立价值，家族自由同样是西方皇权时代自由观念的特质。法国思想家贡斯当所著《古代人的自由与现代人的自由》一书就分析指出雅典城邦享有自由权利的公民，仅仅是指土生土长的成年男性公民，其权利的大小也是按照公民财产的多少来决定的；而且他们也不代表自己，而是代表整个家庭。另外，在柏拉图的《理想国》和亚里士多德的《政治学》等著作中也体现着这种"古代人的自由"。所以孔多塞直言："古代人没有个人自由的概念。"①

随着轴心时期哲学的发端，皇权时代的思想家们还通过形上学的建构为家族自由的合理性提供了根据。例如，汉儒董仲舒不仅提出以"三纲五常"为原则的制度建构来维护家族自由，而且还以意志之"天"为根本之"道"作为家族自由合理性的最终来源，所谓"惟天子受命于天，

---

① 转引自〔法〕贡斯当：《古代人的自由与现代人的自由》，阎克文、刘满贵译，商务印书馆 1999 年版，第 27—28 页。

天下受命于天子"（《春秋繁露·为人者天》）,① 据此"屈民而伸君"（《春秋繁露·玉杯》）② 保障皇族自由才符合"天道"。宋明新儒学则将家族伦理观念抽象为形上的"天理"，通过建构"天理—性命"贯通为一的哲学体系加强论证了家族至上的合理性，并提出以"工夫"通达"本体"的学说，倡导通过个体自觉的克己复礼维护家族利益。与此相似，古罗马帝国也是以"君权神授"作为皇族享有自由的合理性依据，而且发展到中世纪，神学的解释对于君权合理性的根本意义以更加强势的方式体现出来。显然，不论是神性的"上帝"、"天"，还是哲学性的"天理"都不过是家族主体的一种抽象化，其根本目的都是为家族（群体）自由的合理性而辩护。

（三）民权时代自由观念的特质：个体自由

在中华帝国后期，社会生活再度发生了转变，自明清市民生活兴起之后，传统的家族生活方式便逐步走向解体，但清朝的统治延迟了这一历史进程，因此，直到晚清时期中国社会才全面进入第二次大转型，即由前现代的皇权时代迈向现代的民权时代。我们知道西方通过文艺复兴、启蒙运动而进入民权时代，并顺利建构现代社会完成了现代转型，而中国的这次社会转型则由近代一直延续到当代，至今尚未完成。尽管如此，现代性的生活方式已逐步在中国扎根，因此，发展现代民权社会是一个不可逆转的且正在发生着的事实。

现代性生活方式是以核心家庭（nuclear family）取代了前现代的家族，而核心家庭与传统家族的根本不同就在于，它是以独立个体为基础而组建的家庭模式，其最直接的体现就是对于社会权利的分配是以个体为单位而非家庭。这就表明现代性生活的实质是个体性生活，传统的宗法尊卑等级制度要被平等人权所代替，享有权利和拥有权力的主体不再是宗族或家族，而是公民个体。也就是说，民权时代是以实现个体利益为根本目的而安排社会生活，因此个体成为社会主体，也就是现代自由的拥有者。这一点从严复以"群己权界论"来翻译穆勒的"On Liberty"就可以看出近

---

① （西汉）董仲舒：《春秋繁露》，中华书局1992年版，第319页。

② 同上书，第32页。

代以来的中国人开始将自由理解为个体权利与公共权力的划界问题。可以说，个体自由正是民权时代自由观念的根本特质。由此也可以说明以个体自由为基本立场的自由主义成为现代西方社会的主流思想既不是偶然的，也不是个别的。

随着个体自由意识的突显，自由问题也成为民权时代的一个标志性课题被思想家们所关注。虽然中国的自由理论还没有现代西方那样丰富，但自明清以来中国的自由观念已经萌发了现代性转向。蔡元培就曾特别指出："梨洲、东原、理初诸家，则已渐脱有宋以来理学之羁绊，是殆为自由之先声。"[1] 近代以来，发展个体自由不仅仅是中国自由主义思想家的观点，也是文化保守主义者的主张，维新儒家的论著言说中都明确阐释了个体自由的观念，例如康有为所著的《大同书》就是以个体自由为大同理想的基础，他说："所求自由者，非放肆乱行也，求人身之自由。则免为奴役耳，免不法之刑罚，拘囚搜检耳。""近者自由之义，实为太平之基。"[2] 梁启超特撰《新民说》指出："自由者，天下之公理，人生之要具无往而无不适用也。"[3] 就是通过培养个体自由意识来"新民"。现代新儒家通过吸纳西方自由主义理论，基于儒家立场发展自由民主。如徐复观认为："'自由'乃人之所以区别于其它动物的唯一标识"，[4] 主张创建自由社会；牟宗三提出发展健康的自由主义；张君劢设计了"第三种民主"，并起草了以主权在民为宗旨的"四六宪法"。中国思想各派对个体自由的认同已经表明中国自由观念具有了鲜明的现代性特质。

事实上，这一时代特质更深刻的体现在个体自由的本体依据中。我们知道，在西方，马丁·路德发起的宗教改革就通过"因信称义"的思想以个体的"良心"取代了外在的"上帝"，之后西方启蒙思想家通过理性形上学的建构将个体确立为绝对自由的享有者，由此为个体自由奠基。而中国也有着相似的哲学转向，阳明将程朱的"天理"收摄为内心的"良知"就迈出了向个体自由转化的第一步，近代各派思想家也做了进一步

---

① 蔡元培：《中国伦理学史》，东方出版社 1996 年版，第 120 页。

② 康有为：《大同书》，古籍出版社 1956 年版，第 161 页。

③ 梁启超：《梁启超全集》（第二册），北京出版社 1999 年版，第 675 页。

④ 徐复观：《中国自由社会的创发》，选自徐复观：《中国思想史论集续篇》，台湾：时报文化出版事业有限公司 1982 年初版，第 397—402 页。

的理论努力，其中最成熟的理论就是现代新儒家建构的"道德形上学"，例如牟宗三以自我"良知"坎陷出民主与科学就是一个典型，虽然其中存在着理论诟病，但其理论指向却很明确地要为民权时代的自由奠基。

　　行文至此，可以看出中国自由观念并非一成不变的概念，而是随社会生活方式的变迁经历了由前现代的宗族自由、家族自由向现代个体自由的转变，呈现为一个历史发展的过程，所以，局限在前现代观念中理解中国的自由观念并不合理。同时，我们也发现西方自由观念也经历了由前现代到现代的发展过程，这表明中西自由观念的发展具有历史的同步性，因此，个体自由作为现代性的自由观念，不仅仅属于西方，也属于中国。所以，以拒绝西方自由为理由否定中国发展现代自由的合理性，根本是不理解中国自由观念的时代性。

四　民族性与时代性的本源交汇：当下生活

　　以上笔者虽然对中国自由观念的民族性与时代性的内容做了大致的澄清，但尚不是一种透彻的思考，我们还需进一步追问这种民族性和时代性是如何可能的？不过，如果我们仅仅将民族性与时代性理解为史学意义上的时空坐标，那就将无法回答这一更加原初性的问题。为此，我们需要深入到本源层面上，揭示这种时代性与民族性的本源意义。

　　既然民族性表明中国自由观念并不同于西方，而是保持着自身独特的表达方式，那就意味着中国自由观念总是立足于"此地"；而时代性表明中国自由观念并非一成不变而是总是与其所处的时代相适应，也就意味着中国自由观念总是基于"此时"的。但我们尚需意识到，这种"此时"与"此地"的交汇在原初意义上绝非一个"定格"的客观对象化的"坐标"，而是中国自由观念当下现身的"场域"。所谓"场域"作为一种自行敞开的境域，其实就是我们身处其中，却又浑然不觉的生活本身。所以，民族性与时代性的交汇在本源意义上就是指"此时""此地"的生活。注意，这里所说的"生活"并不是经验对象化的生活，而是前对象化的"存—在"本身、"生—活"本身，对此我们不能用任何现成的概念进行对象性的说明。在这个意义上，尚无所谓民族性与时代性，而作为时空坐标存在的民族性与时代性，则是对当下生活进行史学性考察而做出的对象化解释。据此而言，正是当下生活使民族性与时代性成为可能，因此，理解当下生活也就是我们理解中国自由观念的时代性与民族性的先决条件。

由于生活本身并不是一种现成在手的"什么东西"，而是生生不息、衍流不止的"在"本身，于是就原初地决定了自由观念的民族性与时代性是始终开放的、不断彰显新内容的，而不是某种概念化、凝固化的"特质"。这意味着以任何预设的"民族性"和定格的"时代性"来裁剪和限定我们对自由问题的思考都是不恰当的，而唯有在敞开的、不断发展的生活中呈现出的民族性与时代性才是中国自由观念本真的特质。

基于此，我们也就获得对中国自由观念的恰当理解。一方面，西方现代性的自由观念乃是基于西方民族国家生活的具体情境而产生的，即便同是西方文化传统的欧美各国也不尽相同，所以任何企图移植西方现代自由观念来充任中国现代自由观念的做法既是没有必要的，也是绝无可能的。另一方面，中国传统的自由观念（宗族/家族自由观念）在前现代的生活方式下有其正当适宜性，但在现代性生活方式下则不再合乎时宜，而与现代生活相适应的个体自由观念在当代具有必然性和合理性。

此外，由于生活的衍流变化，中国自由观念不仅呈现出由前现代到现代的历史演变，而且还在续写着由现代向后现代发展的可能，继续丰富着自身的民族特质。这意味着当前自由观念所呈现的时代性与民族性也成为有待超越的内容。事实上，当前后现代主义者对现代自由的批判以及超越民族国家的思想趋势，都表明现代民族国家时代乃是一个需要被超越，甚至正在被超越的时代。特别是哈贝马斯等当代思想家已经明确提出"超越民族国家"、"主权终结论"的思想，这就提醒我们对个体自由的思考也势必要超越民族国家的局限性。这一切同样有着生活的渊源，当下生活既让个体自由的弊端充分暴露出来，也为我们克服这些弊端提供了新的土壤。所以说，生活本身还在孕育着中国自由观念更丰富的民族性和新的时代性。

由此，我们不仅要对自由观念进行对象化的解释，更要意识到关于自由问题的所有言说和表达皆有其当下生活的渊源，离开生活的土壤，即使枝叶、根系俱在也无法盛开自由之花，这不论是对现实实践，还是对理论建构都是如此。因此，我们在对古今中西的自由观念做出肯定或否定的评判之前，必须首先聆听当下的生活本身的"呼声"、"召唤"，进而才能对既有的观念和理论做出反思和评判，才能根植"此地"以中国的话语来表达中国人"此时"对自由的诉求。

理论探索篇

儒家伦理学及其特质

一　何谓儒家伦理学？

在今天学科分类的意义上，一般认为，伦理学以道德现象为研究对象，是关于道德的科学，又称道德学或道德哲学，研究范围主要包括道德意识、道德活动以及道德规范等。伦理一词最早见于《礼记·乐纪》："乐者，通伦理者也"。郑玄注："伦，犹类也；理，分也。"西汉贾谊《新书·时变》："商君违礼义，弃伦理。"这里的伦理就是指人与人相处的各种道德准则。中华先民对道与德的认识很早，在《周礼》形成的时候，中华民族的道德准则就已经有了很成熟的理论体系。所以《礼记·曲礼》说："道德仁义，非礼不成。"道德成词连用基本是在战国时期出现的，如《庄子·刻意》说："恬淡寂寞，虚无无为，此天地之平而道德之质也。"《韩非子·五蠹》："上古竞于道德、中世出于智谋，当今争于气力。"19世纪后，出于现代学科建设的需要，"伦理学"一词被广泛使用。伦理和道德成为基本的伦理学概念，并且与西方语言中的词语在翻译的时候有了约定俗成的联系。"伦理"通常对应于 ethic 或 ethics，而道德一词则一般被翻译为 moral 或 morality。当然文化渊源及使用词语历史背景的差异，它们并不能完全对应。

在西方，伦理（ethics）源出希腊文 ετησs（ethos），本意是"本质"、"人格"，也与"风俗"、"习惯"的意思相联系。亚里士多德正式使用了"伦理学"这一名称，所著《尼各马可伦理学》一书为西方最早的伦理学专著。在该书中，他区分了伦理德性和理智德性，他说："伦理德性是由风俗习惯沿袭而来，因此，把习惯（ethos）一词的拼写略加改动，就有了伦理（ethike）这个名称。"① 后来罗马人西塞罗"为了丰富拉丁语"的语汇用"moralis"来翻译"ethics"，它源自拉丁文"mores"一词，原意也是"习惯"或"风俗"的意思。

由此可知，儒家伦理学是一个近代概念。1910 年，蔡元培留学德国期间撰写的《中国伦理学史》，这是一部用现代西方的学科范式初步清理传统伦理思想，使之系统化、体系化的著作。蔡先生在其《绪论》中说："我国以儒家为伦理学之大宗。而儒家，则一切精神界科学，悉以伦理为范围。哲学、心理学，本与伦理有密切之关系。我国学者仅以是为伦理学之前提。……则伦理学宜为我国唯一发达之学术矣。"② 这也就是说，在现代西方的学科范式进入中国之后，堪称中国伦理学奠基者的蔡元培先生认为，儒家伦理学是中国传统中最发达的学问。何怀宏进一步指出："在中国历史上，伦理学的产生可以孔子或儒家学派的产生为标志……孔子由此对人生、道德和社会问题进行了深刻的反思，尤其是对道德的主体和内在资源进行了开发，发展出一种以'仁'为中心的道德理论和人生哲学。"③

蔡先生所论及的儒家伦理学之主要内容，论述孔子的伦理思想，为仁、孝、忠恕、学问、涵养及君子等；在孟子，则为性善、欲、义、浩然之气、求放心、孝悌以及大丈夫等诸观念；论荀子，是人道之原、性恶说、性论之矛盾、修为之方法、礼、刑罚、理想之君道等等。至朱子，则理气、性、心情欲、人心道心、穷理、养心，到王阳明，论及的是，心即理、知行合一、致良知、仁等。此后论及儒家伦理学的书均与此大同小异。而儒家人伦的核心内容基本为孟子的表达："人之有道也，饱食暖衣，逸居而无教，则近于禽兽。圣人有忧之，使契为司徒，教以人伦：父子有亲，君臣有义，夫妇有别，长幼有序，朋友有信。"（《孟子·滕文公上》）由此可见，儒家伦理学渊源有自，且内涵丰富，这就需要进一步探求儒家伦理学的特质，以利于进一步弘扬儒家伦理。

---

① ［古希腊］亚里士多德：《尼各马可伦理学》，苗力田译，中国人民大学出版社 2003 年版，第 25 页。

② 蔡元培：《中国伦理学史》，北京大学出版社 2009 年版，第 8 页。

③ 何怀宏：《伦理学是什么》，北京大学出版社 2002 年版，第 32—33 页。

二　儒家伦理学的特质

(一) 仁: 儒家伦理的根基

学者们在研究儒家伦理学的时候, 通常都以 "仁" 为儒家伦理学的根基, 因为 "仁" 是孔子确立的儒家思想之核心。孔子说: "君子无终食之间违仁, 造次必于是, 颠沛必于是。" (《论语·里仁》) 又说: "志士仁人, 无求生以害仁, 有杀身以成仁。" (《论语·卫灵公》) 可以说, 仁是孔子的 "一以贯之之道"。因为《论语·里仁》有, 子曰: "参乎! 吾道一以贯之。" 曾子曰: "唯。" 子出。门人问曰: "何谓也?" 曾子曰: "夫子之道, 忠恕而已矣。" 所以有人以曾子代答的忠与恕为孔子的一贯之道。也有人依据孔子 "克己复礼为仁" 的思想, 认为孔子主张仁礼合一, 礼在孔子思想中的重要性是无可怀疑的, 但礼依于仁而成, 孔子明言: "人而不仁, 如礼何? 人而不仁, 如乐何?" (《论语·八佾》) 在《孟子·离娄上》有: "孔子曰: '道二, 仁与不仁而已矣。'" 这说明, 孔子的 "一以贯之" 之道当是一而非二, 那些关于孔子思想为双核心的看法不足取, "仁" 就是孔子的 "一以贯之" 之道, 是儒家思想的根基, 当然也是儒家伦理的根基。

"仁" 在《论语》生活情景式的问答中有很多表述, 然其根本点则是: "仁者, 爱人。" (《论语·颜渊》) 即 "仁" 的根本宗旨就是爱人。这就是说, 处理伦理问题的根本原则就是 "爱人"。那又如何践行 "仁" 呢? 学术界围绕着全球普世伦理的讨论已经表明, 关于 "仁" 的伦理实践, 在最低限度上要做到 "己所不欲, 勿施于人。" (《论语·颜渊》) 在最积极的成己成人的意义上, 要努力做到 "己欲立而立人, 己欲达而达人。" (《论语·雍也》)

孔子之后, 儒家学者对 "仁" 的解释主要有两个方向, 首先是孟子以普遍内在于每一个人的 "恻隐之心" 为仁之端, 确立儒家伦理学的内在根基。

> 孟子曰: "人皆有不忍人之心。先王有不忍人之心, 斯有不忍人之政矣。以不忍人之心, 行不忍人之政, 治天下可运之掌上。所以谓

人皆有不忍人之心者，今人乍见孺子将入于井，皆有怵惕恻隐之心；非所以内交于孺子之父母也，非所以要誉于乡党朋友也，非恶其声而然也。由是观之，无恻隐之心非人也，无羞恶之心非人也，无辞让之心非人也，无是非之心非人也。恻隐之心，仁之端也；羞恶之心，义之端也；辞让之心，礼之端也；是非之心，智之端也。人之有是四端也，犹其有四体也。有是四端而自谓不能者，自贼者也；谓其君不能者，贼其君者也。凡有四端于我者，知皆扩而充之矣，若火之始然、泉之始达。苟能充之，足以保四海；苟不充之，不足以事父母。"（《孟子·公孙丑上》）

然后是，宋明理学把普遍的恻隐仁爱情感上升为天地万物一体之仁的形上本体，把关于仁的言说提到了形而上的层面，程颢说："仁者，以天地万物一体。"① 王阳明说："仁是造化生生不息之理，虽弥漫周遍，无处不是，然其流行发生，亦只有个渐，所以生生不息。"② 王阳明又说："大人者，以天地万物为一体者也：其视天下犹一家，中国犹一人焉。若夫间形骸而分尔我者，小人矣！大人之能以天地万物为一体也，非意之也，其心之仁本若是其与天地万物而为一也。"③

（二）孝：仁爱情感培养的出发点

如果没有爱，人类就无法存在，世界上的各个文明、各大宗教伦理皆作如是观，爱人是伦理学的通行准则。但从哪里开始培养人类爱的情感，各种文化则表现出了巨大的差异。儒家伦理的主张是，内在于每一个人的仁爱情感是人类存在的根基，仁爱情感的培养应当从孝开始，认为孝是为仁之本，在恻隐仁爱之心，人皆有之的前提下，孝也是为人之本。蔡元培先生识得此意，他说："人之令德为仁，仁之基本为爱，爱之源泉，在亲子之间，而尤以爱亲之情之发于孩提为最

---

① （宋）程颢、程颐：《二程集》，中华书局 2004 年版，第 15 页。

② （明）王阳明：《传习录上》，载《王阳明全集》，上海古籍出版社 1992 年版，第25 页。

③ （明）王阳明：《大学问》，载《王阳明全集》，上海古籍出版社 1992 年版，第 968 页。

早。故孔子以孝统摄诸行。"①

"子曰：'禹，……菲饮食，而致孝乎鬼神。'"（《论语·泰伯》）这基本表明，孝原本是一种宗教仪式，孔子把神道转化为人道，孝从此成为人之道。在中国文化中，孝道从此与鬼神无关，而只是人的伦理准则。

需要说明的是，应该是"孝"而不是孝悌是为仁之本，许多学者依据有子的话而认为孝悌是为仁之本，因为《论语》有："有子曰：'其为人也孝弟，而好犯上者，鲜矣；不好犯上，而好作乱者，未之有也。君子务本，本立而道生。孝弟也者，其为仁之本与！'"（《论语·学而》）此非孔子本旨，因为孔子明言："弟子入则孝，出则弟，谨而信，泛爱众，而亲仁。行有余力，则以学文。"（《论语·学而》）这说明孝悌有出入之差，内外之别，悌已经是孝的推扩，孟子对此有明确的说法，他说："人之所不学而能者，其良能也；所不虑而知者，其良知也。孩提之童，无不知爱其亲者；及其长也，无不知敬其兄也。亲亲，仁也；敬长，义也。无他，达之天下也。"（《孟子·尽心上》）这里的"亲"显然指的是父母，爱亲之孝是不学而知之良知，不学而能之良能，是仁爱情感的出发点，唯其如此，才可以说，亲亲，仁也，这也就是说，恻隐之心的仁之端当从亲亲之孝开始。

关于孝的具体伦理实践，《论语》中主要论及了三个方面：无违、有敬、心安。先说"无违"。《论语》有：孟懿子问孝。子曰："无违。"樊迟御，子告之曰："孟孙问孝于我，我对曰'无违'。"樊迟曰："何谓也？"子曰："生，事之以礼；死，葬之以礼，祭之以礼。"（《论语·为政》）这里的"无违"就是对待父母按照礼仪的规定生养死葬。

二是有敬，就是要尊敬父母。西周曾经以奉养父母为孝行，"妹土嗣尔股肱，纯其艺黍稷，奔走事厥考厥长。肇牵车牛远服贾，用孝养厥父母。"（《尚书·酒诰》）意思是说，殷故土妹邦的人，用你们的手脚，专心种植黍稷，为你们的父兄奔走效劳，农事完毕之后，还可以再勉力赶着牛车，去远方做点生意，用来孝敬奉养你们的父母。在此基础之上，孔子进一步指明，人之孝敬父母绝不止于物质上的奉养。子曰："父母唯其疾之忧。"（《论语·为政》）子曰："色难。有事弟子服其劳，有酒食先生

---

① 蔡元培：《中国伦理学史》，北京大学出版社 2009 年版，第 25 页。

馔，曾是以为孝乎？"（《论语·为政》）仅仅是物质上的奉养是不可以称之为孝的，一定要在精神上体现出对父母的敬意。子曰："今之孝者，是谓能养。至于犬马，皆能有养；不敬，何以别乎？"（《论语·为政》）这也就是《礼记·丧服下》所说的："称情而立文。"儒家伦理认为，孝是仁爱情感的发端处、萌芽处，是为仁之本，进而强调对父母必须要有敬意的思想表明，爱人须从爱父母发端，学会尊重人，当从学会尊敬父母开始。

三是"心安"。《论语》下面这段关于"心安"的对话表明，孝是有其内在根据的。

> 宰我问："三年之丧，期已久矣。君子三年不为礼，礼必坏；三年不为乐，乐必崩。恐居丧不习而崩坏也。旧谷既没，新谷既升，钻燧改火，期可已矣。"子曰："食夫稻，衣夫锦，于女安乎？"曰："安。""女安则为之！夫君子之居丧，食旨不甘，闻乐不乐，居处不安，故不为也。今女安，则为之！"子曰："予之不仁也！子生三年，然后免于父母之怀。夫三年之丧，天下之通丧也。予也有三年之爱于其父母乎？"（《论语·阳货》）

孔子用"三年然后免于父母之怀"与三年之丧相对称，其意义绝不应该仅仅止于时间上的对称，其实质是一种人与人之间相互尊敬的精神对称。因此，三年之丧这些关于孝的礼仪，其实质是对父母的爱与敬。仁者爱人，孝敬父母是为仁之始，所以不孝者不仁。仁与孝的内在根据就在于心，仁孝则心安，不仁不孝则心不安。

孝是培养仁爱情感的基点，儒家倡导孝，但绝不止于此，这需要仁爱情感的进一步推扩。"子曰：'弟子入则孝，出则弟，谨而信，泛爱众，而亲仁。行有余力，则以学文。'"（《论语·学而》）这就是说，要亲仁，需要由孝而悌，再到"泛爱众"。《论语》还有："子张问仁于孔子。孔子曰：'能行五者于天下，为仁矣。'请问之。曰：'恭、宽、信、敏、惠。恭则不侮，宽则得众，信则人任焉，敏则有功，惠则足以使人。'"（《论语·阳货》）孟子说："凡有四端于我者，知皆扩而充之矣，若火之始然、泉之始达。苟能充之，足以保四海；苟不充之，不足以事父母。"（《孟子·公孙丑上》）又说："老吾老以及人之老，幼吾幼以及人之幼，天下可运于掌。《诗》云：'刑于寡妻，至于兄弟，以御于家邦。'言举斯心加诸彼而已。故推恩足以保四海，不推恩无以保妻子。古之人所以大过人者，无他焉，善推其所为而已矣。"（《孟子·梁惠王上》）

（三）天：儒家伦理学的价值依据

儒家把天视为伦理学终极的价值依据，与其他民族的文化系统相比较，对"天"的理解和阐释就是中国文化的显著特点之一。在印度的佛学与中国文化交流融合几百年之后，学者们发现与佛学相比中国文化的特点就是以天作为终极价值依据。大程说："天有是理，圣人循而行之，所谓道也。圣人本天，释氏本心。"① 西学东渐之后，中国的文化人也发现与西方伦理学相比，中国文化的特点也在于此，蔡元培说："吾国古人之言天，所以不同于西方宗教家，而特为伦理学最高观念之代表。"②

儒家对天人关系的思考是多维度、多层次的，可谓众说纷纭，但总的说来，天人合一是其主流。中国文化中对天论述很多，其中王阳明对天的论述是比较明晰的，阳明说："如今人只说'天'，其实何尝见天？谓日月风雷即天，不可；谓人物草木不是天，亦不可。"（《传习录上》）③ 人们日常语言中所说的"天"其实是不全面的，所以阳明说："无往而非天：三光之上，天也；九地之下，亦天也。"④ 三光指的是日、月、星，古人以为地有九重，故称九地，阳明明确指出，三光之上九地之下都是天，这就是说，天是蕴涵所有存在之物的全体大有，是一个总称。当然仅仅厘清了天的内容还是不够，阳明把中国人对天的种种理解做了一个总结，他说："性，一而已：自其形体也，谓之天；主宰也，谓之帝；流行也，谓之命；赋于人也，谓之性；主于身也，谓之心。"（《传习录上》）⑤ 这意味着，天有形体意义上的自然之天，有主宰之天，有流行赋予万物的

① （宋）程颢、程颐：《二程集》，中华书局1981年版，第274页，

② 蔡元培：《中国伦理学史》，北京大学出版社2009年版，第16页。

③ （明）王阳明：《传习录上》，载《王阳明全集》，上海古籍出版社1992年版，第21页。

④ 同上书，第22页。

⑤ 同上书，第15页。

天命之天，在此天命意义下，有赋予人善良本性的德性之天。

在中国文化中最重要的是天命意义上的德性之天。在《论语》中孔子多次表达出这样的德性天命观。"子畏于匡。曰：'文王既没，文不在兹乎？天之将丧斯文也，后死者不得与于斯文也；天之未丧斯文也，匡人其如予何？'"（《论语·子罕》）孔子以自己对天命的感悟，说明天对于人类之"斯文"的赋予，而天的这种赋予的关键就在于天对人德性的赋予。所以孔子说："天生德于予，桓魋其如予何？"（《论语·述而》）

在儒家的德性天命观中，天是具有主宰意味的，也可以说，儒家的天是德性主宰之天。"司马牛忧曰：'人皆有兄弟，我独亡。'子夏曰：'商闻之矣：盖闻之夫子。死生有命，富贵在天。君子敬而无失，与人恭而有礼。四海之内，皆兄弟也。君子何患乎无兄弟也？'"（《论语·颜渊》）这一段话表明，一个人的富贵生死不是作为一个有限个体的人自己所能够掌控的。《论语》中还有很多类似这样关于德性主宰之天的表达。如：

> 子曰："莫我知也夫！"子贡曰："何为其莫知子也？"子曰："不怨天，不尤人。下学而上达。知我者其天乎！"（《论语·宪问》）
>
> 颜渊死。子曰："噫！天丧予！天丧予！"（《论语·先进》）
>
> 子见南子，子路不说。夫子矢之曰："予所否者，天厌之！天厌之！"（《论语·雍也》）
>
> 子曰："不然，获罪于天，无所祷也。"（《论语·八佾》）
>
> 天下之无道也久矣，天将以夫子为木铎。（《论语·八佾》）

因为儒家认为，德性主宰之天就是天对人德性的赋予，所以人应该知命。孔子认为"知天命"是君子必备的条件，"不知命，无以为君子也。"（《论语·尧曰》）孔子曰："君子有三畏：畏天命，畏大人，畏圣人之言。小人不知天命而不畏也，狎大人，侮圣人之言。"（《论语·季氏》）"五十而知天命。"（《论语·为政》）知天命重点在于唤醒人们对天赋德性的自觉，然后立志修德。所以，荀子说："自知者不怨人，知命者不怨天；怨人者穷，怨天者无志。"（《荀子·荣辱》）

因为儒家主张德性天命论。所以，儒家伦理的终极价值根据就是天。同时儒家的德性之天是具有权威性和主宰性的，儒家伦理的宗教性也就在于此。从一定意义上讲，伦理学是需要一定的宗教性的，这正如康德所言："道德不可避免地要导致宗教。这样一来，道德也就延伸到人之外的一个有权威的道德立法者的理念。"① 在康德看来，德行与幸福的关系既不是后天综合的，也不是先天分析的，它们只能是先天综合在一个至善者，也就是上帝那里。当然康德是主张人的理性为自身立法，上帝只是实践理性一个必要的预设，也正因为康德的上帝只是一个预设，所以康德想要建立纯粹理性限度内的宗教也就落空了，至今也没有人信仰什么"康德教"。

伦理学要解决的是如何处理人伦关系的问题。在伦理实践中，必然要求人们与人为善，这就需要劝善，而劝善就要解决德福一致，亦即好人有好报的问题，而德福一致既不是后天综合的，也不是先天分析的，所以必定需要一个权威的道德立法者，而且这个道德立法者还不能仅仅是实践理性的一个理论预设，它需要时刻发挥其道德立法者的权威性，显示德福一致的必然性，唯其如此，劝善才不会踏空。总之，儒家伦理学认为，天有德性之命，人要知此天命，不知此天命，无以为君子。

（四）君子：儒家伦理学的着力点

伦理学是关于如何处理人际关系的一系列行为规范的理论，其落脚点自然指向人本身，也就是什么样的道德主体才能恰当地处理好人际关系。儒家伦理学具有实践德性论的特点，培养德行君子就是儒家伦理学的基本指向。

在孔子之前，君子指有一定政治地位的人，是孔子对"君子"做出了新的道德要求。何谓君子？君子就是"义以为上（《论语·阳货》）、义以为质（《论语·卫灵公》）"的人。这是讲君子应该把"义"放在德性修养的首位，并且还要把它作为内在的本质。君子还应该"闻义而徙"，并且能够"见义勇为"。孔子讲："德之不修，学之不讲，闻义不能徙，

---

① （德）康德：《纯然理性限度内的宗教》，载李秋零主编《康德全集》第 6 卷，中国人民大学出版社，第 7 页。

不善不能改，是吾忧也。"（《论语·述而》）而要做到"闻义而徙"，是需要勇气的。孔子说："见义不为，无勇也。"（《论语·为政》）

儒家重视君子有伦理与政治两个方面的意义，《论语》有："隐居以求其志，行义以达其道。"（《论语·季氏》）这正如荀子所说："儒者在本朝则美政，在下位则美俗。"（《荀子·儒效》）儒家在这两个方面都有论述，孟子曰："人之所以异于禽兽者几希，庶民去之，君子存之。舜明于庶物，察于人伦；由仁义行，非行仁义也。"（《孟子·离娄下》）在孟子看来，人之所以异于禽兽者之"几希"就是仁义，此人伦之"几希"赖君子而存之。荀子曰："昔者舜之治天下也，不以事诏而万物成。处一危之，其荣满侧；养一之微，荣矣而未知。故《道经》曰：'人心之危，道心之微。'危微之几，惟明君子而后能知之。"（《荀子·儒效》）荀子以大舜为例，说明君子应该养心之微而后才能治理天下。荀子还特别强调君子之德性对于政治的意义，他说："君子治治，非治乱也。曷谓邪？曰：礼义之谓治，非礼义之谓乱也。故君子者，治礼义者也，非治非礼义者也。"（《荀子·不苟》）所以，孔子曰："圣人，吾不得而见之矣；得见君子者，斯可矣。"（《论语·述而》）

由此可见，儒家伦理学以普遍内在的恻隐仁爱之心为根基；以孝为仁爱情感培养的出发点，以天为终极价值依据，以培养君子为儒家伦理学的着力点。儒家伦理的特质基本如此。

传统儒家的政治哲学及其特质

一　何谓政治哲学

尽管人类研究政治哲学的相关问题已经几千年了，无论在东方还是在西方，政治哲学都是新近才成为一个新的学科。关于政治哲学的思维方式、主题，以及与道德哲学、政治科学等学科的区分仍然不是很明确的。韩水法认为："这不仅因为学科体系乃是现代知识体系化和学术制度化的结果，而且也是由于政治哲学的内容和对象向来就与相关的政治、道德、经济和法律等问题盘根错节地结合在一起，因而被看作是政治的、道德的或综合的研究，而没有为之划出一个单独的领域。即便到了 20 世纪下半叶，在英美，政治哲学的学术活动在多数人看来也是属于道德哲学或其一个部分，而在德国，政治哲学更是一个新的名称。"[①] 看来，自西方文艺复兴以来，活跃了几百年的政治哲学即使到今天也还不是很明确的。

学术界通常认为，西方近现代政治哲学肇始于马基雅维利，罗素说："文艺复兴虽然未能产生重要的理论哲学家，却在政治哲学中产生一个声名显赫的人物，尼可罗·马基雅维利……他的政治哲学是科学性和经验性的，建立在他自己对事物的亲身经验基础之上，只关心达成既定目标的手段，而不关心其结果是被看成善还是恶。"[②] 这就是说，按照罗素的说法，从马基雅维利开始，政治哲学具有科学性和经验性的特点，且不关心伦理学的善与恶。罗素的判断基本成立，观其《论李维》与《君主论》都是

[①] 韩水法：《什么是政治哲学》，《中共中央党校学报》2009 年 2 月，第 28 页。

[②] Bertrand Russell, *A history of western philosophy*, Simon and Schuster, New York, 1945: 504.

西方政治史的经验总结，可以说，马基雅维利政治哲学的最显著特点，是其非伦理性和经验性。

施特劳斯说："我曾经认为，霍布斯是近代政治哲学的创始人，这是一个错误，这个殊荣应该归于马吉雅维利，而不是霍布斯。……我之所以断言霍布斯是近代政治哲学的创始人，是由于他本人曾经表示确信，他作为一个政治哲学家，已经跟过去的全部政治哲学，实现了根本决裂。"[①]施特劳斯的误解也确实情有可原，尽管马基雅维利确立西方政治哲学非伦理性、科学性和经验性等基本特点。然而霍布斯的工作却让政治哲学具备了成其为一个学科所必要的理论性。

霍布斯说："哲学开启了从个别事物之观察上升为普遍定律的道路。人的理性存在于多少领域，哲学就可以划分出多少分支，根据不同主题的要求，它就有不同的名称。"[②]　在霍布斯看来，依据人类的理性，用哲学的方法研究政治问题，就可以成立政治哲学之名称。

霍布斯还给出现代西方政治哲学的两个基本预设，就是人性恶和天赋理性。霍布斯关于人性恶的预设一直存在争议，这一基础自霍布斯确立以来，得到了几乎所有现代政治哲学家的认同与坚守。他说："对物的共同占有注定会引起战争和灾难，因为人们会为了利用它们而发生暴力冲突。而这又是大家出于天性要努力避免的东西。于是我得出了两条关于人性的绝对肯定的假设。一条是人类贪婪的假设，它使人人都极力要把公共财产据为己有。另一条是自然理性的假设，它使人人都把死于暴力作为自然中的至恶势力予以避免。"[③]

施特劳斯对政治哲学这一新的学科名目做了深刻反思。他认为："政治哲学，作为对根本政治问题的终极真理的追求，是可能的和必须的。"[④]施特劳斯进一步说：

> 政治哲学于是就将以关于政治事物之本性的知识取代关于其意见的努力。政治事务按其本性应经受赞成与反对、选择与拒绝、颂扬与

---

①　列奥·施特劳斯：《霍布斯的政治哲学》，申彤译，译林出版社 2001 年版，第 10 页。

②　霍布斯：《论公民》，应星、冯克利译，贵州人民出版社 2003 年版，第 2 页。

③　同上书，第 4 页。

④　列奥·施特劳斯：《霍布斯的政治哲学》，申彤译，译林出版社 2001 年版，第 9 页。

谴责。依据政治事务之本质，政治哲学不是中立的，而是对人的服从、忠诚、决定或判断提出了要求。倘若一个人不是严肃地对待它们的明白或含蓄要求并根据好与坏，正义与不正义来给予判定，换言之，倘若一个人不是以某种善或正义的标准来衡量它们，他就不能理解政治事务为之政治事务的如其所是。要做出真实判断就必须了解真正的标准。如果政治哲学希望正确处理其主题，那么它就必须争取获得有关这些标准的真正知识。政治哲学就是要真正地既认识政治事务的本性又认识正当的或好的政治秩序的努力。①

这就是说，政治哲学不仅要认识政治本身，还要对正当与善这些伦理学问题有所认知，施特劳斯的这个定义体现了政治与伦理一种古典情怀的纠缠，政治哲学的主要问题固然是关于政治本身的，但政治哲学还应当认识正当和善这些道德范畴。

因为政治哲学的研究主题是政治，就有必要先了解学者们对于政治的主流理解。政治无疑是一种社会现象，从社会学的立场，韦伯给出了政治的定义，他认为，国家不能根据目标来定义，只能根据其社会学特点，也就是暴力的使用来认识国家的特征。韦伯是从一个政治团体，即现代的国家领导权或该领导权影响力的视角理解政治，韦伯认为："国家是这样一种人类团体，它在一定疆域之内（成功地）宣布了对正当使用暴力的垄断权。现在的特点是，其他机构或个人被授予使用暴力的权利，只限于国家允许的范围之内，国家被认为是暴力使用'权'的唯一来源。因此，对我们来说，'政治'就是指争取分享权力或影响权力分配的努力，这或是发生在国家之间，或是发生在一国之内的团体之间。"②

韦伯对政治定义的核心在于国家，依据他对现代国家的理解，认为政治的核心在于权力的分配。以国家为基点思考政治是西方政治哲学一贯的做法，从马吉雅维利、霍布斯、洛克、卢梭直至罗尔斯、诺奇克都是如此。但这种思考政治的局限性也是很明显的，因为权力的运作不仅比国家

---

① Leo Strauss, *What Is Political Philosophy*, The Journal of Politics, 1957, Vol. 19, pp. 344 – 345.

② 马克斯·韦伯：《学术与政治》，冯克利译，生活·读书·新知三联书店 1998 年版，第 54—55 页。

的起源要早，而且范围也要广得多。如果试图以国家定义政治然后去界定政治哲学无疑是有欠缺的。

韩水法在考察施特劳斯和韦伯等人的看法之后，给出了自己的看法，他认为："政治权力的一般而根本的目的和指向乃是社会善品的分配。而所谓社会善品就是指从权利、财富、地位一直到环境、教育等等社会之中为每一个人所必需、所追求和所尊崇的东西。……所谓政治就是指在一个共同体内强制而普遍地分配社会善品的行动。换言之，以分配社会善品为根本目的的政治始终是在一定的共同体之中依照一定的原则通过一定的制度而普遍地实现，政治哲学研究上述政治行动所遵循的原则，这些原则所反映出的价值观念，这些观念的基础；研究根据这些原则构成的社会基本制度和结构；研究不同的政治哲学学派就此提出的各种判断和观点；政治哲学同时还研究有关上述问题的方法论。"[①] 韩水法对政治哲学的定义很抽象，符合哲学的要求，而且是罗尔斯式现代自由主义的版本，在一个共同体内强制而普遍地分配社会善品的行动只是现代人对政治要求，而且只能限于一个特定的国家范围之内。很难说，这是所有政治行动必须遵循的原则，看来还需要进一步探寻政治哲学的一般特性。

施特劳斯为了确定什么是政治哲学，与政治神学和政治科学做了区分，这两个区分看起来是必要的，因为政治哲学脱胎于政治神学，而且是在科学精神的鼓舞下发展起来的。施特劳斯认为，政治哲学在它诞生的时候，就是以与政治神学的分离为标志的。他说："我们把政治神学理解为神的启示（divine revelation）为基础的政治教诲，政治哲学则限于人类头脑独立能够触及的事物。"[②]

施特劳斯进一步指出，政治哲学也不同于政治学。政治学主要探求公共权力生成、运行、监督及其关系的规律，其背后受到自然科学范式的影响是无疑的。因此政治学应该被称为政治科学。施特劳斯说："政治科学是一个含混的词汇：它指明对政治事务的这类探究要受自然科学模式的引导，它指明此类工作要由政治科学系的成员进行。……正如自然科学自立自足，最多是无意中为自然哲人提供思辨的材料，政治科学自立自足，最

---

① 韩水法：《什么是政治哲学》，《中共中央党校学报》2009 年 2 月，第 32 页。
② 施特劳斯：《什么是政治哲学》，李世祥等译，华夏出版社 2014 年版，第 5 页。

多无意中为政治哲人提供材料。"① 这也就是说，政治哲学不像自然科学那样以探求真理为目标，但是政治科学的研究可以为政治哲学提供素材。

因此，政治的思想根基既不能由神学提供也不能由科学提供，似乎就只能由哲学来给出其思想根基了。政治哲学也就只能被当成哲学的一个分支，政治指明其研究对象乃是关于政治的事物，而哲学则表明了其思维方式和思想基础。"爱智慧"就是西方哲人对哲学最基本的理解，而"爱智慧"就是要对普遍、完整而全面的知识的探求，而必然需要一种形而上学的承诺，康德说："曾经有一个时候，形而上学被称为一切科学的女王，并且，如果把愿望当作实际的话，那么她由于其对象突出的重要性，倒是值得这一称号。"② 在古希腊，形而上学就是科学的女王。而亚里士多德在《形而上学》中明确指出，形而上学的终极本体是至善。他说：

> 凡能得知每一事物所必至的终极者，这些学术必然优于那些次级学术；这终极目的，个别而论就是一事物的"本善"，一般而论就是全宇宙的"至善"。上述各项均当归于同一学术；这必是一门研究原理与原因的学术；所谓"善"亦即"终极"，本为诸因之一。③

秉承西方古典政治哲学智慧的施特劳斯说："所有的政治行动本身都指向了关于善的知识，关于好的生活或好的社会，因为好的社会是完整的政治的善。"他还说："对政治知识的学术探求从根本上受道德冲动和对真理的热爱的激励。"④ 这就是说，政治哲学中的哲学一词所表明的意义是，政治应指向道德之善，而这种道德的善最终却又指向了神。《理想国》中的苏格拉底说："哲学如果能找到如它本身一样最善的政治制度，那时可以看得很明白，哲学确实是神物，而其他的一切，无论天赋还是学习和工作，都不过是人事。"⑤

这就是说，施特劳斯为了避免政治哲学的科学化，要求政治哲学必须

---

① 施特劳斯：《什么是政治哲学》，李世祥等译，华夏出版社 2014 年版，第 5 页。
② 康德：《纯粹理性批判》，邓晓芒译，人民出版社 2004 年版，第 1—2 页。
③ 亚里士多德：《形而上学》，吴寿彭译，商务印书馆 1959 年版，第 4 页。
④ 施特劳斯：《什么是政治哲学》，李世祥等译，华夏出版社 2014 年版，第 2、7 页。
⑤ 柏拉图：《理想国》，497A，郭斌和、张竹明译，商务印书馆 1986 年版，第 248 页。

思考正当与善等道德问题，如此一来，政治哲学在思考政治主题的时候，还必须思考道德问题，那么政治哲学和哲学这个母体本身就难以区分了。

因此，政治哲学是以人天赋理性能力为出发点，对政治共同体的制度建构、政治权力的来源及其运作与监督所作的科学性研究，同时，政治哲学还必须思考道德与政治的关系。

二 儒家政治哲学的特质

政治在中国文化中早有表达，如"道洽政治，润泽生民"（《尚书·毕命》）"掌其政治禁令"（《周礼·地官·遂人》），而"哲学"一词则是随西学东渐而来的舶来品。在东西方文化在中华大地相互激荡的过程中，成就了许多新的名词，政治哲学就是其中之一。那么中国传统文化中原来有没有政治哲学也就成为一个问题，孙中山就认为中国传统不仅有政治哲学而且很精微，他说：

> 就人生对于国家的观念，中国古时有很好的政治哲学。我们认为欧美的国家进来有进步，但是说到他们的新文化，还不如我们政治哲学的完全。中国有一段最有系统的政治哲学，在外国的大政治家还没有见到，还没有说到那样清楚的，就是《大学》中所说"格物、致知、诚意、正心、修身、齐家、治国、平天下"那一段话。把一个人从内发扬到外，由一个人的内部做起，推到平天下止。象这样精微开展的理论。无论国外什么政治哲学家都没有见到，都没有说出，这就是我们政治哲学的知识独有的宝贝，是应该保存的。[①]

在《礼记·哀公问》所记录的一段对话中，孔子比较清晰而又明确地表达了儒家关于政治的看法。

> 孔子侍坐于哀公，哀公曰："敢问人道谁为大？"孔子愀然作色而对曰："君之及此言也，百姓之德也，固臣敢无辞而对？人道政为

---

① 孙中山：《三民主义》，载《孙中山全集》第九卷，北京：中华书局1981年版，第247页。

大。"公曰："敢问何谓为政？"孔子对曰："政者，正也，君为正，则百姓从政矣。君之所为，百姓之所从也。君所不为，百姓何从？"公曰："敢问为政如之何？"孔子对曰："夫妇别、父子亲、君臣严，三者正，则庶物从之矣。"公曰："寡人虽无似也，愿闻所以行三言之道，可得闻乎？"孔子对曰："古之为政，爱人为大，所以治爱人，礼为大，所以治礼，敬为大，敬之至矣，大昏为大，大昏至矣，大昏既至，冕而亲迎，亲之也，亲之也者，亲之也。是故君子兴敬为亲，舍敬是遗亲也。弗爱不亲，弗敬不正，爱与敬，其政之本与。"（《礼记·哀公问》）①

这段话的主要内容亦可见于《论语》："季康子问政于孔子。孔子对曰：'政者，正也。子帅以正，孰敢不正？'"（《论语·颜渊》）又"齐景公问政于孔子。孔子对曰：'君君，臣臣，父父，子子。'"（《论语·颜渊》）但这段话的表达是一个有机的整体，内容更丰富一些。"人道政为大"，表明政治是人类事物中最重要的事情，"政者，正也"主要强调政治的正当性要求，而政治正当性的根基在于爱与敬，也就是儒家的根本宗旨：仁爱精神。

正是因为儒家以仁爱精神为本，所以儒家政治哲学的基本思想结构就是：仁—义—礼。这一思想结构由孔子开其端，至孟子承之，荀子继之。孔子关于仁义礼三者之间表述有："人而不仁，如礼何？"（《论语·八佾》）"君子义以为质，礼以行之，孙以出之，信以成之。君子哉！"（《论语·卫灵公》）《论语》还有："君子之仕也，行其义也。道之不行，已知之矣。"（《论语·微子》）

孟子明确了"仁宅义路礼门"的说法。孟子说："仁，人之安宅也，义，人之正路也，旷安宅而弗居，舍正路而不由，哀哉！"（《孟子·离娄上》）"仁，人心也；义，人路也。"（《孟子·告子上》）"夫义，路也；礼，门也，惟君子能由是路出入是门也。"（《孟子·万章下》）荀子基本继承这一说法，他说："仁、爱也，故亲；义、理也，故行；礼、节也，故成。仁有里，义有门。仁，非其里而虚之，非礼也；义，非其门而由

---

① 孙希旦：《礼记集解》，北京：中华书局1989年版，第1260页。

之，非义也。君子处仁以义，然后仁也；行义以礼，然后义也；制礼反本成末，然后礼也；三者皆通，然后道也。"（《荀子·大略》）

儒家政治哲学思想的这一结构表明，应该以仁爱作为政治哲学的伦理学基础，政治共同体不应该仅仅只是一个利益共同体，更应该是一个仁爱共同体。仁爱精神是儒家思想的根本，所以其政治哲学就有了如下特质。

1. 天下主义

近现代西方政治哲学的根本主题就是国家，马基雅维利试图借鉴西方历史回答国家如何强盛稳定，如何做君主；霍布斯致力于国家这个庞然大物"利维坦"怎么样由人造出来；洛克为了保护公民生命财产权主张国家的立法权、执行权和对外权应该分开；卢梭从国家权力来源的角度，主张主权在民，政府是公意的产物；尼采用强力意志塑造最强国家。所有这些西方主要政治哲学家的思考无不围绕国家这个主题展开。这中间只有康德的永久和平理论和罗尔斯的《万民法》有些突破，在基于国家基础上国际拓展。可以说，西方近现代政治哲学的主流就是国家主义。

国家主义在"丛林法则"的环境下可以有效保存民族国家人们的生命与财产安全，故而大行其道，国家主义对一个国家内部也许是有效的，但却可以为了一个国家"最大多数人的最大幸福"而殖民、掠夺、奴役别的国家。曾几何时，一些国家对内是天使，对外是魔鬼，惨绝人寰的两次世界大战就是明证。人类的恻隐之心正在帮助人们走出国家主义的迷雾，联合国以及一些国际组织的建立与运行就是其开端。理论上也有了世界主义、全球正义的提出，但无论是从理论还是到实践，都尚未成为主流。

而儒家基于其仁爱精神的立场，从一开始就是以天下苍生为念，以天下的和谐稳定为儒家政治哲学的根本目标。如果说，西方近现代政治哲学的特征是国家主义的话，那么儒家政治哲学明显就是天下主义。儒家的意思集中体现在其世界大同的理想之中。

> 大道之行也，天下为公，选贤与能，讲信修睦。故人不独亲其亲，不独子其子；使老有所终，壮有所用，幼有所长，鳏寡孤独废疾者皆有所养。男有分，女有归。货恶其弃于地也，不必藏于诸己。力恶其不出于身也，不必为己。是故谋闭而不兴，盗窃乱贼而不作。故

外户而不闭，是谓大同。故圣人耐以天下为一家，以中国为一人者，非意之也。必知其情，辟于其义，明于其利，达于其患，然后能为之。（《礼记·礼运》）

这就是说，大同理想以天下为公，儒家之所以能以天下为一家，根本上是其仁爱精神的流行发用。在《论语》中，孔子对此多有论述。

颜渊问仁。子曰："克己复礼为仁。一日克己复礼，天下归仁焉。为仁由己，而由人乎哉？"（《论语·颜渊》）

子张问仁于孔子。孔子曰："能行五者于天下，为仁矣。"请问之。曰："恭、宽、信、敏、惠。恭则不侮，宽则得众，信则人任焉，敏则有功，惠则足以使人。"（《论语·阳货》）

子贡曰："如有博施于民而能济众，何如？可谓仁乎？"子曰："何事于仁，必也圣乎！尧舜其犹病诸！夫仁者，己欲立而立人，己欲达而达人。能近取譬，可谓仁之方也已。"（《论语·雍也》）

子曰："君子之于天下也，无适也，无莫也，义之与比。"（《论语·里仁》）

孟子继承孔子政治本于仁爱的立场，说："求也，为季氏宰，无能改于其德，而赋粟倍他日。孔子曰：'求非我徒也，小子鸣鼓而攻之，可也。'由此观之，君不行仁政而富之，皆弃于孔子者也。"（《孟子·离娄上》）进一步，孟子主张以仁政平治天下。孟子曰："离娄之明，公输子之巧，不以规矩，不能成方员；师旷之聪，不以六律，不能正五音；尧舜之道，不以仁政，不能平治天下。"（《孟子·离娄上》）"老而无妻曰鳏，老而无夫曰寡，老而无子曰独，幼而无父曰孤。此四者，天下之穷民而无告者。文王发政施仁，必先斯四者。"（《孟子·梁惠王上》）

荀子主张真正的王道政治在于"四海之内若一家"，他说：

王者之等赋、政事、财万物，所以养万民也。田野什一，关市几而不征，山林泽梁，以时禁发而不税。相地而衰政。理道之远近而致贡。通流财物粟米，无有滞留，使相归移也，四海之内若一家。故近者不隐其能，

远者不疾其劳，无幽闲隐僻之国，莫不趋使而安乐之。夫是之为人师，是王者之法也。（《荀子·王制》）

儒家天下主义坚决反对以邻为壑，把危机转嫁到别的国家，《孟子》有：

> 白圭曰："丹之治水也愈于禹。"孟子曰："子过矣。禹之治水，水之道也，是故禹以四海为壑。今吾子以邻国为壑。水逆行谓之洚水——洚水者，洪水也——仁人之所恶也。吾子过矣。"（《孟子·告子下》）

天下主义的关键还在于不给侵略战争以任何借口，反对以武力往教他国，孔子的主张是"悦近来远"，"叶公问政。子曰：'近者说，远者来。'"（《论语·子路》）"远人不服，则修文德以来之"，（《论语·季氏》）即要用文德让别人心悦诚服地接受，而不是靠武力征服别人。孟子对此作了进一步的发挥，《孟子·梁惠王》载：

> 孟子见梁襄王。出，语人曰："望之不似人君，就之而不见所畏焉。卒然问曰：'天下恶乎定？'吾对曰：'定于一。''孰能一之？'对曰：'不嗜杀人者能一之。''孰能与之？'对曰：'天下莫不与也。王知夫苗乎？七八月之间旱，则苗槁矣；天油然作云，沛然下雨，则苗浡然兴之矣。其如是，孰能御之？今夫天下之人牧，未有不嗜杀人者也；如有不嗜杀人者，则天下之民皆引领而望之矣。诚如是也，民归之，由水之就下，沛然谁能御之？'"（《孟子·梁惠王上》）
>
> 齐宣王问曰："交邻国有道乎？"孟子对曰："有。惟仁者为能以大事小，是故汤事葛，文王事昆夷；惟智者为能以小事大，故大王事獯鬻，勾践事吴。以大事小者，乐天者也；以小事大者，畏天者也。乐天者保天下，畏天者保其国。《诗》云：'畏天之威，于时保之。'"（《孟子·梁惠王下》）

2. 正当与适宜

儒家的政治哲学中实际上存在着两条基本的正义原则。所谓正义原则是政治制度得以建构的根据，在社会呼唤着公平正义，政治哲学日渐成为显学的今天，黄玉顺先生敏锐地指出了这一点，他认为，儒家政治哲学中有两条正义原则："正当性原则（公正性准则、公平性准则）；适宜性原则（地宜性准则、时宜性准则）。"① 这一说法实际上很容易理解，中文的"正义"一词就明确地表达着正当性和适宜性这两个正义原则，在儒家思想中的渊源也是很清楚的。孔子说："政者，正也。"（《论语·颜渊》）政治必须要有其正当性，《中庸》有："义者，宜也。"政治制度建构需要适宜性。

先说正当原则之公正性。儒家以"天下为公"。（《礼记·礼运》）荀子说："公生明，偏生暗。"（《荀子·不苟》）天下为公则政治清明，偏向特定人群则政治必黑暗，如果只知道为一国家、一党派、一集团、一家庭乃至于个人谋利益者就是私，是不可以为政治之理论基础的。儒家关于政治要以"正"为治思想，分为正名、正位与正身三个层次，三者通贯起来方谓之正。之所以要首先正名，是因为名不正，则言不顺；言不顺，则事不成。《论语》有：

> 子路曰："卫君待子而为政，子将奚先？"子曰："必也正名乎！"子路曰："有是哉，子之迂也！奚其正？"子曰："野哉由也！君子于其所不知，盖阙如也。名不正，则言不顺；言不顺，则事不成；事不成，则礼乐不兴；礼乐不兴，则刑罚不中；刑罚不中，则民无所措手足。故君子名之必可言也，言之必可行也。君子于其言，无所苟而已矣。"（《论语·子路》）

正名代表着制度规范，其次是正位。政治应当是在其位者谋其政，因此，孔子说："不在其位，不谋其政。"（《论语·宪问》）然后是正身。子曰："其身正，不令而行；其不正，虽令不从。"（《论语·子路》）

而要实现政治公正，还必须在具体的政治经济制度中体现公平，也就

---

① 黄玉顺：《中国正义论纲要》，《四川大学学报》2009 年第 5 期。

是说正当原则需要论及公平。几乎所有的政治哲学家都会在理论上追求公平，但在于怎样解释公平的问题上却大相径庭，儒家对公平有自己的解释。

荀子说："故公平者，职之衡也。"（《荀子·王制》）荀子进一步指出，各尽其能，各尽其职就是最大的公平。他说："故仁人在上，则农以力尽田，贾以察尽财，百工以巧尽械器，士大夫以上至于公侯，莫不以仁厚知能尽官职。夫是之谓至平。"（《荀子·荣辱》）

要实现各尽其能，首先就应该保证机会公平。关于机会公平，孔子"有教无类"（《论语·卫灵公》）的思想对于中国后世的政治理论和实践意义都非常重大。正是有了一思想与实践，使得寒门子弟有了参与政治的机会。荀子对此做了更为明确的解释，他说：

> 请问为政？曰：贤能不待次而举，罢不能不待须而废，元恶不待教而诛，中庸不待政而化。分未定也，则有昭缪。虽王公士大夫之子孙也，不能属于礼义，则归之庶人。虽庶人之子孙也，积文学，正身行，能属于礼义，则归之卿相士大夫。（《荀子·王制》）

> 论德而定次，量能而授官，皆使人载其事，而各得其所宜，上贤使之为三公，次贤使之为诸侯，下贤使之为士大夫：是所以显设之也。（《荀子·君道》）

公平必然蕴含着经济公平，也就是孔子说的"均"。孔子说："丘也闻有国有家者，不患寡而患不均，不患贫而患不安。盖均无贫，和无寡，安无倾。夫如是，故远人不服，则修文德以来之。既来之，则安之。"（《论语·季氏》）但儒家认为经济公平并不是绝对平均主义，而是以差等为用，荀子说：

> 分均则不偏，执齐则不壹，众齐则不使。有天有地，而上下有差；明王始立，而处国有制。夫两贵之不能相事，两贱之不能相使，是天数也。执位齐，而欲恶同，物不能澹则必争；争则必乱，乱则穷矣。先王恶其乱也，故制礼义以分之，使有贫富贵贱之等，足以相兼临者，是养天下之本也。书曰："维齐非齐"。此之谓也。（《荀子·

王制》)

这就是说，绝对的平均主义，结果就是"众齐则不使"，政治就没有效率，还会导致更严重的后果，那就是"物不能澹则必争；争则必乱，乱则穷矣"。

适宜性原则并非正当性原则的补充与完善，而是适宜性本身必须作为一条基本的原则，它所强调的是，政治必须适合人类的生存，这是因为人以及人群是在具体时间和空间中的存在，因此，政治制度的确立乃至于具体的行政措施都需要因时制宜、因地制宜。比如分封建国制度、皇权制度、民主制度等等都有其一定的正当性，适应当时时代和地域的需要，所以能够在人类历史上存在若干年，但依据适宜性原则，皇权制度取代了分封建国制度，而民主制又否决了皇权制度。

3. 培养君子参政

儒家致力于培养德行君子参与现实政治，儒家自开创之日起就一直这样实践着。在西方近现代的政治哲学涌入中国之后，有人认为，政治哲学只需要设计好政治制度就可以了，只要有好的制度，哪怕是一个恶棍做国家元首也没有关系。这其实是一个误解，因为在西方政治实践中，从没有哪个国家真的选举出一个恶棍做总统。相反，西方的政治领导人如果个人德行有亏，至少是需要向公众道歉的，严重的还会被弹劾，甚至直接下台，终结其政治生命。这就是说，无论古今东西，对公众的政治人物都是有道德要求的。

君子参政通常被反过来运用，许多掌握一定权力的人往往用其所控制舆论工具把自己打扮成君子。《论语》有："'今之从政者何如？'子曰：'噫！斗筲之人，何足算也。'"(《子路》)这很清晰地说，在儒家看来，只有政治地位而没有德行的人是绝对不可以称为君子的。

儒家的道德理想是成圣成贤，而在论及政治的时候却只指望君子参政呢？孔子说："圣人，吾不得而见之矣；得见君子者，斯可矣。"(《论语·述而》)现实的政治往往就是常人的政治，正如韩非子所言："且夫尧舜、桀纣千世而一出，是比肩随踵而生也。世之治者不绝于中，吾所以为言势者，中也。中者，上不及尧舜，而下亦不为桀纣。"(《韩非子·难势》)怎么样实现常人常态政治的正常运转，法家主张造势，而儒家则认为应该努力培养德行君子参政。

《论语》对君子的要求有很多，其中可以窥探一二。孔子说："君子喻于义，小人喻于利。"（《论语·里仁》）又说："君子义以为质，礼以行之，孙以出之，信以成之。"（《论语·卫灵公》）这是对君子的一般描述，无论在朝在野都需要做到的要求。君子要明义利之辨，要遵循制度规范、谦逊、诚信。除此之外，《论语》中孔子对子产的评价就体现了对参政君子的特定要求，"子谓子产，'有君子之道四焉：其行己也恭，其事上也敬，其养民也惠，其使民也义。'"（《论语·公冶长》）参政之人必须处理上下级关系，其对待上级要敬，这个敬就是以礼待之，子曰："事君尽礼，人以为谄也。"定公问："君使臣，臣事君，如之何？"孔子对曰："君使臣以礼，臣事君以忠。"（《论语·八佾》）这就是说，政治体制内的上下级都要按照制度规范也就是礼来行事，在上级以礼对待下级的情况下，下级可以事之以忠，这个忠就是"思不出其位"，子曰："不在其位，不谋其政。"曾子曰："君子思不出其位。"（《论语·宪问》）

而君子参政的目的就是"行义以达其道"（《论语·季氏》），也就是子路所说的："不仕无义。长幼之节，不可废也；君臣之义，如之何其废之？欲洁其身，而乱大伦。君子之仕也，行其义也。"（《论语·微子》）这就是说，君子应该出来从事政治工作，实现政治正义，所以说："君子之于天下也，无适也，无莫也，义之与比。"（《论语·里仁》）

伦理与政治的新连接

一　从伦理走向政治

　　现代政治哲学在伦理和政治之间，面临着一个形而上学困境，那就是：在文化多元的背景下，政治必须保持价值中立，不能以任何特定宗教或者非宗教的道德伦理作为政治的形而上学基础；如果用特定的道德伦理观念为现代政治奠基，那就势必要判教，在各种伦理学说之间分出个高下来，这是现代民主政治根本无法接受的，而没有价值支撑的政治之道德正当性也就成了问题。很显然，这个困境是一种形而上学式的困境，因为它是在政治哲学拒绝伦理作为政治的形而上学基础的情况下产生的，可以称之为政治哲学的形而上学困境。现代西方自由主义的代表人物罗尔斯把伦理与政治断然两分，并主张用政治价值规范伦理价值的做法，把这一困境显明地摆在了我们面前，他说："古代人的中心问题是善的学说，现代人的中心问题则是政治正义。"① 在《政治自由主义》的导论中，罗尔斯简要叙述自己的理由，他认为西方文化有一个从伦理走向政治的过程，他大致分了古希腊、中世纪和近现代三个阶段来说明。

　　在古希腊居于主导地位的是道德哲学，其历史和文化背景就是荷马史诗时代的平民宗教，在改造这种宗教的过程中，"古希腊哲学不得不为自身创造出关于人生的至善理念，这些理念对公元前 5 世纪雅典各个不同社会阶层的公民们是能够被接受的。道德哲学一直是自由娴熟的理性工夫。

---

① 罗尔斯：《政治自由主义》，哥伦比亚大学出版社 1996 年版，英文版，第 26 页。(John Rawls, Political Liberalism, Columbia University Press, New York)

……它关注的焦点是一种引人向善、理性追求我们真实幸福的至善理念"①。这就是说，古希腊道德哲学运用娴熟的理性工夫改造了平民宗教，创造了为古希腊人共同接受的关于人生的至善理念，共同的至善理念就是古希腊社会稳定的基础，用罗尔斯的话说，共同的至善观念就是古希腊人的重叠共识。

　　然后，罗尔斯把中世纪的基督教作为古希腊道德哲学向西方近现代政治哲学的一个中介加以描述。他认为，在转向现代的过程中，有三次历史的发展深刻地改变了西方主流哲学思想的性质，亦即宗教改革、现代国家的建立以及科学的发展使得西方的道德哲学走向了政治哲学。首先，16世纪的宗教改革使得中世纪的宗教统一终于分崩离析，导致了宗教多元论，并在随后的几个世纪中孕育了其他种类的多元论，至少从18世纪末到今天，多元论是西方文化的基本特征，多元论的发生与发展使得自由成为可能。其次，现代国家的建立及其中央行政管理的发展。现代政治通过适当的立宪原则设计保护基本权利和自由，并通过三权分立限制君主的绝对权力。第三，发轫于17世纪的现代科学之发展确立了理性的权威。这三次的历史发展的三个关键词就是：自由、民主、理性。

　　启蒙运动之后，西方又产生了很多的哲学学说和道德学说，其结果就是，现代社会的人因各种宗教以及非宗教的哲学学说和道德学说而产生了广泛而又深刻的分化，也就是说，人们的道德哲学各不相同，不可能像古希腊那样有共同的至善观念了，在伦理领域寻求共识保证社会稳定的可能性已经不存在了，因此必须另外找寻达成社会共识，保证社会稳定的基础，罗尔斯就应该是政治领域寻求理性共识。

　　正因为罗尔斯认为西方哲学是从伦理走向政治的，现代社会应该在政治领域寻求共识以保证社会的稳定，所以他本人的理论也经历了一个从伦理彻底走向政治的过程。在《正义论》中，伦理与政治并没有完全脱钩，这主要是指，《正义论》第三部分关于稳定性的解释，罗尔斯是靠借用休谟、密尔和皮亚杰等现代道德哲学观点来完成的。他说："要确保稳定性，人们就必须具有一种正义感，或者对那些因缺陷而处于不利状况的人的一种关爱，最好这两者兼而有之。当这些情操强大得足够制服那些违反

---

① 罗尔斯：《政治自由主义》，哥伦比亚大学出版社1996年版，英文版，第 xxii 页。

规则的诱惑时，公正的系统就是稳定的。"① 这里是由道德正义感扩展出政治正义感进而保证政治的稳定性，也就是说，这里关于稳定性的解释求助于道德哲学而不是政治哲学本身，这与全书的立场不一致。而稳定性问题又是政治哲学的根本目的，是其最重要的问题之一。罗尔斯由此开始了《政治自由主义》的思考。

《政治自由主义》关于稳定性新的解释是："稳定性包含着两个问题：第一，在正义制度（由政治正义观念界定的）下成长起来的人是否获得了正常而充分的正义感，以使他们总能服从那些制度，第二个问题是，考虑到民主的公共政治文化特征这个一般的事实，尤其是理性多元论的事实，这样的政治观念是否能够成为重叠共识的核心。"② 这就是说，稳定性不再依赖道德正义感，而是依靠政治正义感和重叠共识。为此，罗尔斯把《正义论》中道德主体转换成了《政治自由主义》中政治主体，即："作为拥有道德人格及其充分的道德行为主体之能力的个人理念则被转换为公民的理念"。③

这一转换还需要改变对人本身的基本理解，即原初状态中行为主体的特征。在《正义论》中，罗尔斯说："作为公平的正义还有一个特征，它把原初状态中的各方设想为合理的（rational）④ 和相互冷淡的（mutually disinterested）。而且合理性这个概念必须在尽可能狭窄的意义上解释，按照经济学理论的标准，解释为采用最有效的手段达到既定目标。"⑤ 罗尔斯在第 25 节中对相互冷淡的解释是："相互冷淡（有限的利他主义）"。

《政治自由主义》里面，原初状态中行为主体的特征是：理性（the reasonable）与合理性（the rational）。这两者最主要的区别是："1. 康德对绝对命令与假设命令的区分正好体现了理性和合理性的区分，前者代表纯

---

① 罗尔斯：《正义论》，哈佛大学出版社 1971 年版，英文版，第 497 页。（John Rawls, A theory of Justice, Cambridge, MA, Harvard University Press, 1971）

② 罗尔斯：《政治自由主义》，哥伦比亚大学出版社 1996 年版，英文版，第 141 页。

③ 罗尔斯：《政治自由主义》，哥伦比亚大学出版社 1996 年版，英文版，第 viii 页。

④ 合理性（rational）一词，多数《正义论》中译本将此译为理性，万俊人在《政治自由主义》的中文译本中，将 the reasonable 和 the rational 译为理性的和合理的，这是由于罗尔斯的思想发生了变化，引入了康德意义上的实践理性（reason），为了行文的一致性，这里将 rational 译为合理性。

⑤ 罗尔斯：《正义论》，哈佛大学出版社 1971 年版，英文版，第 13 页。

粹实践理性，而后者代表经验实践理性。2. 合理的行为主体在追求目的特别是他自己的利益时具有判断和慎思能力，但绝不是自私自利的，只是他们缺乏参与公平合作之基础的特殊形式的道德敏感性，这也是可以理性地期许平等他人认同的条件。3. 两者分别与不同的道德能力相联系，理性与正义感的能力相联系，而合理性与善观念的能力联系着。4. 理性是公共的，而合理性却不是。"①

在引入康德意义上的实践理性作为人的基本特征之后，罗尔斯就用政治正义感和重叠共识来说明稳定性问题，罗尔斯似乎就克服了《正义论》中对于稳定性的解释要求助于道德正义的问题，其政治自由主义价值中立的立场好像就贯彻到底了。但事与愿违，经过如此修正之后，罗尔斯不但没有摆脱了道德哲学，反而陷得更深了，《政治自由主义》中"理性"（reason）比《正义论》中的合理性（rational）的道德哲学意味更强，这个与正义感相联系的"理性"本身就是康德道德哲学的概念，而这违背了罗尔斯政治自由主义价值中立的立场，建立在文化多元论基础上的政治自由主义绝不能仅仅依靠康德的道德哲学来解决问题。可以说，尽管罗尔斯力图让政治哲学摆脱道德哲学，以适应现代文化多元的社会，但他并没有真正做到这一点。

然而罗尔斯的思想方法会导致政治脱离道德伦理，向工具化、技术化的方向发展。万俊人明确表示了自己的担忧，他说："政治脱离道德意味着政治可以成为一种纯粹技术化、工具化的公共管理技术或治理策略；意味着政治事务和政治家自身无需再受任何道德伦理的规范约束；最终当然也意味着政治可以不再需要哲学。"② 因此，必须寻找重新连接伦理与政治的新办法，东西方的学者都在为此进行积极探索，在此背景下兴盛起来的西方美德伦理学就是这样一种尝试。

二　新进展：削薄与加厚

伦理与政治的关系用中国文化传统的说法就是内圣与外王的关系。以

---

① 罗尔斯：《政治自由主义》，哥伦比亚大学出版社 1996 年版，英文版，第 50—56 页。
② 万俊人：《政治如何进入哲学》，《中国社会科学》2008 年第 2 期，第 22 页。

牟宗三为代表的新儒家主张内圣开出新外王，其办法就是"良知坎陷"。牟先生把分为道德理性（实践理性）和观解理性（理论理性），他认为要开出民主政治，就必须"由动态的成德之道德理性转为静态的成知识之观解理性。这一步转，我们可以说是道德理性之自我坎陷（自我否定），在此一转中，观解理性之自性是与道德不相干的，它的架构表现以及其成果（即知识）亦是与道德不相干的。因此遂有普通所谓'道德中立'之说。"①

与罗尔斯政治自由主义的政治本位不同，牟先生的"良知坎陷"坚持道德理性的伦理本位。有意思的是，他们都借用了康德的实践理性，都承认伦理和政治是相对独立的，因而也都认可政治领域的价值中立。目前这两种思路都有了新进展。

借用罗尔斯的洞见并继续牟先生思路的白彤东认为："晚期罗尔斯的洞见在于他认识到要让多数人认可民主，对民主就不能只有一种（基于某种形而上学的教义的）解读。因此，儒家用不着非要基于认定民主与人权就要接受个人主义这个假设，从而因为排斥个人主义而排斥了民主与人权。儒家可以在不背离本身的基本观念的情况下对民主与人权有一番与当今通行解释不同的解释。"② 白彤东的思路就是，儒家在接受薄版本的自由民主之后，就可以对自由民主给出自己的解释，丰富和发展自由民主。所以白彤东进一步指出，孔氏中国关于民主制与精英制的混合政体可以修证现实民主政治的世俗化倾向。这个思路的问题是，尽管正义的政治环境的确有益于人类的德性培养，但无论如何政治的道德根基绝不在政治本身，仅靠政治手段去解决民主政治的世俗化倾向将收效甚微。

在中国文化由传统走向现代的过程中，有了如心性儒学、政治儒学、生活儒学、文化儒学、制度儒学等种种标签，呈现了综合创新的局面，安靖如（Stephen C. Angle）把这样的现象看成是儒学进步的表现，并给出了他自己的新标签：进步儒学（Progressive Confucianism）。

安靖如认为伦理与政治的基本关系是："政治价值必须植根于伦理，

---

① 牟宗三：《政道与治道》，桂林：广西师范大学出版社 2006 年版，第 50 页。
② 白彤东：《旧邦新命——古今中西参照下的古典儒家政治哲学》，北京：北京大学出版社 2009 年版，第 28 页。

且又独立于它；伦理价值须被限制于政治领域的范围内，且最终服务于这种关系。"① 这就是说，安靖如基本上延续着罗尔斯理路，政治价值优先，伦理价值要受政治的限制，这就是为什么安靖如的进步儒学要将牟宗三伦理本位的良知坎陷改造为政治本位的"自我坎陷"（self‐restriction）。他说："'自我坎陷'观念给了我们一个出发点，据此理解伦理意识和政治意识可以怎样相互关联。进步儒学认为，只要人类还是人类，虽可完善、但仍会犯错误，那么对于我们的理想来说，经由宪法、法律、权利和民主进程的自我坎陷就仍然是至关重要的。"②

　　但与罗尔斯不同的是，安靖如主张政治价值必须植根于伦理，而且伦理与政治并不是直接连接的，因此，他特别强调，伦理与政治之间应该以"礼"作为中介，因此，他给出了一个"德—礼—政治"（Virtue‐Ritual‐Politics）的三角结构。这显然是受到麦金太尔（Alasdair MacIntyre）的启发，在德性和法律之间加入了一个中介，因为麦金太尔说："德性与法律之间还有另一种关键性的联系，因为只有那些具有正义德性的人才可能了解怎样运用法律。"③ 但问题是，"礼"能够作为伦理与政治的中介吗？

　　安靖如认为：礼既不是伦理也不是法。他说："伦理规范高度特殊，源于个人平衡而有德行的，与一种特殊情境有关的所有价值观念。政治规范包含法律、民权与人权，它们被编成公开法典来作为裁定依据，由国家权力支持其落实。礼的规范比伦理规范的可法典化程度更高。礼的关键方面之一在于它们为我们的相互交往提供一种便易的'缩写形式'。然而礼的根据和实施不是国家，而是社会，并且礼通常应用于许多私人语境，政

---

① 安靖如：《走向进步儒学的当代儒家政治哲学》，政治出版社 2012 年版，英文版，第 33 页。（Stephen Angle：Contemporary Confucian Political Philosophy Toward Progressive Confucianism. Polity Press 2012）

② 安靖如：《走向进步儒学的当代儒家政治哲学》，政治出版社 2012 年版，英文版，第 142—144 页。

③ 麦金太尔：《追求德性》，Alasdair MacIntyre：After Virtue, the University of Notre Dame press 2007，third edition，p. 152。参见龚群等的中文译本，中国社会科学出版社 1995 年版，第 192 页。

治规范在这里只作为最后手段介入。"①

黄玉顺先生指出："最广义的'礼'则泛指所有一切社会规范及其制度，其所谓的'礼'涵盖了所有一切方方面面的社会规范及其制度安排。"② 当然这并不意味着安靖如不可以作出新的解释，从同情理解的角度出发，"德—礼—政治"的结构有个人（伦理）、社会（礼）、国家（法律）三个层次，看起来还是很有道理的，但问题是，在伦理与政治之间并不存在安靖如所希望只能运用"礼"这样的空间。

尽管安靖如"德—礼—政治"难以成为相互平衡又独立支撑的三角，但是，我认为进步儒学在方法论上有两点值得借鉴，这首先是其"有根的全球哲学"（rooted global philosophy）。安靖如认为，有根的全球儒学意味着："在一个特定的活的哲学传统中工作，因此它是有根的，同时这样的工作又是在一种对来自其他哲学传统的促进因素（stimulus）和洞见保持开放的方式之中进行，所以具有全球性。像牟宗三这样的新儒家们就是有根的全球哲学家，他们借鉴来自全球各部分的促进性观念，寻求以某些建设性的方式来发展他们的传统。强调有根的全球哲学，并不是要将我们的终极汇聚点（ultimate convergence）放在某种单一的哲学真理上面。"③ 这就是说，哲学的有根性就在于哲学植根于传统，哲学的全球性在于不同哲学传统在互动中发展，安靖如并不期望源自不同传统的哲学会汇聚在单一的终极真理上。这一方法强调了哲学的传统性与互动性，有利于创新，有利于文明对话，也有利于多元文化背景下寻找连接伦理与政治的新办法。

其次与白彤东一样，安靖如同样区分了价值的"薄"和"厚"，也采取先削薄再加厚的办法。其"自我坎陷"的前提要求薄版本的儒家伦理，以接受当代政治哲学的"人权""民主"等话语，然后以坎陷的方式对传统儒家伦理进行加厚。安靖如自己说，他的这一方法得益于迈克·沃尔

---

① 安靖如：《走向进步儒学的当代儒家政治哲学》，北京：政治出版社2012年版，英文版，第136—137页。

② 参见黄玉顺：《中国正义论纲要》，《四川大学学报》（哲学社会科学版），2009年第5期。黄先生将"礼"界定为泛指一切社会规范（包括伦理规范）。

③ 安靖如：《走向进步儒学的当代儒家政治哲学》，北京：政治出版社2012年版，英文版，第9页。

茨，他说："道德与文化实在太富有动态性了，因此厚实与单薄的区别应
该成为我们工具箱中的工具。而不是提供一个唯一的解决方法。"① 应该
说明的是，罗尔斯所采用的方法正是先削薄自由主义的政治价值，以求得
人们对基本正义原则的普遍认同，然后再逐步加厚，只不过，罗尔斯仅仅
局限于政治哲学领域，而不曾尝试这样的方法其实也可以应用到道德哲学
上，去求得人们的伦理共识，并以之作为政治哲学的伦理支撑。

三　新的可能

有没有一种新的连接伦理与政治的可能呢？下面通过先秦儒家仁义礼
的思想结构来做一下分析。笔者曾指出："关于仁义礼三者之间的关系，
孟子和荀子的看法是基本一致的。他们都认为仁是本，礼是末，义则是起
一种内外勾连的作用。这表明，儒家的正义思想是以仁爱思想为根据的，
落实到礼仪制度层面。"② 当然在文化多元论的背景下保证仁义礼这一思
想结构的普遍性还需要对此作出新的阐释。

新的阐释要求首先削薄对仁的解释，在儒家对仁丰富多彩的解释中取
其最薄的版本，那就是仁者爱人。在儒家思想体系中，对这个薄版本是有
共识的，而且这个解释也应该可以取得各个宗教以及非宗教的道德伦理学
说的共识，孔汉思（Hans küng）等人倡导的全球伦理运动可以支持这样
的看法，1993 年芝加哥世界宗教大会上，《全球伦理宣言》得到多个宗教
团体与领袖的支持与签署。确认了所谓的伦理金律，其西方的表达方式为
"爱人如己"，中国学者表达为："己欲立而立人，己欲达而达人"。

有了"仁者爱人"这个最薄版本的伦理原则作为基础，再来处理伦
理和政治的关系也许就不再那么困难，下面还是借罗尔斯的理论来说明这
个问题。罗尔斯政治哲学的思想结构可说是"（模态的）人—义—礼"，

---

① 安靖如：《人权与中国思想——一种跨文化的探索》，中国人民大学出版社 2012 年版，
第 17 页。

② 参见石永之：《论儒家正义思想是形成》，载拙著《中国文化的再展开》，安徽人民出版
社 2012 年版，第 56 页。这一传统的观念框架有新的拓展，黄玉顺先生依据生活儒学提出的中国
正义论认为："正义的观念框架应该修订为：仁—利—智—义—礼。"参见黄玉顺：《中国正义论
纲要》，《四川大学学报》（哲学社会科学版）2009 年第 5 期。

即先模态的人确立正义原则然后进行制度设计，其实罗尔斯在《正义论》与《万民法》中都考虑过这个问题，即把仁爱与同情纳入到其政治哲学的体系之中，当然他所理解的仁爱与同情是休谟、密尔等英美经验主义的解释，这是薄版本的仁者爱人完全能够接纳的。

上面已经说过，在《正义论》中，原初状态的人有合理性和有限利他两个特征。而利他本身就是仁爱与同情的反映，而在第 75 节他又用到的心理学的三原则来说明人是如何获得道德正义感的。三原则简单说来就是，家庭教育培养孩子爱的情感，这种同情能力进一步发展对他人的友好与同情，最后，当这个人认识到他及其所关心的那些人都是社会的受惠者时，就会获得相应的正义感。

在《万民法》中罗尔斯指出自由人民的三个基本特征是：一个合理公正的宪政民主政府是服务于他们的基本利益的；公民们由密尔所说的"普遍的同情（common sympathies）"联合起来；最后有一种道德本性。第一点是制度特征，第二点是文化因素，而第三点则要求有拥护一种政治（道德）的正当和正义的坚定信念。[①] 这里罗尔斯直接把"普遍的同情"以及道德本性作为国际法中原初状态的人民的特征。

那么罗尔斯又为什么不用仁爱或者更容易为各方所接受的爱来为其正义原则奠基呢？这是因为，他认为，仁爱不能很好地解决利益分配的问题，他说："现在看起来，两个正义原则与古典功利主义相比似乎是相对更合理一些的选择，后者不再是自然的优先选择，这表明把许多人融合成一个人的确是古典观点的一个根本特征。为什么选择环境模糊的原因是爱和仁爱是次级概念：它们寻求推进已经被给定的被爱者的利益，如果这些利益的要求相抵触，仁爱就不知所措了，至少把这些个体分别对待的情况下是如此。"[②]

罗尔斯这里的问题是，把仁爱原则直接当成了政治层面的利益分配原则，很显然仁爱原则不是正义原则，更不必用仁爱原则来进行直接的利益分配，但仁爱原则会支持自由原则与平等原则，尤其是差别原则。仁爱原

---

① 罗尔斯：《万民法》，哈佛大学出版社 1999 年版，英文版，第 23 页。（John Rawls, The law of peoples, Cambridge, MA, Harvard University Press, 1999）

② 罗尔斯：《正义论》，哈佛大学出版社 1971 年版，英文版，第 181 页。

则最重要的作用在于说明道德正义感的来源，并以此保证社会的稳定性，这也就是罗尔斯《正义论》第三部分所做的工作。

当然罗尔斯担心是，爱的情感涉及伦理学尤其是宗教伦理的问题，这可能危及自由主义价值中立的政治主张，但是他没有想到的是，可以用一个薄版本的仁者爱人来解决这个问题，只需要各种宗教以及非宗教的道德伦理学说认可"爱人"这一基本原则就可以了，而这些学说关于"爱人"丰富多彩的厚版本的解释可以在后面的阶段里面纳入进来，尤其是在第四个阶段关于规范的实施与运用中考虑它们的诉求。

罗尔斯更担心的是宗教战争的危险，这是西方政治的历史教训。但是宗教战争的危险应该说已经不存在了，因为政教合一已是明日黄花，基督教也早已变成宽容的宗教，并开启了西方的现代自由思想，基督教对社会消极作用已成为过去，现在需要包括基督教在内的各大宗教以及非宗教的道德学说拯救灵魂避免现代民主的世俗化倾向，并且各个国家都不同程度地存在道德滑坡的问题，而道德滑坡对社会的危害是不言而喻的。

这就需要把与伦理相关的宗教和非宗教的道德学说纳入我们的视野，发掘其中特定的伦理价值以发挥其积极作用。然而罗尔斯等现代自由主义者主张"价值中立"，这是为了确保政治自身价值的优先性和普遍有效性，所以他们需要用政治价值规范伦理价值，罗尔斯说："宗教和哲学的历史表明，有很多理性的方式去理解更宽广的价值领域，认为它与政治正义观念具体规定的特殊政治价值领域，要么相互一致，要么支持它，至少不会与之相冲突。历史告诉我们不存在一种非理性的完备性学说的多元性。"[①] 罗尔斯这种用政治价值规范伦理价值的做法，会使得伦理价值失去自己独立发挥作用的空间，也会导致政治向纯粹技术化的方向发展而最终失去道德支撑。

综上所述，如果用儒家仁义礼的思想结构取代罗尔斯的"（模态的）人—义—礼"结构，就可以把伦理价值和政治价值连接起来，在伦理与政治之间形成一种平衡互动关系，既拒绝像政教合一那样要求伦理规范政治的诉求，也可避免政治规范伦理脱离道德的危险，伦理与政治各守其

---

① 罗尔斯：《政治自由主义》，哥伦比亚大学出版社 1996 年版，英文版，第 140 页。参见中译本 148 页。

位、各安其分、各擅胜场。这需要两个环节。首先，政治哲学接受薄版本的仁爱和同情，伦理价值就能顺畅地发挥作用，政治就不会失去道德支撑；其次就是像罗尔斯所主张和证明的那样，各种宗教以及非宗教的道德学说都接受薄版本的自由民主。

内圣外王的重新诠释

一　传统诠释的问题

内圣外王出自《庄子·天下篇》："是故内圣外王之道，暗而不明，郁而不发，天下之人，各为其所欲焉，以自为方。"这是说，当时的天下学术，诸子百家都有自己的内圣外王之道，老子抱朴守真而小国寡民，庄子齐物逍遥以应帝王，墨子天志兼爱而尚同非攻，韩非子则试图武力一统天下。原始儒家中，孔子克己复礼希望天下有道，孟子达则兼济天下，荀子化性起伪，而对中国文化影响最大的内圣外王之道则简明扼要地体现在《大学》这个文本中，其文如下：

> 古之欲明明德于天下者，先治其国，欲治其国者，先齐其家；欲齐其家者，先修其身；欲修其身者，先正其心；欲正其心者，先诚其意；欲诚其意者，先致其知，致知在格物。物格而后知至，知至而后意诚，意诚而后心正，心正而后身修，身修而后家齐，家齐而后国治，国治而后天下平。自天子以至于庶人，壹是皆以修身为本。

这里的"格物、致知、诚意、正心、修身、齐家、治国、平天下"八个条目被视为实现儒家"内圣外王"之道，其中格物、致知、诚意、正心、修身被视为内圣之事，而齐家治国平天下则被视为外王之业。

儒家的内圣外王思想聚焦于《大学》，是一个由汉到宋不断阐释的结果，汉代学术是五经为重，宋代则演变为四书五经，四书在五经之前，而朱子将《大学》置于四书五经之首，以为儒学之纲领。朱子学长期居于正统地位，并被用来科举取士，于是这一阐释被历史凝固下来直至近代。

《大学》的内圣外王之道是为了适应传统农牧业社会的宗法血缘结构而成，它以内圣为根基，用格致诚正的一套道德教义培养帝王及储君，教育士君子，然后齐家以化民成俗，最后达到国治天下平的政治效用。由此可以看出，齐家是内圣外王的转换点。

为什么齐家在《大学》的内圣外王之道中有这么重要的意义呢？这是因为，秦汉郡县制以来，中国社会的结构基本是三层夹心饼式的结构，皇族在顶层、成千上万的家族构成了社会底层，夹在中间则是流动的官吏体系。郡县制体系基本治不下县，社会底层由乡绅、族长对各自家族进行自我管理，极大地节省了社会的管理成本。皇族由打天下来决定，中间层的官吏则是选举，从举孝廉到最后定型的科举制。在这样的结构中，不变的是家族，流动的是官吏，皇帝家族的更替则需要流血牺牲的改朝换代来完成。

在这样夹心饼式的社会结构，家族首先是人们的生活单元，也是生产单位，同时也是基本政治单元，因此政治就必须维系家族的存在。孟子曰："为政不难：不得罪于巨室。巨室之所慕，一国慕之；一国之所慕，天下慕之。故沛然德教，溢乎四海。"（《孟子·离娄上》）所谓巨室就是大家族，维系了家族的存在，就维护了社会的稳定。所以齐家就是内圣外王之间一个重要的环节。"所谓治国必齐其家者，其家不可教而能教人者，无之。故君子不出家而成教于国。孝者，所以事君也；弟者，所以事长也；慈者，所以使众也。"（《大学》）

《大学》的内圣外王应用于皇权时代，儒家的一个主要任务就是教育帝王，也就是做帝王师，在某种意义上，《大学》就是皇权时代儒家的帝王术。《大学》这个文本的主要目的是很清楚的，那就是教导培养帝王的德性。固然《大学》也说："自天子以至于庶人，壹是皆以修身为本"，但其主要对象应当是帝王，格致诚正、修齐治平被用来教导帝王以及储君在皇权时代是有其效用，也是合乎时宜的，而一般的庶人则做到齐家也就够了。

之所以如此，是因为《大学》看到最高政治权力对政治的重要性。《大学》有言："一家仁，一国兴仁；一家让，一国兴让；一人贪戾，一国作乱，其机如此。此谓一言偾事，一人定国。尧、舜率天下以仁，而民从之；桀、纣率天下以暴，而民从之。其所令，反其所好，而民不从。"
在《大学》文本的结尾处有："国家不以利为利，以义为利也。"《大学》
无疑是将国家的治与乱主要归于帝王的德性以及所发挥的示范作用。

　　由此可知，《大学》对儒家内圣外王之道的解释已是明日黄花，内圣
外王需要重新诠释，这是因为政治结构、文化结构和社会结构都已经发生
变化。首先说政治结构的变化，辛亥革命成功地用民权取代了皇权，帝王
时代已经结束了，帝王术也就没有用武之地。其次是文化结构的变化，全
球化浪潮使得各个国家的文化都变得多元，儒家的新内圣必须应对文化
多元。

　　最后，更为根本的变化是，传统的家族式社会结构已经解体，传统的
家庭，夫唱妇随，男耕女织，生产与生活统一，而今的家庭不再是基本的
生产单位，而只是基本的生活单元。更重要的是，传统的家族解体，血缘
加地缘的社会基本结构也基本解体，家族也不再是政治的一个最基本的层
级结构。

　　传统的齐家既关乎伦理，也关乎政治，对帝王尤其是如此。而今天的
政治人物无须在家庭与国家之间艰难抉择。反过来说，今天的政治已经基
本摆脱了家庭伦理的纠缠，夹心饼式的政治模式已经被彻底打破。工业化
将家族离散为独立的个体，现代政治需要适应工业化社会中独立生存的个
体，民主和法制思想即建立在保障个体权利的基础之上。

　　西学东渐以来，新儒家力图重新解释这一传统，主张内圣开出新外
王，而新外王就是科学和民主。其基本趋向是政治革新，以民权取代皇
权，而伦理固守儒家伦理本位。这一解释囿于时代局限存在一些问题，因
为科学和民主这样的新外王不是儒家伦理学所应该解决的问题，西方的民
主政治也不是从基督教的宗教伦理中发展出来的，民主制度是在对教会制
度的批判之中发展起来的。也就是说，西方民主政治建立在政教分离，即
政治与道德伦理分离的基础之上的，这就是说，内圣无须开出新外王。

　　就伦理层面而言，如果固守儒家伦理本位则必然要判教，第二代新儒
家确实也做过这样的工作，但判教必然会引起其他宗教的不满，引发其他
宗教对儒家内圣思想的批判，进而波及儒家的外王思想。同时，固守儒家
伦理本位也无法应对文化多元，今天不可能让佛教徒、天主教徒、基督教
徒以及伊斯兰教徒都认同儒家伦理，也违背了人类付出巨大代价才获得的

宗教信仰自由的共识。实际上，原始儒家的内圣之学本来就不是一元论立场，儒学产生之初就是与道家相互吸收、相互补充、相互颉颃而发展的，佛教进入中国之后，中国社会长期是儒释道三教并存的。

关键的问题是，中国社会的结构已经发生根本性变化，家族已经退出历史舞台，此为中国两千年未有之大变局，这将从政治和伦理两个方面对中国社会发生深刻的影响。家族退出政治舞台，中国已经没有了皇帝家族，取而代之的是民权社会；社会底层的家族正在被彻底解构，家族伦理自然会随之退出历史舞台，取而代之的是核心家庭伦理和公民社会的规则伦理，规则伦理依靠人们对规则的尊重和遵守，这是现代社会转向法治的根本原因。这也就是说，中国文化从内圣到外王都需要全面的变革。新内圣需要去家族伦理而保留核心家庭伦理，外王则需要中国社会逐步走向民主和法治。

二　内圣新诠

儒家新内圣有三点是需要革新的，那就是稳固核心家庭伦理、发展规则伦理和重建新儒教。稳固核心家庭伦理可以在保留儒学自身特性的前提下矫正极端个人主义之失，发展规则伦理是现代公民社会之必须，重建新儒教可以救正信仰缺失之弊端。

先说核心家庭伦理。伦理学可以说是研究人际关系的学问，儒家处理人际关系的根本出发点就在于仁者爱人。而仁爱情感的培养最开始的地方就是家庭，核心家庭是培养仁爱情感的发端处，儒家新伦理仍然首先强调家庭伦理，孝为仁之本，百善孝为先。父慈子孝、夫妇和睦的基本人伦在核心家庭里面仍然是必须的。家庭是人类各个文明到目前为止的共同选择，如果没有在家庭里从孝悌开始的道德情感的培养，那么人类恻隐仁爱的普遍性人际情感又从何处生根？

其次是规则伦理。核心家庭是人生活的主要空间，五伦的人际关系也都是熟人关系。现代社会如何处理陌生人的问题显得更为重要，现代儒家伦理应以一体之仁对一切人，即一视同仁，以恻隐仁爱之心对待所有人。

儒学的根本在于仁者爱人，当然新的儒家伦理学还必须涉及"泛爱众"的问题。在农业社会所形成的宗法血缘社会被解构之后，今天的人类打开家门即是社会，三纲之类传统的家族伦理已经不适应现代社会。古代中国，荣也家族，罪也家族，荣则光宗耀祖，罪则株连九族，家族伦理的社会基础已经不再，家族将自然消解，逐渐退出中国人的社会生活，需要形成新的伦理规范。

在现代社会，遵守社会规则就是处理人伦关系。在坚守儒家美德伦理的基础上，还需要积极发展规则伦理。发展并遵守规则伦理是儒家新伦理的主要任务，虽然西方的规则伦理经过几百年的发展已经呈现了某种疲态，出现了为规则而规则的情况，兴起了美德伦理的浪潮。但是中国社会的规则伦理却是方兴未艾。

第三，儒家新内圣需要新儒教重建信仰，西方启蒙文化逐次除魅的过程，也是众神渐行渐远的过程，信仰逐步缺失，道德逐步下滑，此种情况在今日之中国，其害尤烈。启蒙的哲人原本打算用理性的宗教取代信仰的宗教，但是，理性的宗教无法说明圆善问题，也就是不能用理性来说明做好人何以有好报，因此，也就不能很好地劝善，而劝善是宗教主要的伦理学任务。同时，启蒙文化也说明，信仰的宗教可以做理性的阐释，而且今天的宗教也必须能够得到理性的解释，以避免宗教狂热。重建的新儒教应该是比传统宗教更理性，剔除传统宗教中带有迷信色彩的东西，新儒教应该比极端的理性主义更注重信仰，强调德性天道的超越性。就此而言，在未来社会，儒家思想也许是最适合重建信仰的思想流派之一。

新内圣需要在终极关怀处神道设教。把理性能够解释的交给科学和政治，把关于终极关怀的部分交给宗教。子夏从孔子那里听说的"死生有命，富贵在天"表明，儒家的内圣之学是基于上天德性的信仰，西周时候，"皇天无亲，惟德是辅"就已经表明。孔子对天的信仰是很明确的，孔子说过："天生德于予，桓魋其如予何？"（《论语·述而》）"文王既没，文不在兹乎？天之将丧斯文也，后死者不得与于斯文也；天之未丧斯文也，匡人其如予何？"（《论语·子罕》）"不怨天，不尤人。下学而上达。知我者其天乎！"（《论语·宪问》）

天赋予人德性者，即是天命。孔子曰："君子有三畏：畏天命，畏大人，畏圣人之言。小人不知天命而不畏也，狎大人，侮圣人之言。"（《论语·季氏》）"五十而知天命。"（《论语·为政》）"不知命，无以为君子也。"（《论语·尧曰》）

这也就是说，新儒教首先重申孔子关于德性天道具有超越性的思想，并与孟子、宋明理学以及新儒家发展出来的心性学相结合。其次，新儒教的主要对象是社会大众，传播方式以道德讲堂等形式进行，传统儒家的"仁、义、礼、智、信"等主要观念在民间有深厚的土壤，是中华民族的深层心理积淀，易于为中国民众接受。新儒教在民间传播的主要目的是社会教化，因此也可以称为民间儒教。第三，新儒教是不干涉政治的儒教，儒教所要解决的显然只是伦理而不是政治问题，儒教应该远离政治，这也可以说是儒家的政教分离。同时，这也意味着儒家和儒教一定程度的分离，儒教治伦理，儒家管政治，道家和道教也有如此相类的分化可资借鉴，而历史的角度看，儒家这样的分化实际上就已经存在。

三　外王新诠

新外王所要解决当然是民主的问题。这就首先必须分析中华民族近一百多年的政治实践，维新变法，君主立宪归于失败，辛亥革命之后，清帝逊位，民国建立，最后是共和国的建立。中华民族开始了艰难的民主之路。

民主的理念是伴随着现代民族国家观念一起进入中国的，这时的世界是殖民主义、帝国主义盛行的时代，流行的是弱肉强食的丛林法则，救亡图存是优先的考虑，而要救亡就必须首先建立统一而强大的现代民族国家。辛亥革命之后的中国，军阀割据，四分五裂，这是当时中国弱而又不能图强的政治原因。而中国的政治现代化所完成的正是这一步，启蒙以来，西方社会都是集权主义建立现代民族国家，而后进行民主改革，建立民主法制国家，中国也不可能例外。

中国民主政治举步维艰的第二个原因是，中国社会底层的家族直到最近几十年才开始解体，中国的公民社会才开始形成，只有家族结构在人们政治生活的影响逐步消除，人们才能够真正体会到人人平等的重要性，体会到民主和法治的重要性。从世界范围内民主政治的进程来看，现代民主伴随着工业化的产生而产生，伴随工业化的发展而发展的，因为工业化生产解构了与农牧业相适应的以血缘与地缘为特征的家族式社会底层结构，寄寓于农牧业家族的人群离散为工业社会中独立生存的无依无靠的个体，这样的个体只有依靠法律才能保障自身的生命权和财产权，民主与法制也只有在这样的社会条件下才能发展完善。

基于以上原因，儒家新外王首先是天下主义。就目前的世界格局而言，中国的政治道路需要舍国家主义而就天下主义。随着中国的强力崛起，中国人的民族自信心和文化自信心都开始逐步确立起来，中国应该按照自身悠久的文化传统来发展自己的民主政治，中华民族原本有着天下主义的传统，孔子主张和而不同、悦近来远，孟子反对以邻为壑，墨子主张兼相爱交相利与非攻。

天下主义的中国奉行君子外交而非警察外交。君子动口不动手，君子外交第一义就是坚持"非攻"立场，也就是不以任何名义发动侵略战争，墨子最先认识到战争的破坏性，所以他说："当若繁为攻伐，此实天下之巨害也。"（《墨子·非攻下》）两次世界大战更是让人类看到了现代战争的残酷与惨烈，现代战争的破坏性巨大、杀伤力巨大且代价高昂，已经无任何战争红利可言，而且在极端的国家主义、民族主义的亢奋情绪下，谁也不敢保证，局部的冲突就一定不会导致毁灭性的核战争的爆发。

中国的和平崛起只能从天下主义的立场来说明，视中国崛起为世界威胁的"中国威胁论"，是一些人依据目前仍然流行的国家主义立场来看待问题的。这需要从理论上分析并批判国家主义的谬误，确立天下主义的全球正义理论。就现实而言，今天的世界呈现一种单极化态势，中国的崛起可以让世界向均势化的方向发展，世界力量的均衡，可以让某些国家狂热的民粹主义平静一些，不再轻而易举地以武力的方式兜售他们的政治立场和政治观念。

就国内政治的发展趋势而言，中国也应该舍国家主义而就天下主义。中华民族是为了救亡而被迫走上国家主义道路的，在中国已经建立起了强大而统一的现代民族国家，存亡危机已经解除之后，就应该回归自身传统的天下主义。持天下主义立场的国家，应当是一个有示范效应的国家。这样的国家是一个人人平等国家，不会因为种族、民族、性别、年龄而歧视任何人，只有这样的国家才能够悦近来远。天下主义的国家是一个自由的国家，人们可以自由贸易、自由迁徙。天下主义的国家是一个法治国家，以保障人们的平等与自由。

纵观东西方近代史，在民族国家发展现代工业的起始阶段，集权主义的政治结构是必须的，但在发展以及成熟的阶段，也是需要逐步加以改变的。贫弱的中国，工业基础薄弱，需要用国家集权主义的方式集中财力以完成资本的原始积累，发展工商业，尤其是发展军事工业以保卫自身安全。中国现代工业基础的建立，现代科研体系的建立，尤其是"两弹一星"的成功都有赖于此，在一定意义上，集权主义以计划经济的方式管理经济是有特定的历史合法性的，但是，当这一历史任务完成之后，就需要进一步让经济回归社会，以形成能够激活社会创造活力的市场经济，中国自 1978 年以来的改革开放正是顺应了这一现代社会的发展逻辑。

其次，儒家的新外王应当是平等自由主义，也就是平等优先而自由随之。平等的理念是政治哲学的理论起点，却又最容易在政治实践中迷失的东西。而自由是在法律确立之后才有自由可言，没有法律则难言自由。

西方启蒙文化以自由、平等、博爱为旗帜，是西方人现代民主发展的历史顺序，并不是一个理论上的逻辑顺序。西方人因残酷的宗教战争之后，达成了宗教信仰自由的基本结论，而后是言论自由、思想自由，但仅仅有自由是不够的，美国以自由立国，可是种族歧视的问题一直挥之不去，直到现在才基本实现了法律层面的平等，而在民间也不能说其消极影响已经完全消除。

平等优先的第一个原因是，平等是政治哲学的逻辑起点，从政治哲学的角度说，天赋人权、人人平等，平等的个人达成共识、缔结信约，制定宪法和法律，然后依法行政。民主政治的要义就是主权在民，西方人用契约论来说明其主权在民的政治哲学原理，在契约论的背后有一个政治权力的分解综合理论，由政治权力体现国家的意志，被分解为权力机制要素和权力元素，权力机制要素是一套行政机构及其运作，而真正的权力元素就是个人意志。政治权力首先是从下自上的认可，然后是自上而下的权力运作。

平等优先的第二个原因是，平等的政治实践最为困难，平等最容易迷失。平等的人需要形成不平等的政治权力结构，无论何种制度的政治结构都是金字塔式的结构，这样结构一旦形成，处于优势地位的人极容易践踏平等。同时现代社会的生产方式，各种生产要素都参与到分配体系之中，使得贫富悬殊随处可见，公平很难实现。

就中国传统而言，孔子"有教无类"的教育理论与实践开创了平等的先河，拉开了人类追求平等的序幕，孟子"人皆可以为尧舜"，荀子"涂之人可以为禹"，从理论上，确立了人人平等的思想基础，而法家也主张平等："宰相必起于州部，猛将必发于卒伍"（《韩非子·显学》），仅仅有平等是绝对不够的，平等理念是需要持续不断地加以维护的，政治权力的金字塔结构容易经常侵犯平等，这是需要言论自由，尤其是学术自由加以维护。中国需要以平等观念积极推进政治民主，构建现代法治社会，没有学术自由，思想就会贫乏僵化。没有言论自由，就听不到民间的声音，难以明察政治的成败得失，兼听则明、偏信则暗是政治哲学的铁定规律。

第三，新外王的民主政治以仁爱共识为基础。

西方政治哲学的发展有一个伦理与政治的断裂，这正如罗尔斯所说："古代人的中心问题是善的学说，而现代人的中心问题是正义观念。"[1] 这一断裂是从马基亚维利开始的，他批评古希腊的政治哲学说："许多人曾经幻想那从未有人见过更没有人知道曾经在哪里存在过的共和国和君主国，可是从人们实际上怎样生活到应当怎样生活距离是如此之大，以至一个人要是为了应当怎样而忘记了实际怎样，那么他不但无法生存，而且会自取灭亡。"[2] 古希腊的政治哲学是一种乌托邦式的理想，而不具有可操作性。由此开始，西方文化的主流由伦理转向政治。

自由主义一直是西方政治哲学的主流，罗尔斯认为："政治自由主义的问题是：一个由自由而平等的公民——他们因各种合乎理性的宗教学说、哲学学说和道德学说而产生了深刻的分化——所组成的稳定而公正的社会之长治久安如何可能？这是一个政治的正义问题，而不是一个关于至善的问题。"[3] 为了解决政治正义而不是伦理至善的问题，罗尔斯说："为了发挥其政治角色的作用，公民被看作是具有适合这一角色的理智能力和道德能力。诸如，由自由主义观念所给定的一种政治的正义感的能力和一种形成、遵循和修正其个体善学说的能力，还有他们具有维持正义的政治

---

① ［美］罗尔斯：《政治自由主义》，万俊人译，南京：译林出版社 2000 年版，第 26 页。

② ［意］马基亚维里：《君主论》，张志伟等译，西安：陕西人民出版社 2001 年版，第 92 页。

③ ［美］罗尔斯：《政治自由主义》，万俊人译，南京：译林出版社 2000 年版，第 13 页。

社会所需要的政治美德能力"。① 这就是说，罗尔斯假定公民具有政治正义感的能力，同时还假定公民具有政治美德的能力。

政治正义感和政治美德能力是在政治生活中时刻发挥作用的能力，怎么能够仅凭假定来敷衍了事呢？它们必须从理论上得到说明，明确其来源，并时时培养这样的能力。这一点罗尔斯不可能不明白，只是他囿于西方的文化传统而不能突破罢了。

西方世界有长期政教合一的历史，其间还导致过残酷的宗教战争，宗教信仰自由是西方人用无数生命和鲜血换来的，这也是西方人特别珍视宗教信仰自由，以及更高意义上的自由主义大行其道的原因。所以西方人在各种宗教信仰中主张价值中立，不立国教。但是价值中立会导致政治向工具化、技术化方向发展，而最终形成无伦理支撑的政治。

而中国没有过宗教战争的历史，也没有西方意义的政教合一，历史上，中国人的宗教信仰自由很少受到限制，长期以来，就是儒释道三大宗教并存，多种宗教信仰任人选择。依据中国文化传统，可以对伦理与政治断裂问题提出不同解决方案。那就是，新外王不持价值中立的立场，而是希望就仁者爱人达成伦理共识。世界伦理运动表明，各宗教伦理可以基本形成仁爱共识，以之为政治的伦理支撑，同时，可以相信各大宗教都能够培养德性君子，为政治提供人力支持。

因此，儒家新外王以仁爱共识为政治哲学的伦理支撑，各大宗教伦理培养德性君子，为政治提供人才资源。以人人平等为政治哲学的逻辑起点，平等的个人缔结信约，制定宪法和法律，并依法行政，以宗教信仰自由保障政治的伦理支撑，以思想自由、言论自由为平等保驾护航。简言之，儒家新外王的关键词就是仁爱、平等、自由。

四　内圣外王的新连接

今天人类面临着一个多元与统一的问题，文化多元，宗教多元，人们有不同的伦理行为规范以及不同的思想信仰，可是人们又必须生活在一个

①　［美］罗尔斯：《政治自由主义》，万俊人译，南京：译林出版社 2000 年版，第 33 页，引用时做了修改。

统一稳定的政治秩序的社会里面。道德伦理和宗教信仰属于内圣的范围，而政治秩序则属于外王的范围。也就是说，现代社会面临的现实是内圣多元而外王则需要统一，固守内圣外王的统一或者内圣开出新外王，都是强调儒家内圣唯一性，这种做法显然都是不合时宜的。

伦理道德与人们的宗教信仰有着千丝万缕的联系，而人类的宗教信仰多种多样，今天没有人能够把多元的宗教统一起来，即使存在这种可能，那也是在遥远的未来。宗教信仰自由也是今天人类的共识。而且事实上，各大宗教都能够培养德行君子，各大宗教都为人类的文明发展作出过自己的贡献。

儒学真正的特色并不在于其内圣独特性，而在于儒学内圣外王的结构是具有普适性的。儒学的生命力就在于其内圣不离外王的思想结构。儒家的内圣与外王依据的是人的不同能力，儒家的新内圣建基于人对天也就是超越者的信仰，而儒家新外王则建立在理性的基础，信仰和理性是人的不同能力，而人既可以有信仰，也可以有理性，这就好像人既可以接受科学，也可以欣赏艺术一样。

内圣外王的新连接包括两个方面，首先是，伦理共识，多元内圣为外王也就是民主政治提供伦理支撑，这是民主政治的宪法、法律以及整个的制度设计都有其伦理学依据。同时，就政治实践而言，重新连接儒家内圣与外王的接榫点就是德行君子，各大宗教都能够培养德行君子，以为民主政治的人才之源，这也就是《论语》所说的，"君子之仕也，行其义也，"（《论语·微子》）"行义以达其道。"（《论语·季氏》）

儒家内圣外王的新连接有一个绕不过去的人性论问题，内圣外王的新连接不坚持一元人性论，而主张人性显现论。感天动地的善行义举是人所为，同时令人毛骨悚然的反人类恶行。比如希特勒对犹太人的大屠杀、日本侵略者对国人进行的惨绝人寰的南京大屠杀，不也都是人干的吗？这说明人性可以显现为善，也可以显现为恶。人性就是人与生俱来的特性，本来无所谓善恶。孟子曰："形色，天性也"，（《孟子·尽心上》）荀子说："性者、本始材朴也"，孟荀都认为自然人性无所谓善恶。然而天性在不同的生活环境中会显现出善与恶的巨大分别，不能说人类的善行有人类自身的依据，而人类的恶行就没有其自身的根据。无论何种人性论，其最终的主张都是扬善抑恶。扬善就需要从伦理层面培养和扩充人的道德情感，抑制恶除了为善去恶的道德之功外，还应该尽力不让呈现恶的环境出现。

学术界关于人性论仍然聚讼不已，这里特别寻出大程和阳明的论述以为依据，体贴出天理的程颢就曾经说：

> "生之谓性"，性即气，气即性，生之谓也。人生气禀，理有善恶，然不是性中元有此两物相对而生也。有自幼而善，有自幼而恶，是气禀有然也。善固性也，然恶亦不可不谓之性也。盖"生之谓性"、"人生而静"以上不容说，才说性时，便已不是性也。凡人说性，只是说"继之者善"也，孟子言人性善是也。夫所谓"继之者善"也者，犹水流而就下也。皆水也。有流而至海，终无所污，此何烦人力之为也？有流而未远，固已渐浊；有出而甚远，方有所浊。有浊之多者，有浊之少者。清浊虽不同，然不可以浊者不为水也。如此，则人不可以不加澄治之功。故用力敏勇则疾清，用力缓怠则迟清，及其清也，则却只是元初水也。亦不是将清来换却浊，亦不是取出浊来置在一隅也。水之清，则性善之谓也。故不是善与恶在性中为两物相对，各自出来。此理，天命也。顺而循之，则道也。循此而修之，各得其分，则教也。①

《传习录》也记载有王阳明关于人性显现论的这样的论述，如下：

> 先生曰："性无定体，论亦无定体，有自本体上说者，有自发用上说者，有自源头上说者，有自流弊处说者。总而言之，只是一个性，但所见有浅深尔。若执定一边，便不是了。性之本体原是无善无恶的，发用上也原是可以为善，可以为不善的，其流弊也原是一定善、一定恶的。譬如眼，有喜时的眼，有怒时的眼；直视就是看的眼，微视就是觑的眼。总而言之，就是这个眼。若见得怒时眼，就说未尝有喜的眼，见得看时眼，就说未尝有觑的眼，皆是执定，就知是错。孟子说性，直从源头上说来，亦是说个大概如此。荀子性恶之说，是从流弊上说来，也未可尽说他不是，只是见得未精耳。众人则

---

① （宋）程颢、程颐：《二程集》，北京：中华书局 1981 年版，第 10 页。

失了心之本体。"①

阳明的"性之本体原是无善无恶的",也就是大程"生之谓性"、"人生而静"。以上不容说,即人性本无善恶,善恶的分化在发用处呈现,有了善恶的分化就需要扬善抑恶,这不仅需要伦理道德发挥作用,还需要政治层面的努力。

孺子入井显现了人的恻隐之心,"恻隐之心,仁之端也",(《孟子·公孙丑上》)既然恻隐之心是仁爱情感的发端处,就应该以此恻隐之心为根基,扩充之、培养之,以通成圣成贤之道。这与传统儒学主流的儒家心学所强调的并无二致,孟子所确立的性善论就是人类伦理学的根基,这是儒家所应该坚持的亘古不变的立场。

传统的内圣外王是以性善论贯彻到底的,性善论作为道德伦理学的基础是没有问题的。但是要运用到政治哲学领域则未必就合适,因为政治哲学首先要保障人民生命财产安全,其次要解决如何进行利益分配才能保证社会的稳定。这正如荀子在探讨政治制度的起源所说:

> 礼起于何也?曰:"人生而有欲,欲而不得,则不能无求。求而无度量分界,则不能不争,争则乱,乱则穷。先王恶其乱也,故制礼义以分之,以养人之欲,给人之求。使欲必不穷于物,物必不屈于欲。两者相持而长,是礼之所起也。故礼者养也。"(《荀子·礼论》)

这里的意思是说,人作为一个活生生的实体,生来就有物质方面的需求。人通过自己的劳动以自利自养,这是人类存在的基本前提。由于自然资源的匮乏,天灾,也由于人无止境的欲望,人类往往会因为物质方面的需要而发生争抢,这就需要确立分配制度,也就是要"制礼义以分之"。只有在利益分配制度确立之后,伦理道德才好发挥作用。所以说,利益分配制度的确立是人类社会得以存在的首要前提。这也是荀子所代表的儒家外王学特别重视礼的原因。

用人性显现论破除了人性论问题的迷雾之后,儒家内圣外王的新连接

---

① (明)王阳明:《王阳明全集》,上海:上海古籍出版社 2009 年版,第 115 页。

不应坚持《大学》性善论贯彻到底的立场，而是孟子的性善论归伦理，荀子的性恶论归政治，伦理政治各行其道、并驾齐驱，只重视内圣绝不是完整的儒家思想，只重视外王当然也不完整，内圣外王应该两翼双张。

内圣外王的理论连接点在于，取儒家仁者爱人的思想作为各大宗教、各个文明的伦理学共识，并以之作为政治学的伦理根基。两翼双张的实践连接点在人，儒家内圣的关键在于培养德行君子，在民间化民成俗，在庙堂行义已达其道。现在培养的重点不在帝王而在公民，不在庙堂而在民间。

伦理是人的伦理，政治也是人的政治，内圣外王皆是为人而设。所以，内圣外王的新连接应该回到人本身，内圣外王所依据的是人的不同能力，政治哲学的基础就是人的理性能力，儒家的内圣之学依据人对德性天道的信仰。总之，儒家内圣外王的新连接应该回到孔子，回到儒家的源头活水，回到儒学最原初的起点处。简言之，就是：合孟荀，折衷于孔子。其思想结构就是：仁爱、平等、自由。

现代价值篇

大同思想与人类命运共同体

　　当代社会，随着全球化进程的发展，人类面临着许多突出的难题需要解决。特别是世界各个文明之间如何和睦相处，和平与发展如何得以实现，成为人们共同关注的问题。中国提出的"一带一路"发展战略，体现了"睦邻、安邻、惠邻"的诚意和"与邻为善、以邻为伴"的友善，是承贯古今、连接中外、造福沿途各国人民的事业，得到国际社会的广泛关注和积极支持。它强调共商、共建、共享原则，是促进共同发展、实现共同繁荣的合作共赢之路，是增进理解信任、加强全方位交流的和平友谊之路。"一带一路"发展战略，其目的在于，秉持和平合作、开放包容、互学互鉴、互利共赢的理念，全方位推进务实合作，其目标是要构建一个政治互信、经济融合、文化包容的人类利益共同体、命运共同体和责任共同体。人类命运共同体意识，是以儒学为核心的中华文化自信的重要体现，是寻求与其他多元文明取长补短，合作共进的积极探索，它承载了对人类命运的历史思考，也是对当前全球化深入发展的现实回应。

　　人类命运共同体意识，具体表现为"五位一体"的布局和路径。政治上，要建立平等相待、互商互谅的伙伴关系。安全上，要营造公道正义、共建共享的安全格局；经济上，要谋求开放创新、包容互惠的发展前景，打造兼顾效率和公平的规范格局；文化上，要促进和而不同、兼收并蓄的文明交流；生态上，要构筑尊崇自然、绿色发展的生态体系。打造人类命运共同体，就是要建立合作共赢新型国际关系，它包括价值共识、制度实践和文化认同三个相互联系的层面。与西方全球主义的模式不同，人类命运共同体在价值共识上提倡真正的全人类价值，而不是所谓的普遍化的西方价值；在制度设计上尊重当前以联合国宪章为基础的秩序和规则，强调主权平等，反对帝国霸权；在文化上，主张尊重多样性，各文化间和而不同，包容互鉴，反对文明优越论和普世论。这一观念的提出，与儒家的大同思想有着历史的相联，观念的相通，更有着价值上的相融。如果说儒家大同思想是古代思想家对于人类美好社会的理想追求，那么人类命运共同体意识，则是现代中国对于当今世界进步发展的理想追求。

因此，深入探讨儒家大同思想的当代价值，推动当今世界人类命运共同体的构建，对于实现儒家思想的创新性发展和创造性转化，深入认识和构建新型国际关系，解决当代人类社会面临的难题，促进世界文明的和谐发展，揭示儒家文化在当今世界文明发展的地位和价值，有着重要而深刻的现实意义和实践作用。

一　儒家大同思想的内容及其历史演变

大同社会展示了儒家对人类美好社会的理想构建，这一理想社会首先是在《礼记·礼运》篇提出的。关于大同社会的具体特征，《礼记·礼运》载：

> 昔者仲尼与于蜡宾，事毕，出游于观之上，喟然而叹。仲尼之叹，盖叹鲁也。言偃在侧曰："君子何叹？"孔子曰："大道之行也，与三代之英，丘未之逮也，而有志焉。大道之行也，天下为公。选贤与能，讲信修睦，故人不独亲其亲，不独子其子，使老有所终，壮有所用，幼有所长，矜寡孤独废疾者，皆有所养。男有分，女有归。货恶其弃于地也，不必藏于己；力恶其不出于身也，不必为己。是故，谋闭而不兴，盗窃乱贼而不作，故外户而不闭，是谓大同。"

大同社会，就是孔子所说的尧舜尚且没有达到的"博施于民而能济众"（《论语·雍也》）的至善境界的社会。这一尽善尽美的理想社会，主要具有这样一些特点：

大同社会是"天下为公"的社会，天下为天下人所共有的社会，在这个全民公有的社会制度中，既包括权力的公有，又包括财物的公有。因而，大同社会实行的选贤与能的管理体制，社会的管理者是被人们公正选举出来的贤能之才，只有选用德贤之人，才能得到民众的信服。正如孔子所说："举直错诸枉则民服，举枉错诸直则民不服。"（《论语·为政》）选举贤能的权力属于全社会的民众，持守的原则是"不恤亲疏，不恤贵贱，唯诚能之求"（《荀子·王霸》)，选举的标准是以人的道德修养和管理能力为依据的。儒家认为，只有贤能之人管理社会，社会才能得到和谐有序地运行，而大同社会正是持守的选贤任能的人才管理机制。

在大同社会中，讲求信睦是构建良好人际关系的原则。持守诚信道德，是大同社会对人的社会行为的基本要求。特别是管理者更要做到讲求信睦，合于道义，这样才能引导人们去践德行义。故孔子说："上好礼，则民莫敢不敬；上好义，则民莫敢不服；上好信，则民莫敢不用情。"（《论语·子路》）孟子也指出："君仁，莫不仁；君义，莫不义；君正，莫不正"（《孟子·离娄上》)。管理者的行为合于诚信道德，这是实现人际关系和谐的重要基础。

在大同社会中，实行了良好的社会保障制度，人人皆有"所终"、"所用"、"所长"、"所养"，既为社会发展贡献能力，又拥有社会保障的权力。人们视他人父母如自己父母，视他人子女如自己子女，真正实现了孟子所说的"老吾老以及人之老，幼吾幼以及人之幼"（《孟子·梁惠王上》)。任何人都能得到社会的关怀，任何人都主动关心社会。社会管理者在治国理政时，必须实行以民为本、重民爱民的政策，保证民众的生存特别是弱势群体的生存。孟子曾说："老而无妻曰鳏，老而无夫曰寡，老而无子曰独，幼而无父曰孤。此四者，天下之穷民而无告者，文王发政施仁，必先斯四者。"（《孟子·梁惠王下》）实行爱民养民的仁政德治，重视社会弱势群体的生存，实行社会保障制度，这是儒家以民为本思想的重要表现，它充分指出了社会中的每一个人都有其不可剥夺的生存权力。保护每个人的生存发展，这是为政者所应担负的职能和义务，更是大同社会所具有的重要特征。完善的社会保障制度，和谐有序的社会运行秩序，成为大同社会的重要特征。因而，人们依据自身的年龄性别而具有相应的社会分工，担负相应的社会职能，各尽其力。因此，大同社会没有尔虞我诈的阴谋诡计，整个社会处于安定祥和之中。大同社会，就是儒家追求的修己安人、治国平天下的社会管理目标的完美实现。

大同社会理想在儒家思想中占有重要的地位，它是儒家关于治国理政所应追求的价值目标，是历代政治家思想家所向往的社会目标。在古代社会中，许多有为的政治家思想家都对理想的大同社会进行了新的阐发，成为贯穿于中国传统社会的重要政治目标和社会理想。近现代以来，儒家的大同社会理想依旧为人们所关注和重视，围绕着如何实现大同社会理想，许多政治家和思想家结合社会的发展，对儒家大同社会进行了新的探讨，在促进中国社会和文明的进步中，产生了重要的作用和影响。儒家大同思想追求的是人类的和平相处，倡导的是人类的共同进步，这一价值观与当今世界的发展主题和人类命运共同体的建设，是相互贯通的。

二　儒家大同思想与人类命运共同体的建设

儒家大同思想作为儒家思想的集中表现，具有着重要的现实价值。人类命运共同体意识，是超越民族国家和意识形态的"全球观"，表达了中国追求和平发展的美好愿望，体现了中国与各国合作共赢的目标追求。

1. 儒家大同思想与人类命运共同体具有着"天下为公"的价值共识

与西方全球主义的模式不同，人类命运共同体在价值共识上提倡真正的全人类价值，而不是所谓的普遍化的西方价值。儒家的大同社会追求的是天下为公的社会，实现的是天下人共同的利益。

当今世界，人类生活在不同文化、种族、肤色、宗教和不同社会制度所组成的世界里，各国人民形成了你中有我、我中有你的命运共同体。虽然仍然存在着不同国家利益、不同宗教信仰、不同意识形态、不同社会制度的分歧甚至对立，但无论怎样，我们是共同的人类，有着共同的利益。人类命运共同体的建设，需要有共同准则，共同的准则才能保证人类整体利益的实现。而儒家的大同思想，可以为这一准则的确立提供重要的思想基础，这一思想基础就是天下为公。

儒家的天下为公思想，是建立在对人之所以为人的认识基础上的，是建立在人类应当如何生存发展的人文之道基础上的，是建立在对人的生存价值充分尊重和全面保护基础上的。儒家指出，仁是人的存在的本质属性的规定，"仁也者，人也；合而言之，道也"（《孟子·尽心下》）。仁，既是指人之所以为人应具有的仁爱道德，又是社会运行发展所应实施的仁政德治人道。它表现于人存在的各个方面，贯穿于社会活动的所有领域。无论是儒家对于人存在的本质属性阐发，还是对于社会运行发展的人道揭释，都是围绕着仁德而展开的，都是以尊重和保护人的生存为目的的。由此仁德出发，儒家指出，实现社会的和谐进步，尊重人的生存权力，保障民众的生存发展，是为政者所应持守的仁德，是人道社会的基本特征。因此，儒家主张，为政必须实行以民为本、重民爱民的政策，重视对于弱势群体生存权力的落实和保障。孟子曾以周文王为例，指出文王之所以能够为周朝政权的创建奠定下厚实的根基，就是由于其在政治活动中实行了保民爱民的仁政，能够重视保证弱势群体的生存。他说："老而无妻曰鳏，老而无夫曰寡，老而无子曰独，幼而无父曰孤。此四者，天下之穷民而无告者，文王发政施仁，必先斯四者。"（《孟子·梁惠王下》）所以，为政者必须实施仁政德治，保证民众的生存发展。由此可见，儒家以民为本的理论价值在于，它指出了社会中的每一个人，都有其不可剥夺的生存权力，保护每个人的生存发展，这既是为政者所应担负的职能和义务，是仁德的实践，更是人道社会所具有的特征。

儒家对于人的生存价值的尊重，对于和谐社会进步发展的追求，与人类命运共同体的价值追求，是相互贯通的。可以说，人类命运共同体意识的提出，就其价值追求而言，正是对儒家大同思想的继承发扬。以"和谐相处、合作共赢、和平发展"作为构建人类命运共同体的核心原则，与儒家"仁者爱人""天下为公"的思想有着紧密的联系。中国坚定不移走和平发展道路，中国也希望世界各国都走和平发展道路，世界各国也应把和平发展的理念落实到各自的政策和行动之中。所以，国际社会应该携手努力，一起来维护世界和平、促进共同发展。只有这样，和平才有希望，发展才有希望。而要实现世界的和睦相处、和谐发展，共谋和平、共护和平、共享和平，其中很重要的一个方面就是要从思想上确立天下为公、和平发展的理念。儒家大同思想追求的是人类的和平相处，倡导的是人类的共同进步，人类命运共同体理论是以相互依赖、利益交融、休戚相关为依据，以和平发展与合作共赢为支柱，二者在价值观上是相互贯通的。

2. 儒家大同思想与人类命运共同体贯穿着"公平正义"的治理理念

维护当今世界的和平，实现人类的共同发展，正确处理好国家之间的关系，促进世界文明的全面进步，是当今社会共同的话题。儒家大同思想倡导的公平正义的理念，与人类命运共同体所追求的全球治理观是相互一致的。

儒家大同思想追求的是整个天下人类的共同发展和进步，在大同社会中，政治上讲求选贤与能，经济上追求共同发展，人们之间彼此和睦相处，尽职尽能，整个社会安定祥和。这一公平正义的社会制度和理想追求，与人类命运共同体意识有着相互一致的目标趋向。人类命运共同体意识，在政治上主张要建立平等相待、互商互谅的伙伴关系，营造公道正义、共建共享的安全格局，在经济上谋求开放创新、包容互惠的发展前景，打造兼顾效率和公平的规范格局，在生态上构筑尊崇自然、绿色发展的生态体系，它追求的是世界各国在和平中走出一条和衷共济、合作共赢的新路子，推动构建以合作共赢为核心的新型国际关系，保证国际秩序朝着更加公正正义、合理有序的方向发展，更好地造福于世界人民。

儒家的大同思想，特别重视尊重和保障人的生存权力，主张人不独亲其亲，不独子其子，老有所终，壮有所用，幼有所长，矜寡孤独废疾者，皆有所养。这一仁者爱人、推己及人、博施于民而能济众的思想，也同样适应于国与国之间的关系。当今世界，贫国与富国之间的经济差距在不断拉大，发达国家和发展中国家以及不同发展中国家之间分配的不均衡现象继续加剧，这是导致整个世界动荡和混乱的原因之一。因此，从全球治理观出发，建立一个公平正义，共赢共荣的国际新秩序，实现世界各国的共同发展，才能有利于解决当今世界出现的各种问题。

而人类命运共同体意识，主张国际社会要本着相互尊重和相互信任的原则，通过积极有效的国际合作，共同构建和平、安全、开放、合作的世界秩序，建立多边、民主、透明的国际治理体系。全球治理理论的核心观点是，由于全球化导致国际行为主体多元化，全球性问题的解决成为一个由政府、政府间组织、非政府组织、跨国公司等共同参与和互动的过程，这一过程的重要途径是强化国际规范和国际机制，以形成一个具有机制约束力和道德规范力的、能够解决全球问题的"全球机制"，而公平正义就是实现全球治理所应遵循的原则。

世界各国应当真正从全人类长远利益出发来考虑当今社会所面临的各种问题，而不是从短期国内政治需求出发来制定政策。各国之间的合作共赢，就是要倡导公平正义的理念。各个国家在世界关系中，树立双赢、共赢的新理念，在追求本国利益时兼顾他国合理利益，在谋求本国发展中促进各国共同发展，建立更加平等均衡的新型全球发展伙伴关系，同舟共济，权责共担。要尊重各国自主选择的社会制度和发展道路，尊重彼此核心利益，客观理性看待别国发展壮大和政策理念，努力求同存异、聚同化异。因此，全球治理体系的建设，一是应创造一个"各尽所能、合作共赢的未来"，摈弃"零和博弈"狭隘思维，推动各国尤其是发达国家多一点共享、多一点担当，实现互惠共赢；二是应创造一个"奉行法治、公平正义的未来"。要提高国际法在全球治理中的地位和作用，确保国际规则有效遵守和实施，坚持民主、平等、正义，建设"国际法治"；三是应创造一个"包容互鉴、共同发展的未来"。所以，人类命运共同体意识超越种族、文化、国家与意识形态的界限，为思考人类未来提供了全新的视角。政治上要坚持正义、秉持公道、道义为先，经济上要坚持互利共赢、共同发展，积极主动参与全球治理，构建互利合作格局，承担国际责任义务，打造人类命运共同体，这是推动世界和平发展、合作共赢的一个理性可行的行动方案。

3. 儒家大同思想与人类命运共同体蕴涵着"和而不同"的文化理念

儒家大同思想，体现了儒家对于理想社会的追求，展示着人类对于美好生活的向往。而大同社会的实现，是以儒家思想贯穿始终的，是儒家所追求的治国平天下的价值目标。儒家关于人与人之间、国与国之间的相处之道，是以持守"和而不同"的原则为其鲜明特点的，它强调"己所不欲，勿施于人"，主张"己欲立而立人，己欲达而达人"（《论语·卫灵公》）。儒家提出的"己所不欲，勿施于人"的忠恕之道，至今仍是国际社会公认的伦理准则。而在历史上，中国也是真诚地把"忠恕之道"作为国际关系的处理准则。这些思想，同样也适用于人类命运共同体的构建。人类命运共同体的构建，离不开对人类各种优秀文明成果的吸收，儒家"和而不同"的思想，可以为人类命运共同体的构建，提供有益的启示。

人类命运共同体意识，倡导的是和平发展、和谐相处、合作共赢的国际观，主张世界各国人民应当和睦相处、和谐发展。构建人类命运共同体，在文化上，应当持守和而不同、兼收并蓄的文明交流原则，尊重不同文明的特点，维护文化的多样性，正确地学习借鉴、传承人类所创造的优秀文明，不断赋予其新的时代内涵，以适应当今世界的进步发展。

　　儒家文化崇尚和谐，倡导天人合一的宇宙观、协和万邦的国际观、和而不同的社会观、人心和善的道德观。在 5000 多年的文明发展中，中华民族一直追求和传承着和平、和睦、和谐的坚定理念。仁者爱人，以和为贵，己所不欲、勿施于人等思想，深深植根于中华民族的精神之中，构筑了中华民族为人处世、治国理政的行为方式特点。儒家所追求的大同社会理想，是儒家思想的集中体现。协和万邦、和而不同的思想，正是人类命运共同体构建所应持守的原则。因此，维护当今世界的和平，实现人类的共同进步，构建人类命运共同体，世界各国必须坚持相互尊重、平等相待；必须坚持合作共赢、共同发展；必须坚持不同文明兼容并蓄、交流互鉴；必须正确处理好国家之间的关系，实现文明的对话，寻求多元文明交流互鉴的新局面，寻求人类共同利益和共同价值的新内涵，寻求各国合作应对多样化挑战和实现包容性发展的新道路，做到以合作谋和平、以合作促安全，以和平方式解决争端。

　　儒家大同思想可以为人类命运共同体的构建，提供有益的借鉴，是促进当今世界和平与发展的重要思想资源。人类命运共同体意识兼顾了现实针对性与长远方向性，具有深远影响与巨大生机。大同社会的实现，是儒家修己安人思想的最终价值追求。这一理想社会的实现，是建立在修身的基础上的。唯有做到修身，始能齐家、治国、平天下。同样，人类命运共同体的构建，需要坚持"天下为公"的价值观，需要坚持公平正义的原则，需要坚持"和而不同"的理念，需要各国政府和团体共同的努力。尽管各国的政治体制、意识形态、经济策略、文化传统各有不同，但这并不妨碍人类命运共同体的构建。而如能持守儒家所主张的修身思想，做到个人道德的完善，拥有关爱众生的理念，实践"仁者爱人"的行为，那么，人类命运共同体的建设就会有着更为踏实的根基。

儒学与全球化

全球化（Globalization）是当代世界政治、经济、军事、科技、文化、教育等全部社会因素同整个自然界因素的相互作用，综合发展的结果，它是不同国家和民族从生产到生活，经济到文化等共同发展的一种趋势。作为推动社会、政治和经济转型的主要动力，全球化的表现形式和发展趋势主要有：在经济方面，全球化是世界经济和市场的一体化，它以无限发展为目标，以求实现世界资源的优化组合；在政治方面，全球化是世界格局多极化和政治制度民主化；在社会交往方面，全球化是交往迅捷的网络化和信息化；在文化方面，全球化呈现着多元文化相互交融、彼此消长的融汇特点。在全球化的进程中，既存在着技术和经济的方面趋向于同质性发展特点，又存在着文化和精神现象的异质性纷争特点。

全球化的趋势和进程，是人类社会生产力发展的一个必然的阶段，具有着巨大的社会进步意义。其现实的作用和追求的目的，应是实现整个世界人类利益的共同发展，而不能是以实现全球少数人利益为目的的以资本征服整个世界的现象和过程。但是，在全球化的进程中，世界各国在经济上的休戚相关和政治上的各行其是，文化上的各美其美，导致了各种各样全球化问题的产生。如环境问题、资源问题、人口问题、生态问题、核扩散问题、不平衡发展问题、移民难民问题、毒品泛滥问题、跨国犯罪问题和地区冲突问题等。这是人类在全球化进程中，所必须面对和解决的问题，否则全球化就不可能实现整个人类利益的共同发展。

如何解决全球化进程中出现的各种问题，儒家的"仁者爱人"的伦理观，"利用厚生"的经济观和"和而不同"的秩序观，对于解决全球化进程中在道德方面、经济方面和文化方面出现的一些问题，有其现实的理论意义和重要的实践价值。

一　儒学"仁者爱人"的伦理观，有利于
促进普世伦理的建构

全球化作为现代社会发展的一种趋势，它涉及并影响着整个人类的社会生活方式。人类如何在全球化的进程中，采取相应的社会生活方式，决定着全球化能否实现人类的共同利益。但是，只有经济的全球化而没有人类基本价值的全球化，就是残缺不全的全球化，而真正的全球化则有赖于全球价值的确立。决定全球价值确立的基本核心内容，在于确立人类相互交往的基本行为准则和规范，这也就是全球普世伦理的建构问题。

1993 年 8 月 28 日至 9 月 4 日，在芝加哥召开了"世界宗教会议"大会上，代表们通过并签署了《世界宗教议会走向全球伦理宣言》，第一次明确提出"全球伦理"的基本内涵："我们所说的全球伦理，并不是指一种全球的意识形态，也不是指超越一切现存宗教的一种单一的统一的宗教，更不是指用一种宗教来支配所有别的宗教。我们所说的全球伦理，指的是对一些有约束性的价值观、一些不可取消的标准和人格态度的一种基本共识。没有这样一种在伦理上的基本共识，社会或迟或早都会受到混乱或独裁的威胁，而个人或迟或早也会受到绝望。"全球伦理也就是普世伦理，它是指人类在交往中所必须遵循的最为基本的行为准则和规范，"这个原则是有数千年历史的宗教和伦理的传统所寻获并持守的，己所不欲，勿施于人！"①

"己所不欲，勿施于人"的普世伦理原则，不仅强调了道德在人类社会生存发展中的作用，同时也是儒家"仁者爱人"伦理观的核心内容。道德贯穿于人类社会生活的各个层面和领域，它是人之所以为人而与动物区别开来的本质属性，是人类社会得以和谐运行发展的人道核心。儒家对于道德与人的关系，有着极为深刻的认识。孟子指出，人之所以为人在于其有仁义礼智的道德。荀子强调，人之所以为人非特以二足而无毛者也，以其有群居和一明分使群的礼义之制，人之所以最为天下贵而能生存于社

---

① ［德］孔汉思、库舍尔编：《全球伦理——世界宗教议会宣言》，成都：四川人民出版社 1997 年版，第 12 页。

会之中，就在于人类社会具有仁义礼智的道德规范和行为准则，以及由此而建立起来的社会纲纪和社会组织。人的生存发展，社会的和谐运行，都是离不开道德的，没有道德则人难以体现出自身存在的本质属性，人类社会也将陷入残杀争夺的动荡混乱之中。所以，对于道德的修养和践履，是人之为人的存在要求，也是社会运行的基础保证。儒家关于人的存在的道德及其作用的思想，在全球化进程中，有利于促进普世伦理的建构和发展。

儒家的伦理思想，是建构在以"仁"为核心道德基础上的。儒家认为，仁德的具体含义是"爱人"，它是人之所以为人的人道核心，是人与人之间相互交往的基本道德规范。孔子说："道二，仁与不仁而已矣。"（《孟子·离娄上》）孟子说："仁也者，人也。合而言之，道也。"（《孟子·尽心下》）以仁为核心的道德，作为人之所以为人的人道核心，它存在于人类生活的各个方面，确立了人之所以为人的本质特征。仁德是人的道德的核心，它统摄涵盖了其他道德，礼、义、智、信、忠、恕、恭、敬、宽、惠、刚、毅等道德，都是仁德的具体表现。爱人的仁德，内在于人的心性之中。孔子说："仁远乎哉？我欲仁，斯仁至矣。"（《论语·述而》）仁德的践履是由个体自我主动的行为所决定的，"为仁由己，而由人乎哉？"（《论语·颜渊》）个人只有在具体的社会实践活动中，自我主动地去实践仁德，才能成就自身的道德属性，达致人际关系的和谐。

儒家指出，实践爱人的仁德，个体要在符合自身的社会关系和行为的前提下，由近及远地去泛爱社会中的人。仁德具体表现为忠恕之道。孔子的弟子曾子曾说："夫子之道，忠恕而已矣。"（《论语·里仁》）忠恕是孔子所主张的仁德的核心。忠有忠诚、公正、无偏不倚之意，孔子说，"为人谋而不忠乎？"（《论语·学而》）"君使臣以礼，臣事君以忠"（《论语·八佾》），"子曰：主忠信，徙义，崇德也。""言思忠。"（《论语·季氏》）忠是在与人谋、与友交、事君等关系中或道德实践中呈现于自己的内心世界的一种德性，是自我在道德实践中所应呈现出公正无私的心理状态。

恕就是"己所不欲，勿施于人"的仁道。"子贡问曰：'有一言而可以终身行之者乎？'子曰：'其恕乎！己所不欲，勿施于人。'"（《论语·卫灵公》）"仲弓问仁。子曰：'出门如见大宾，使民如承大祭。己所不欲，勿施于人。在邦无怨，在家无怨。'"（《论语·颜渊》）孟子也说："强恕而行，求仁莫近焉。"（《孟子·尽心上》）《中庸》言："忠恕违道不远，施诸己不愿，亦勿施于人。"恕是推己及物，己欲立而立人，己欲达而达人。恕是仁道的具体体现。

忠，要求人们在与人谋、在处理任何事情时，都应恪尽职守，公正无私，无偏不倚，恕，就推己及人，推己及物，设身处地为他人着想。忠恕之道是以仁德为其核心的，它的另一种表达就是儒家所指出的"絜矩之道"。"絜矩之道"就是"所恶于上，毋以使下；所恶于下，毋以事上；所恶于前，毋以先后；所恶于后，毋以从前；所恶于右，毋以交于左；所恶于左，毋于交于右；此之谓絜矩之道"（《大学》）。这也就是"己所不欲，勿施于人"的普世伦理的基本原则。能够以忠恕之道去规范自身的行为，就是爱人的仁德。

忠恕之道既是道德修养的基本方法，也是人与人之间最基本的交往规范。如何实践"己所不欲，勿施于人"的忠恕之道？儒家指出，人们在自身的行为过程中，要持守以诚信为本的道德规范。

儒家认为，诚德是人的仁德的重要表现，它是源于天道的道德，是实现人际关系和谐的重要规范。孟子说："居下位而不获于上，民不可得而治也。获于上有道，不信于友，弗获于上矣。信于友有道，事亲弗悦，弗信于友矣。悦亲有道，反身不诚，不悦于亲矣。诚身有道，不明乎善，不诚其身矣。是故诚者，天之道也；思诚者，人之道也。至诚而不动者，未之有也；不诚，未有能动者也。"（《孟子·离娄上》）天道表现为生生不息、真实无忘的诚德，人道即表现为对于诚德的识得践履；天道是人道的终极来源和本根依据，人道是天道的具体流行和现实显现。实践天道，践履诚德，就要"择善而固执之者也"。否则，就不可能实现事亲、信友、明善、践道的要求。对此，《中庸》进一步指出，"唯天下至诚，为能经纶天下之大经，立天下之大本，知天下之化育。""唯天下至诚，为能尽其性；能尽其性，则能尽人之性；能尽人之性，则能尽物之性；能尽物之性，则可以参赞天地之化育；可以参赞天地之化育，则可以与天地参矣。"只有至诚尽性，才可参赞天地。因为"诚则形，形则著，著则明，明则动，动则变，变则化，唯天下至诚为能化"，"诚者物之终始，不诚无物，是故君子诚之为贵。"人在社会活动中，要以持守诚德，成就自身的道德。荀子则鲜明地指出了诚德在人际和谐和社会发展中的作用。他说："天地为大矣，不诚则不能化万物；圣人为知矣，不诚则不能化万民；父子为亲矣，不诚则疏；君上为尊矣，不诚则卑。夫诚者，君子之所守也，而政事之本也。"（《荀子·不苟》）诚是成己成物的仁德，"诚者非自成也，所以成物也。成己，仁也；成物，知也。性之德也，合内外之道也，故时措之宜也。"（《论语·中庸》）儒家指出，诚德就是修己安人、成己成物的仁道，它是达致天人合一，参赞天地化育的根本原则。

信德是儒家所强调的人际交往的又一重要道德规范。信，就是指真实无妄的道德。孔子指出，人在行为活动中，要"主忠信"（《论语·学而》），"言忠信"（《论语·卫灵公》），"敬事而信"，"言而有信"（《论语·学而》）。信德运用于人们之间的交往活动，就是要求人们之间应当诚实守信，真实无欺。即："与朋友交，言而有信"（《论语·学而》）。信德是做人之本，失去它不仅不能得到人们的认同和理解，陷入孤立隔绝之中，而且更难以成就自身的道德完善。故孔子说："人而无信，不知其可也。大车无輗，小车无軏，其何以行之哉？"（《论语·为政》）又说："言忠信，行笃敬，虽蛮貊之邦，行矣。言不忠信，行不笃敬，虽州里，行乎哉？"（《论语·卫灵公》）人们在交往过程中就要在言论和行动上诚实守信。"信则人任焉"（《论语·阳货》）。"吾日三省吾身，为人谋而不忠乎？与朋友交而不信乎？"（《论语·学而》）所以，儒家主张个人要以反省、克己的工夫，来培养诚信之德。而要践履"己欲立而立人，己欲达而达人"，"己所不欲，勿施于人"的忠恕之道，必须持守诚信的道德规范。

儒家指出，人们在实践"己所不欲，勿施于人"的道德过程中，要持守"父子有亲，君臣有义，夫妇有别，长幼有序，朋友有信"的人道规范，实践"为人君止于仁，为人臣止于敬，为人子止于孝，为人父止于慈，与国人交止于信"的行为准则。儒家认为，人与人之间关系的和谐，社会的有序发展，不仅需要外在强制性的刑政之道，更需要以内在自觉性为特点的礼乐之道。孔子说："道之以政，齐之以刑，民免而无耻；道之以德，齐之以礼，有耻且格。"（《论语·为政》）以行政和刑罚来约束民众，虽然可使人们免于犯罪，但却不能使其自觉知耻向善；而实行礼乐之道，以德礼来管理和教化民众，却能够使其知耻向善，进而自觉主动的以道德来规范自身的社会行为。因此，修养自身道德，规范自身行为，不仅能够提升个人的道德品格，而且能够实现人际关系的和谐融洽，促进社会道德的进步发展，进而保证社会的有序运行。

儒家伦理观对于人的道德规范的重视，对于人的向善成善潜在能力的肯定，以及它所主张的"己所不欲，勿施于人"等行为规范，是普世伦理建构和发展的重要资源。在全球化进程中，对儒家的伦理观予以合于现代社会发展需求的损益更新，具有着启迪人们成就自身存在完善道德，达致社会和谐发展的现代价值。

二 儒学"利用厚生"的经济观，有利于推进全球经济的进步发展

经济全球化不仅是空前先进的生产方式，而且开辟了人类更先进的生产方式的道路。它的迅猛发展，使得全球资源得到最有效、最合理的优化配置。不仅全球范围内有效地分工协作可以产生新的巨大生产力，而且资源的合理配置使全球经济可持续发展成为可能。同时，它也满足了人们可以得到来自全球最先进、最廉价、最切合自己个性需要的物质生活需求和精神文化需求的消费。

在全球化的进程中，全球资源的优化配置，使发达国家和发展中国家都从参与全球化中获得了不少的益处。但是，在分享全球化的好处方面，发达国家占据了绝大多数。众多的发展中国家，由于历史的原因，经济结构相对脆弱，资金匮乏，技术落后，市场发育不成熟，因而在分享全球化的益处时所得有限。因而，一个日益严重的社会现象，那就是在全球化进程中，贫国与富国、穷人与富人的差距在拉大而不是缩小。根据联合国的有关资料显示，全球收入最高国家中的五分之一的人，拥有全球国内生产总值的86%，而最低收入国家的五分之一的人口，则只拥有全球国内生产总值的1%。如果极为悬殊的贫富差距，如果不在一系列国际性政策上对发展中国家采取更为积极主动的、实质性的支持举措，即将推进的全球化依然还会不是真正意义上的全球化，全球化的收益在发达国家和发展中国家以及不同发展中国家之间的分配的不均衡现象还会加剧，这对于全球化的继续平稳推进是一个十分严峻的现实威胁。因此，只以效率和利润而

不讲道德和公平的全球化，是一种不健康的历史恶动力。尊重人尤其是尊重处于弱势地位的多数人的生存权利，应是全球化运动的道德底线。人类唯一的出路，就是顺应经济全球化的本质要求，建立一个公正合理的，从而全球共赢共荣的国际经济新秩序，解决全球化过程中出现的各种经济问题。

儒家的思想，不可能为全球化过程中国际经济新秩序的建立提供现成的理想方案。但是，儒家关于如何发展经济，以及经济的作用等思想，却可以为全球化进程中经济发展出现的问题解决，提供具有现实意义的启迪，而这主要表现为儒家"利用厚生"的经济观。

儒家的利用厚生的思想，是中华民族在社会治理中形成的具有丰富价值的经济管理思想，它具有着久远深厚的文化渊源，展示了人类对于自身生存的理性认识。《尚书·大禹谟》中记载："禹曰：'於！帝念哉！德惟善政，政在养民。火、水、金、木、土、谷，惟修；正德、利用、厚生，惟和；九功惟叙，九叙惟歌。戒之用休，董之用威，劝之以九歌，俾勿坏。"帝曰："俞！地平天成，六府三事允治，万世永赖，时乃功。"《左传·文公七年》中也记载："六府、三事，谓之九功。水、火、金、木、土、谷，谓之六府。正德、利用、厚生，谓之三事。义而行之，谓之德礼。"利用就是尽物之用；厚生就是富裕民众。德惟善政，政在养民，而要实现养民，达致善政，就要在社会治理中，实行"利用厚生"的经济管理政策。儒家"厚生利用"的经济观，是以保障人们的生存发展，实现社会的共同富裕为其核心特点的。就其具体内容而言，一是养民富民的"厚生"，为政的目的和经济的作用，在于保障人们的物质生活生存；二是合理利用自然资源的"利用"，合理地运用自然物质资源，实现经济和社会的可持续发展。

关于如何实现养民富民，孔子提出了"庶、富、教"顺序渐进的三个过程。他主张，为政应当"因民之所利而利之"（《论语·尧曰》），保证民众的生存是社会治理的重要内容，而要实现养民富民，就要保证民众拥有生活和生产的所需求的基本物质资料。《论语·颜渊》载："子贡问政。子曰：足食、足兵、民信之矣。"足食是指保证民众生存的物质生活需求，足兵是指保证国家要有强盛的兵力，民信是指为政要得到民众的信任，亦即实现国富兵强，得到民心归依，这是治国的三条基本原则。可见，养民富民的厚生，是治理社会的重要内容，其目的在于达到"博施于民，而能济众"的至善境界。孔子认为，"博施于民，而能济众"至善境界，是连尧舜那样的圣王都还没有做到。"子贡问曰：'如有博施于民而能济众，何如？可谓仁乎？'子曰：'何事于仁！必也圣乎！尧舜其犹病诸！'"（《论语·雍也》）孔子认为，"博施于民，而能济众"的至善境界，是既仁且圣的理想政治。

孟子的养民富民的厚生思想，集中表现为他倡导的仁政学说。他指出，仁政就是以"不忍人之心"，行"不忍人之政"，其目的在于实现保民安民，满足民众的生存需求，"使民养生丧死无憾也。养生丧死无憾，王道之始也"，"黎民不饥不寒，然而不王者，未之有也"（《孟子·梁惠王上》）。他曾以周文王为例，指出文王之所以能够为周朝政权的创建奠定厚实的根基，就是由于其在政治活动中实行了以养民富民的经济政策。他说："昔者文王之治岐也，耕者九一，仕者世禄，关市讥而不征，泽梁无禁，罪人不孥。老而无妻曰鳏，老而无夫曰寡，老而无子曰独，幼而无父曰孤。此四者，天下之穷民而无告者，文王发政施仁，必先斯四者。"（《孟子·梁惠王下》）关注贫苦无依的民众的生存，实施养民爱民的仁政德治，薄赋税，省刑罚，才能得到民众的拥护和支持。

养民富民的厚生，是天下为公的大同社会的重要特征。《礼记·礼运》篇说："大道之行也，天下为公。选贤与能，讲信修睦，故人不独亲其亲，不独子其子，使老有所终，壮有所用，幼有所长，矜寡孤独废疾者，皆有所养。男有分，女有归。货恶其弃于地也，不必藏于己；力恶其不出于身也，不必为己。是故谋闭而不兴，盗窃乱贼而不作，故外户而不闭，是谓大同。"在这一社会中，社会所有成员的生存和发展都得到了有力的保障。

儒家反对极为悬殊的贫富差别，关心和重视民众的生存，主张实现人人得以生存的社会保障体制，"养人之欲，给人之求"，满足人们的社会生存发展需求，这是对人的生存权和发展权的肯定，是以仁德为核心的人道主义体现。这一思想展示了儒家的人权观，它在全球化进程中，有其现实的意义。全球化的发展，就要保障人类所有成员的生存和发展，缩短贫富差距，实现共同富裕。只有使弱势群体的基本生存和发展权利得到保障的全球化，才是可以被接受的和可持续发展的全球化。

全球化的进程中，人类为了追求最大的经济利益，对于自然采取了掠夺性的开发和利用，这不仅导致了生态环境的污染和恶化，同时也阻碍了经济的可持续发展，而人类也在这种行为中受到了大自然的惩罚。为了保护生态环境，为了经济的可持续发展，人们正日益重视对于自然资源的合理运用，而儒家的"利用"思想，为此可以提供可资借鉴的思想。

儒家的利用思想，是建立在天人合一的理论上的。儒家的天人合一理论，并不是孤立地探讨天的存在意义，也不是片面地分析人的存在意义，而是将天与人作为一个对立统一的整体来认识，指出了天与人是相通合一的。人在现实的社会活动中，应当以识得则法天道、遵循践履人道作为行为的规范和准则。

儒家在主张开发利用自然资源，改善人的物质生活，满足人类生活需要的同时，又清楚地看到对自然界的开发利用必须合理有节，但不可能导致一种对自然的宰制、控御、破坏的态度和行为，不能将自然界完全视为单纯的客体使用对象。儒家在强调泛爱万物的同时，更强调人与动物、植物、无机物的等差，并依据这些等差而设立相处之道。儒家主张，人高于万物，贵于万物者，在于能体天地之心以为心。儒者提出了保护生态平衡的一系列主张。为了保证这些措施能够得到实施，他们又将其列为礼的内容，以规范人们在经济生活中的行为，实现经济和社会的可持续发展。如他们坚决反对"焚薮而田"、"竭泽而渔"，掠夺式地向自然索取物质生活资料，导致山川湖泽丧失再生能力。他们主张"数罟不入洿池，鱼鳖不可胜食也；斧斤以时入山林，材木不可胜用也。"（《孟子·梁惠王上》）儒家主张生态有序利用，合理开发的：是仁心外推的结果，本仁心，不忍、不安、不容己之心，推己及人，推人及物，必至以天地之心为心，使万物有所托命；是从人类自身的利益出发，认为保护环境，保护植被，保护生态就是保护人类自身。在全球进程不断加速的今天，儒家的思想经过创造性诠释完全可以成为全球公民社会的伦理规范。

儒家主张合理有节地开发利用自然，当然可以更好地服务于人类。但儒家这种对待自然的态度，却并不只是为了人类自身。其背后更为深刻的思想基础，其实是一种万物一体的观念。万物一体的观念有非常丰富的蕴涵，它体现的是生生不息的仁德，是以仁民爱物、修己安人为核心。这一过程又称为经世致用、开物成务。

三　儒学"和而不同"的秩序观，有利于
实现世界秩序的稳定

人类始终在寻求着合于自身存在的至善合理的社会秩序，以求实现人类自身不断地进步和发展。虽然在这一美好的理想追求过程中，人类对于如何实现自身在社会中的生存，设想并建立了各种各样的社会秩序规范，但是，灾难和惨祸，动乱和战争，掠夺和奴役，残杀和欺凌，一刻也没有在社会的进程中停止过。在全球化进程中，人类能否真正寻求到和完美实践着合于自身存在的至善合理的社会秩序？

在全球化进程中，国际旧秩序的影响依然存在，强权主义与霸权主义依然存在，对大多数发展中国家而言，全球化给它们造成的严峻形势要远远大于为它们带来的机遇，它们依然处于依附、受剥削的境地。在发达国家居于主导地位的国际秩序中，全球化很难体现和维护发展中国家的意志和利益。发达国家必然迫使发展中国家接受西方模式，要把自己的政治经济模式、文化价值观和意识形态推广到其他国家。全球化对世界许多相对弱势的大小文化、文明、传统构成最强大的空前挑战，一些文化、文明、传统不得不面对着消失的命运。一些反全球化行为就是为了弱势文化、文明、传统在全球化时代的生存与延续而斗争。小国、弱国、穷国不可能拥有在西方社会框定的全球化体系下充分的发言权，它们只能被动地接受既定的规则。

儒家指出，社会秩序包含在社会生活的各个方面，任何一个方面失去了秩序，则社会生活就会处于无序状态，人类自身的生存就会成为问题。儒家对于社会秩序的重视和建构，都是为了保证人类自身的生存，为了保证社会的完善运行。

儒家文明非但不是冲突的根源，相反，它是化解冲突的重要思想资源。在儒家文化系统中，无不贯穿着"中"的精神与"和"的原则，守中贵和，追求和谐是儒家学说基本精神。《中庸》有言："中也者，天下之大本也；和也者，天下之达道也。致中和，天地位焉，万物育焉。"追求"天地位，万物育"的宇宙整体和谐是儒家哲学理想境界。中和成为儒家文化处理问题的基本方法，又是其观照问题的基本态度，更是其追求

的目标和理想境界。从中和的观念出发，儒家主张和而不同，就是说人类文明的多样性存在正是人类文明存在和发展的必要条件。

"万物并育而不相害，道并行而不相悖。"人类任何一种文明形态都有其存在的合理性，都有其他文明不可替代的价值，都应受到全人类的尊重。在全球化的今天，人类文明欲长期发展下去的话，是到了不同文明应以平等的眼光看待自己和审视对方的时候了，以和谐代替冲突，以对话代替对抗，以相互欣赏代替相互鄙视，以宽容代替苛责，这就是儒家的中和智慧，也是今天人类不同文明的真正相处之道。

在中和观念的观照下，全球化的趋同与本土化的民族自我认同不但不矛盾，相反，二者可以相互促进，同生并长，共存共荣。《易传》指出："乾道变化，各正性命，保合太和，乃利贞。"每一种人类文明都是在不断地展开和完善之中，然而每一种文明都不是尽善尽美的，都需参与到全球化进程汲取其他文明的成分来完善自身。所以全球化与民族文化的自认同是兼容的，共存的，乃至可以相互促进，相互发展的。

"和为贵"的观念，是中国社会内部结构各种社会关系的基本出发点。在与异民族相处时，出现了"和而不同"的理论。这一点与西方的民族观念很不相同。"和而不同"这一古老的观念仍然具有强大的活力，仍然可以成为现代社会发展的一项准则和一个目标。承认不同，但是要"和"，这是世界多元文化必走的一条道路，否则就要出现纷争。如果只强调"同"而不讲求"和"，纷争到极端状态，那只能是毁灭。所以说，"和而不同"是人类共同生存的基本条件。

和同之辨是中国的重要问题，早在春秋时期，周太史史伯就言："夫和实生物，同则不继。"他认为，和是"以他平他"，即不同事物的相互掺和所形成的平衡状态，这种状态能不断产生新的事物，使世界充满生气和活力；而同是"以同裨同"，即同一事物的重复叠加，它不仅不能产生新事物，甚至使已有的事物也无以为继，"尽乃弃矣"。(《国语·郑语》)齐相晏婴发展了史伯的这一思想，进而分辨和同之异，认为和是事物不同属性乃至不同事物的"相济""相泄"，是"济其不及，以泄其过"，同是同一事物的相济，如以水济水。不同事物的并存是必然的，合理的，世界因不同事物的存在而充满生机和活力。

在史伯、晏婴等和同之辨的基础上，孔子赋予和同以价值意义和人文精神，他说："君子和而不同，小人同而不和"（《论语·子路》）。孔子将和同之辨与君子小人之辨联系起来，使和同由描述式的论说转变为价值上评判，这是孔子对和同观念的新发展。在儒家的论说，同被否了，而和成为儒家学者的追求。如何实现和，理想的和是什么状态成为儒家文化的重要话题，相应，"中和"、"太和"等观念成为儒家的重要范畴。《中庸》指出："中也者，天下之大本也，和也者，天下之达道也，致中和，天地位焉，万物育焉。"《易传》亦言："乾道变化，各正性命，保合太和，乃利贞。"太和是最完美的和，中和是恰到好处的和，太和是理想，静的，而中和是动的，即在不断地变动中，不断调适自身而与外界事物达到的一种和的状态。

和而不同是不同文明实体相处的方法，共育并存是当今世界人类文明相处之目的。人类文明的理想，应是"万物并育而不相害，道并行而不相悖"。人类各大文化系统，人类的各种文明，都有生存权和发展权，每一种文化、文明的本质、独立性，都应受到敬重和维护。人类不同文化在相安相敬、和而不同中，实现应有之发展，达至理想之境。

"和"的局面怎样才能出现呢？离不开承认不同，存异求同，化解矛盾。化解的办法中，既要有强制，也要有自律。要实现个人与社会的相互统一，不同文化之间的相互理解和适应，需要有一个"磨合"的过程。只要愿意共存共荣，就必然要磨合。磨合就是通过接触、交流、对话和建立共识，以达到矛盾的消除的过程。才会有比较自觉的磨合行为，才会有比较好的磨合状态，才能比较顺利地从经济全球化过渡到文化上的多元一体，经过不断地磨合，最终进入"和而不同"的境界。

全球化还带来了一系列全球性问题，解决这些问题已经超出了地域国家或民族国家的能力范围，而需要国际社会各行为主体携手解决，就是所有国家都有参与和处理国际事务的权利，世界上的事情只能由各国政府和人民共同商量来办。

全球化推动了经济和社会的发展，这为建立国际关系的民主化秩序提供了前提条件。全球化中的世界是个多样性的世界。在全球化的背景下来考察国际关系秩序的重新建构，全球化进程并不必然导致全球一体化的发展，也就是说，全球化进程并不必然导致一种以统一的社会和政治不断发展为标志的世界秩序，它应当实现人类的共同利益。

建构未来的世界秩序具有重大的意义。它是一种包容性的但不是折衷性的制度安排，无论是发展中国家还是发达国家，无论是大国还是小国，它将一视同仁地关注和支持它们的民主建设和巩固。

全球化其实是世界上各种不同文化传统之间"趋同"与"求异"的一体两面。"求异"的根源在于不同宗教传统之间的差别，而如何对待宗教传统的差异，从而化解愈演愈烈的宗教冲突所导致的文明冲突，如今尤为迫切。

在经济全球化背景下，将会出现世界文化的多样格局——以西方文化为中心的欧美文化区，以中国文化为中心的东亚文化区，以印度文化为中心的南亚文化区和以伊斯兰文化为中心的中东与北非地区。开展文明对话，使中华文化走向世界，抵制文化霸权主义，坚持多样文化的互补共荣。文化的民族性和文化世界性的关系。任何一种文化都有民族性，有个性；人类文化在个性中又含有一些共性；如果没有共性的因素，那么，世界范围内的文化交流便成为不可能的事。

全球化的发展推动了国际一体化，加强国家之间的相互依存，促进了国际之间的和平与协作。国际分工的不断深入，把各国的经济更加紧密地联系在一起。

在全球化日益发展的今天，儒学的普遍意义和永恒价值，将成为全人类的文化共识。儒学追求的是人的身与心、人与人、人与社会、人与宇宙自然的统一与和谐，这对于完善人的性格，规范人的行为，净化人的心灵，促进经济发展，稳定社会秩序，有其现实的重大意义。所以深入挖掘儒学思想的现代价值，对于促进人类社会发展，从根本上解决当代社会人的身与心、人与人、人与宇宙自然之间的矛盾和紧张以及全球化进程中的各种问题，有其可资借鉴的作用。

儒家思想与生态文明

自工业革命以来，人类为了追求最大的经济利益，曾经对于自然采取了掠夺性的开发和利用，这不仅导致了生态环境的污染和恶化，同时也阻碍了经济的可持续发展，而人类也在这种行为中受到了大自然的惩罚。为了保护生态环境，为了经济的可持续发展，20世纪下半叶以来，人类在对自身行为进行回顾和总结中，日益重视对于自然资源的合理运用，提出了生态文明的理论。这一理论的核心，其宗旨在于保护自然生态平衡，实现人与自然的和谐有序发展。中国传统的儒家思想中，蕴涵着丰富的生态文明理论。特别是儒家提出的"天人合一"思想，与当今社会的生态文明有着内容上的相似性，价值上的共同性，可以为生态文明理论的丰富和发展，提供可资借鉴的思想价值。

一 儒家生态文明的理论基础

儒家生态文明的理论基础，是建立在"天人合一"的思想上的。天人合一的思想理论，是天人观的重要构成内容，它是关于天与人二者关系的问题。对于这一问题的认识，儒家并不是孤立地探讨天的存在意义，也不是片面地分析人的存在的意义，而是将天与人作为一个对立统一的整体来认识，指出天与人作为对立统一的整体，是相通合一。这种相通合一表现为，天道是人道确立的本根依据和终极来源，人道是天道的具体流行和现实体现。因此，人在现实的社会活动中，应当以识得则法天道、践履遵循人道作为行为的规范和准则。由此天人合一思想出发，儒家的生态文明的理论是以顺天应人为其核心特征的。亦即，顺应天道、合于人道，是人对自然应当采取的行为准则。

儒家对于顺天应人的认识，主要以孔子、孟子和荀子为代表。

孔子则法天道的思想特点，具体由其在评价尧的为政时体现出来。他说："大哉，尧之为君也！巍巍乎！唯天为大，唯尧则之。荡荡乎，民无能名焉。巍巍乎其有成功也，焕乎其有文章！"(《论语·泰伯》) 尧之为政，之所以能够取得有功于民的功绩，在于他在社会管理活动过程中，取法天道，以设人道，设制了天人合一的纲纪规范。孔子认为，天道是人类社会管理规范的本原，人只有遵循天道，才能取得管理的成功。孔子进一步说："天何言哉？四时行焉，百物生焉。"(《论语·阳货》) 天道是以生生万物的仁德为其本质特征的，则法天道治理社会，就应以生生仁德来管理民众，对待自然，这是人的社会活动的基本规则。

孔子所言的天，既是自然而然存在运行的客观自然之天，它生生万物，同时又是体现着万物存在之理的本体义理之天。而天道就是这二者的统一。就自然之天而言，天有其运行发展变化的客观规律，它不以人的主观意志为转移。人在管理中效法天道，就要像天道自然那样，使自己的管理行为合于生生之道，识得人类社会存在发展的客观规律，实现人类社会正常有序的运行发展。故《易传·文言》曰："夫大人者与天地合其德，与日月合其明，与四时合其序，与鬼神合其吉凶，先天而天弗违，后天而奉天时。"管理者只有识得天人合一，其德行才能与天地好生之德相合，其明察才能与日月普照相合，其恩威才能与四时顺序相合，其赏罚才能与鬼神福善祸淫相合。《礼记·哀公问》记载，鲁哀公问孔子，为什么君子要贵重天道？孔子说："贵其不已。如日月东西相从而不已也，是天道也；不闭其久，是天道也；无为而物，是天道也；已成而明，是天道也。"这里关于天道的解释，是指天的运行有其自然客观的规律，而这一规律又是为人们所认识和肯定的，具有着客观现实的合理性。只有从天道自然中识得人类社会的存在发展规律，进而则法天道自然的合理性，制定管理的规范和准则，其管理才会为人们所认同和遵行。这是顺天应人管理本质的体现之一，它体现了管理规范的合理性。而就义理之天而言，天道的义理表现为生生不息的仁德，仁者人也，合而言之道也。仁德是人之所以为人的本质属性特征，同时它还是人道的集中表现和确立的依据。人类社会的道德规范和人伦秩序，都是以仁德为其核心特征的。所以，人在管理中则法天道，就要遵循源于天道义理、具有绝对至善性的以仁德为核心特征的道德规范和人伦秩序。所以，儒家认为，德礼政刑的社会管理行为规范，都是则法天道的产物，是天道对人道的要求和规范。例如，礼作为管理的行为规范之一，就具有顺天应人的属性特征。"礼也者，合于天时，设于地财，顺于鬼神，合于人心，理万物者也"（《礼记·礼器》），"夫礼，先王以承天之道，以治人之情也"（《礼记·礼运》）。《礼记·礼运》中载，孔子在向言偃阐释礼的起源时说："是故夫礼，必本于天，淆于地，列于鬼神，达于丧、祭、射、御、冠、昏、朝、聘。故圣人以礼示之，故天下可得而正也。"这即是说，人类社会的规范准则，源出于天道，以礼为核心，管理的规范和方法是天地秩序在人间的现实体现。所以，管理的本质，就在于顺天应人。

孟子的顺天应人的思想，具体表现为他对天道与人道关系的论证。他指出天道是人道的终极来源和本根依据，人道是天道的具体流行和现实发现，天道与人道，是相通合一于诚道上的。他说："居下位而不获于上，民不可得而治也。获于上有道，不信于友，弗获于上矣。信于友有道，事亲弗悦，弗信于友矣。悦亲有道，反身不诚，不悦于亲矣。诚身有道，不明乎善，不诚其身矣。是故诚者，天之道也；思诚者，人之道也。至诚而不动者，未之有也；不诚，未有能动者也。"（《孟子·离娄上》）天道表现为生生不息、真实无忘的诚德，人道即表现为对于诚德的识得践履。对此，《易传·说卦》也说："昔者圣人之作易也，将以顺性命之理，是以立天之道曰阴曰阳，立地之道曰柔曰刚，立人之道曰仁曰义，兼三才而两之。"《易传·系辞上》言："一阴一阳之谓道，继之者善也，成之者性也。"所以，人通过存心养性事天的省察工夫，当下即可识得源于天道的仁德，并可在日用伦常的现实社会中，通过修己而安人，内圣而外王的管理实践，达于天人合德的理想境界。可见，践履诚道，就能实现成己成物的价值追求。从天道与人道相通合一的思想出发，孟子论证了践履天道实践人道的特点。他说："尽其心者，知其性也。知其性，则知天矣。存其心，养其性，所以事天也。"（《孟子·尽心上》）人通过尽心知性，就可以知天事天，成就道德善性，践履天道诚德，实现天人合一。通过尽心知性的道德修养，达致天人合一，实现修己安人的价值和目的。所以，孟子指出，实施仁政德治，实现社会和谐运行，保护自然环境，这就是对于天道的实践。荀子的顺天应人管理思想荀子围绕天人关系，提出了天人相分的思想。他认为，天人各有其自身的职分，彼此之间不能相互替代，人当明于天人之分，不与天争职，惟有天人各尽其应尽的职分，才能实现自然与社会的和谐发展。荀子虽然主张天人相分，但就其思想属性而言，仍然是以天人合一思想为其特点的。

荀子认为，天人合一也是相合于诚德的，诚德不仅是天道的本质特点，它也是管理的本质特点。他说："天地为大矣，不诚则不能化万物；圣人为知矣，不诚则不能化万民；父子为亲矣，不诚则疏；君上为尊矣，不诚则卑。夫诚者，君子之所守也，而政事之本也。"（《荀子·不苟》）诚德是成己成物的仁爱之道，天道表现为诚德，人道就是对于天道诚德的认知和遵循。管理要合于人道，其实质就是践履天道。而践履天道，则是以隆礼守礼践礼为其表现特征的。荀子指出，人道是以礼为其核心特征的，礼是人的道德规范和行为准则，礼是社会的纲纪伦常，礼确立了人的社会角色和社会职能，礼具有着养人之欲、给人之求，保证社会和谐运行的作用。而礼就是圣王本于天道以合人道而设置的。他说："礼有三本：天地者，生之本也；先祖者，类之本也；君师者，治之本也。无天地，恶生？无先祖，恶出？无君师，恶治？三者偏亡，焉无安人。故礼，上事天，下事地，尊先祖而隆君师，是礼之三本也。"（《荀子·礼论》）天地是人类生存的根本，祖先是人类形成的根本，君师是人类治理的根本，而礼就是事天地、尊先祖、隆君师的人道，故礼的产生源于圣王对于天地之道的遵循，源于圣王对于人道的认识。荀子进一步论证了隆礼守礼在人的社会活动中的作用。他说："天地以合，日月以明，四时以序，星辰以行，江河以流，万物以昌。好恶以节，喜怒以当，以为下则顺，以为上则明。万变不乱，贰之则丧也。礼岂不至矣哉！立隆以为极，而天下莫之能损益也。本末相顺，终始相应，至文以有别，至察以有说。天下从之者治，不从者乱，从之者安，不从者危，从之者存，不从者亡。"（《荀子·礼论》）荀子认为，天地的和合，日月的光明，四时的有序，星辰的运行，江河的奔流，万物的生长，都是体现了礼的作用。而人的好恶由礼而得以节制，喜怒由礼而得以恰当；依礼而作民众就能安顺，依礼而为君主就能英明。天地万物和人类社会的千变万化，依循于礼就不会紊乱，背离了礼就导致丧亡。所以，礼是天地万物和人类社会和谐有序运行发展的最高准则，它决定着天地万物和人类社会的安危存亡。持守礼的准则，天下就会得到治理；背离礼的准则，天下就会处于混乱。故荀子强调"人无礼则不生，事无礼则不成，国家无礼则不宁"（《荀子·修身》），指出"礼者，治辨之极也，强固之本也，威行之道也，功名之总也。王公由之所以得天下也，不由所以陨社稷也"（《荀子·议兵》）。礼的作用在于成就人的道德善性，实现养民富国的目的。所以，以礼为准则，就是遵循天道，实践人道。荀子虽然主张天人相分，但他却极力主张管理要体现顺天应人的本质特点。他提出人在社会活动中，要"制天命而用之"，这实质上是强调人在管理活动中的主动性。他说："列星随旋，日月递炤，四时代御，阴阳大化，风雨博施，万物各得其和以生，各得其养以成，不见其事而见其功，夫是之谓神。皆知其所以成，莫知其无形，夫是之谓天。"（《荀子·天论》）天是具有其客观运行规律的自然之天，在自然之天面前，人应当充分发挥自身的能动作用。他说："大天而思之，孰与物畜而制之！从天而颂之，孰与制天命而用之！望时而待之，孰与应时而使之！因物而多之，孰与骋能而化之！思物而物之，孰与理物而勿失之也！愿于物之所以生，孰与有物之所以成！故错人而思天，则失万物之情。"（《荀子·天论》）认识到了天的伟大而仰慕它，不如将天当做人所管理的物来控制它；顺从天的规律而颂扬它，不如掌握天的规律来利用它；仰望天时而待天之恩赐，不如顺应时节的变化为人服务；空想使用万物，不如把万物加以调理使它不失去自己的作用；指望物类的自然发生，不如掌握它的生长规律而培养它的成长。所以，如果放弃了人的能动作用而指望天道来为人类服务，这是不合于万物发展的真实情况的。荀子所讲的制天命而用之的思想，并没有否定人的管理行为要遵循自然的发展规律，相反他明确地指出人在管理活动中要顺应自然规律，实现人的管理作用。他说："天地者，生之始也；礼义者，治之始也；君子者，礼义之始也。为之，贯之，积重之，致好之者，君子之始也。故天地生君子，君子理天地；君子者，天地之参也，万物之总也，民之父母也。"（《荀子·王制》）天地虽然产生万物，但万物的治理，却要依赖于人。这就是"天地生之，圣人成之"（《荀子·富国》）。"故曰：天地合而万物生，阴阳接而变化起，性伪合而天下治。天地生物，不能辨物也；地能载人，不能治人也；宇中万物，生人之属，待圣人然后分也"（《荀子·礼论》）。圣人的作用就在于分辨万物，参赞天地，以实现管理的目的，这正是人的社会作用的体现。管理者要保证管理活动的成功，就要遵循自然的运行规律，满足人们的生存需求，这就是顺天应人的管理。荀子指出，顺天应人的管理活动表现为，人在管理活动中，要顺应天的自然变化规律，实现人在管理活动中的能动作用。他认为，天虽然有其各种各样的自然变化现象，但社会的治乱成败不是由天所决定的，而是由人所决定的。他说："天行有常，不为尧存，不为桀亡。应之以治则吉，应之以乱则凶。强本而节用，则天不能贫；养备而动时，则天不能病；修道而不贰，则天不能祸。故水旱不能使之饥，寒暑不能使之疾，祅怪不能使之凶。本荒而用侈，则天不能使之富；养略而动罕，则天不能使之全；倍道而妄行，则天不能使之吉。故水旱未至而饥，寒暑未薄而疾，祅怪未至而凶。受时与治世同，而殃祸与治世异，不可以怨天，其道然也。故明于天人之分，则可谓至人矣。"（《荀子·天论》）天所具有的自然变化规律，是不依人的意志为转移的。人在社会管理活动中，明于天人之职分，顺应天的自然变化规律，发挥自身的能动作用，采取适当的行为，就能避免各种自然现象对人造成的危害。所以，顺天应人的管理，是以明于天人之分为其特点的。他说："不为而成，不求而得，夫是之谓天职。如是者，虽深，其人不加虑焉；虽大，不加能焉；虽精，不加察焉，夫是之谓不与天争职。天有其时，地有其财，人有其治，夫是之谓能参。舍其所以参，而愿其所参，则惑矣。"（《荀子·天论》）人如果在管理活动中，不能明于天人之分，实现自身所具有的能动作用，就是丢弃自身职分，而去与天争职，违背人的活动规律的错误行为。因此，荀子指出，社会管理的治乱成败，完全是由人所决定的。他说："治乱，天邪？曰：日月星辰瑞历，是禹、桀之所同也，禹以治，桀以乱；治乱非天也。时邪？曰：繁启蕃长于春夏，畜积收藏于秋冬，是禹、桀之所同也，禹以治，桀以乱；治乱非时也。地邪？曰：得地则生，失地则死，是又禹、桀之所同也，禹以治，桀以乱；治乱非地也。"（《荀子·天论》）天地有其客观存在的自然变化规律和现象，而禹得之以治，桀得之以乱，这一迥然不同的结果，完全是由他们所采取的社会行为所决定的。他指出，只有在管理活动中，顺应天地自然变化规律，实行合于人道的治理方法，才能实现管理的成功。因此，保证人类社会和谐有序的运行进步，就应当遵循自然变化的规律，保证人的生存发展需求，实行重民爱民、富国安邦的管理方式。

　　儒家顺天应人的思想，是其生态文明的理论基础。它指出了人在管理活动中所应采取的行为，无论是孔子的则天修养仁德的思想，还是孟子事天践履诚德的思想，以及荀子应天隆礼明分的思想，其实质都是主张人在自身的社会管理活动中，要发挥自身的能动作用。持守顺天应人的行为准则，满足和实现人的生存发展的需求，保证社会和自然的和谐有序运行，达致管理目的的实现。

二　儒家生态文明的内容

　　和谐社会是人与自然和谐相处的社会。人与自然和谐相处，包括两个方面的内容：一方面是人类可以持续不断地从自然获取自身生存所需要的物质资源，而同时努力增强自然的再生产能力，保持其原有的生态环境，不让其恶化。另一方面是自然源源不断地提供人们所需要的物质，更多地赐福于人，而不是频降灾难。实现人与自然的和谐共生，是人类社会健康持续发展的需要。人与自然的关系不和谐，往往会严重影响人与人的关系以及人与社会的关系。只有正确处理人与自然的关系，转变发展方式和生活方式，保护自然生态环境，才能推进经济社会的可持续发展，才能保证和谐社会的真正实现。

　　儒家生态文明的内容，具体表现为其对人与自然和谐关系的重视。它追求人与自然之间相互关系的和谐统一，认为自然界是一个生态平衡的整体，自然生态系统的万物各有自己的生态位。如果生态系统失调，那么，整个自然界的和谐就会受到破坏。因此，人类要遵循自然生态系统的法则，不能随意破坏自然环境，而要善待自然，尊重自然秩序。人与自然和谐相处，是人在处理人与自然关系时的一种最基本的态度。

　　儒家关于人与自然的和谐思想，其所指的自然，广义上讲是指宇宙万物。作为人的社会活动的对象，则主要是指人类赖以生存的自然物质资源。就其种类范围而言，它既包括了无生命的自然地理资源，如土地、山川、江河、海洋、矿物等，也包括了各种生态物种资源，如野生的动物和植物，以及人工种植的植物和养殖的动物。因此，人与自然的和谐，就是指通过采取一定的管理方法和手段，实现自然物质资源在人类社会发展中所具有的作用。

　　儒家关于人与自然和谐的思想，是以仁民而爱物为其价值取向特点的。儒家从天人合一的思想出发，认为世间万物虽然各自不同，但它们并不是孤立存在的，而是处于一个统一的整体之中的，相互之间有着紧密的联系。对待万物，要从仁德出发，爱护万物，遵循万物生长的自然规律，做到"万物并育而不害"，"财成天地之道，辅相天地之宜"。故《易传·乾文言》曰："大人者，与天地合其德，与日月合其明，与鬼神合其吉凶，先天而天弗违，后天而奉天时。"进行管理要与天地日月之时相合，"凡举大事，毋逆大数，必顺其时，慎因其类"（《礼记·月令》），这样才能保证管理活动的顺利成功。因此，儒家指出，在对物力的管理中，要依据时间变化的自然规律，保证自然万物的顺利生长和社会活动的顺利进行，以使"天之所覆，地之所载，莫不尽其美，致其用，上以饰贤良，下以养百姓而安乐之"（《荀子·王制》）。这是人们在物力管理中所应遵奉的行为规范，也是礼的规范的组成部分，其目的在于通过采取特定的管理方法和手段，合理开发和利用各种物力资源，满足人的生活和生产的需要，实现万物对人类生存发展所具有的作用。这就是儒家所强调的开物成务、利用厚生的思想。儒家关于保护和运用生态资源的思想，在中国传统社会中得到了为政者的重视和实行，不仅是礼的重要组成内容，而且成为国家的法律。

　　儒家的人与自然和谐的思想，主要表现在这样几个方面：一是阐明了物力管理的范围和种类；二是揭示了物力管理的方法和措施；三是论证了物力管理的目的和意义。

　　1. 重视地理资源

　　儒家关于人与自然和谐的思想，首先表现为对于自然地理资源的重视。自然地理资源主要包括土地、山川、森林、湖泊等，它们为人类提供了生活和生产所需的许多种资源。

　　土地资源是物力管理最为重要的对象。土地是国民经济基础产业部门农业的基本生产资料和重要的物质条件，保护土地是保护农业自然资源的重要组成部分，也是政治管理的重要内容。特别是由于中国传统社会是一个以农业为本的国家，对于土地资源的管理，不仅能够满足人们的衣食生活资料需求，而且它还是实现社会的和谐稳定，达致治国安邦的重要前提。因而，儒家特别重视对于土地资源的管理。

　　儒家充分认识到土地在社会经济发展和政治稳定，以及人类生活中的作用和价值，指出土地作为物力具有着重要的生态功能和资源价值，它是万物生长的根源和载体，能够为人类提供所需的绝大部分生产和生活资料。所以，在土地资源的保护上，要遵从生态学的季节规律，合理地开发和利用土地。例如，儒家强调，要禁止夏冬两季开发土地，夏季是农作物的生长季节，使用土地就会破坏农作物的生长，而冬季为土地休闲的季节，使用土地就不能保证土地有一个休整的机会，进而破坏土地持续利用的价值。

　　森林是重要的自然资源，它不仅为人们提供生活和生产所需的木材，而且还具有着调节生态系统的功能，为大量动物和植物的生长提供有利适宜的环境。《礼记》中曾对管理山林的虞人职能，给予了详细的说明，指出虞是进行环境管理不可缺少的机构，它是整个王者序官中一个独立的部门，与宰爵、司徒、司马、大师、司空、治田等机构是并列的，负有保护自然资源的专门职能。如孟春之月，虞人要严加管理川泽，保证鱼类资源的生长；季春之月，要做好保护桑树的工作；季夏之月，要做好保护树木生长的工作；仲冬之月，要指导人们进行田猎活动等。故荀子曾指出，虞人的工作在于"修火宪，养山林薮泽草木、鱼鳖、百索，以时禁发，使国家足用，而财物不屈，虞师之事也"（《荀子·王制》）。儒家指出，森林是鸟兽的栖息地，鸟兽是人类生活的重要资源，保护森林就有利于鸟兽等生物的生长。荀子说，"山树茂而禽兽归之"（《荀子·致士》），"树成荫而众鸟息焉"（《荀子·学而》）。森林出产的木材，是民众生活的重要资源，对于森林应当做到"斧斤以时入山林"，这样"材木不可胜用也"（《孟子·梁惠王上》）。以仁德对待林木，在采伐林木时，要在草木零落的秋冬两季进行，这样才能保证林木的资源能够持续地增长。如果山上森林资源得到破坏，这并不是山不能生长林木，而是人的破坏所致。故孟子说："牛山之木尝美矣，以其郊于大国也，斧斤伐之，可以为美乎？是其日夜之所息，雨露之所润，非无萌蘖之生焉，牛羊又从而牧之，是以若彼濯濯也。人见其濯濯也，以为未尝有著焉，此岂山之性也哉？"（《孟子·告子上》）所以，人类在自身的生活中，要以仁德来对待万物，这实质上也就是以仁德来对待人类。

　　2. 重视生物资源

　　儒家关于人与自然的和谐，还包括对于生物资源的重视。生物的生存发展，有其自身成长的规律，有其特定的生存环境。生物只有在一定的环境条件下才能生存发展，如果生态环境遭到破坏，则生物就难以生存。只有认识到了生物生存发展的规律，保证它们的顺利生长，才能得到最有效的利用生物资源。

儒家指出，在对生物资源的管理上，在做到养用结合，保证生物有一个良好的生存环境，实现生物资源的持续存在和不断利用，满足人们生活需求。周文王时，就已提出："山林非时不升斤斧，以成草木之长。川泽非时不入网罟，以成鱼鳖之长。不麛不卵，以成鸟兽之长。"（《逸周书·文传解》）孔子提出，渔猎活动要做到"钓而不纲，弋不射宿"（《论语·述而》）。《礼记·月令》中详细地介绍了一年四季十二个月的天文景象、物候特点以及动植物的生长规律，并在此基础上明确地规定了天子及其国家在管理社会经济生活、组织农业生产中的基本职能，指出了不同季节中的农牧渔猎祭祀活动具体任务和行为原则以及宜忌事项，并将之归为礼的内容，以保护自然资源，达到利用厚生。其思想内容表现在，认识到了时间在管理活动中的价值。它要求为政者要以时间为根据，合理地安排日常生活，以及宗教、政事、兵事、礼乐、刑狱等活动。举行兵事等政治活动，不能贻误农时，而应根据季节的变化来加强农事的管理；要求农民应根据季节的变化来合理地安排农事；同时要求人们要根据季节的变化，来合理地安排获取自然资源的活动，不得在动物幼小孕育之时进行渔猎活动，不得在植物生长开花之时，进行采伐活动。为了保证生物资源，规定凡未到食用时期的生物禁止在市场中买卖。《礼记·王制》说："五谷不时，果实未熟不粥于市，木不中伐不粥于市，禽兽鱼鳖不中杀不粥于市"，"田不以礼，曰暴天物。"行猎活动，要依据一定的礼节，对于动物不可杀灭殆尽，夭绝其生，而要保证动物群体的生长延续，否则就是暴殄天物，有违于礼，导致自然的惩罚。

孟子在生物资源的管理上，提出了"苟得其养，无物不长；苟失其养，无物不消"（《孟子·告子上》）的管理思想。他认为，对于生物资源的合理管理，能够为人们的生存提供各种所需的资料，这是治国王道的基础。他说："不违农时，谷不可胜食也；数罟不入洿池，鱼鳖不可胜食也；斧斤以时入山林，材木不可胜用也。谷与鱼鳖不可胜食也，材木不可胜用，是使民养生丧死无憾，王道之始也。"（《孟子·梁惠王上》）荀子则进一步指出，在对生物资源的管理活动中，应当协调好各类生态关系，保证万物的生存发展。他说："君者，善群也。群道当则万物皆得其宜，六畜皆得其长，群生皆得其命"，掌握其生长发展的规律，做到适时合理运用，"故养长时则六畜育，杀生时则草木殖"（《荀子·王制》）。同时，他又提出了以保护生物资源为表现内容的圣王之制："草木荣华滋硕之时，则斧斤不入山林，不夭其生，不绝其长也；鼋鼍鱼鳖鳅鳣孕别之时，罔罟毒药不入泽，不夭其生，不绝其长也；春耕、夏耘、秋收、冬藏，四者不失时，故五谷不绝，而百姓有余食也；污池渊沼川泽，谨其时禁，故鱼鳖优多，而百姓有余用也；斩伐养长不失其时，故山林不童，而百姓有余材也。"（《荀子·王制》）管理者的职责在于协调天人关系，保护生态环境，实现各类自然资源的持续发展。只有生态环境得到保护，自然资源才能得到良性循环发展。所以，人对生物的生存繁衍，负有重要的责任，只有遵循生物生存发展的规律，才能保证物力资源的不断增长。汉初由多家学者汇著的《淮南子·主术训》中也提出了保护生物资源的方法和思想，并认为这是先王治国之法。它说："先王之法，畋不掩群，不取麛夭，不涸泽而渔，不焚林而猎。豺未祭兽，罝罦不得布于野；獭未祭鱼，网罟不得入于水；鹰隼未挚，罗网不得张于溪谷；草木未落，斤斧不得入山林；昆虫未蛰，不得以火烧田。孕育不得杀，彀卵不得探，鱼不长尺不得取，彘不期年不得食。"这些政策，都是为了保证自然生态资源能够持续发展，为人所用。

儒家的人与自然和谐的思想，既注重从生态学的规律上对物力加以保护，也注重从政治政策上对自然物质资源加以保护，其目的就在于实现自然物质资源对人类生存发展的作用。儒家不但认识到自然资源是人类的生存之本，同时也认识到自然资源是有限的，只有保护生态环境，才能保持人与自然的和谐共存，只有形成和谐、统一的天人关系，保证人类的生存和发展。

儒家生态文明的思想，主张开发利用自然资源，改善人的物质生活，满足人类生活需要的同时，又理性地认识到了对自然界的开发利用，必须合理有节，不能将自然界完全视为单纯的客体使用对象，不可对自然采取任意的宰制、控御、破坏的态度和行为。儒家的"天人合一"的思想，充分认识到了人与自然是一种息息相通的关系。保护生态环境是儒家仁民爱物思想的具体展示，它体现的是儒家所强调的仁德。继承发扬儒家的"天人合一"的思想，对于自然生态环境的保护，对于当今人类生存环境的改善，具有重要的意义。

儒家与人的存在完善

　　当代社会，随着全球化进程的不断加剧，各种新的全球性社会问题不断产生。如个体身心完善问题，家庭和睦问题，民主法治问题，社会公平正义问题，自然生态环境问题，不平衡发展问题，移民和难民问题，跨国犯罪问题和地区冲突问题等。虽然全球化是现代社会发展的一种趋势，但是如果不能很好地解决这些问题，全球化就不可能实现整个人类利益的共同发展。所以，人类如何在全球化的进程中，规范自身的存在行为，建构合理的社会运行秩序，采取适宜的社会生活方式，决定着人类能否实现自身的共同利益，达致人的存在完善。

　　儒家思想是以规正社会运行秩序，实现人类的生存完善为其价值追求的，历代儒家学者在对社会文化发展的理性反思中，从人的存在的社会属性特点出发，对于人的社会行为方式，进行了深刻的阐释。他们指出，人之所以为人，就在于人是生存于人道社会之中的。荀子说："人之所以为人也，非特以二足而无毛也，以其有辨也。夫禽兽有父子而无父子之亲，有牝牡而无男女之别。故人道莫不有辨，辨莫大于分，分莫大于礼，礼莫大于圣王。"① 人道具体表现为特定的社会组织结构和纲纪规范，这是人类在其自身生存发展中产生形成的客观历史产物，是人之所以为人的社会存在特征和属性的体现。人们只有在社会活动中，实现自身存在的本质属性，才能保证社会和谐有序的进步发展，达致自身存在的完善。儒家对于人的存在完善的认识，是以实现人与自身、人与社会、人与自然的和谐发展为其思想特点的。它所蕴涵的丰富思想，虽然对于全球化进程中亟待解决的各种社会问题，不可能提出现成的解决方案，但却有其可资借鉴的理

---

① 《荀子·非相》，（清）王先谦《荀子集解》，北京：中华书局1988年版，第79页。

论意义和社会作用。

一 和谐的社会秩序是人的存在完善的前提

在全球化进程中，强权主义与霸权主义的国际旧秩序依然存在。发达国家以其政治、经济和军事上的势力，把他们的政治经济模式、文化价值观念和意识形态推广到其他国家。由于发达国家在国际秩序中占据主导地位，全球化很难体现和维护发展中国家的意志和利益。对大多数发展中国家而言，全球化给它们造成的严峻形势要远远大于为它们带来的机遇，它们依然处于被动、依附、受剥削的境地，不可能拥有在西方社会框定的全球化体系下充分的发言权，只能被动地接受既定的规则。全球化对世界许多相对弱势的文化、文明、传统构成强大的空前挑战，它们不得不面对着可能消失的命运。因而，不同国家和地区之间的人们及团体，由于文化和传统的差异，宗教和信仰的区别，利益和需要的分歧，彼此为了获取各自最大的生存发展空间和权益，导致了整个世界处于不断的动荡和纷争之中。解决纷争，实现和平，促进发展，建构和谐的现代国际社会新秩序，成为人们关注的现实问题。

而儒家文化对于如何建构和谐的社会秩序，提出许多有价值的思想。特别是儒家提出的"和而不同"的思想，贯穿着中的精神与和的原则。因而，守中贵和、追求和谐作为儒家思想的基本精神，对当代和谐社会秩序的建构，具有着重要的指导意义。

"和而不同"作为中国传统文化的重要思想，与孔子的继承发展是分不开的。孔子在对"和而不同"的认识中，赋予了和与同以价值意义上的内在精神。他说："君子和而不同，小人同而不和。"① 孔子将和同之辨与君子小人之辨联系起来，使和与同由事实上的状态描述转变为价值上评判标准、行为上的准则规范。他认为，和与同，不仅仅是个人道德特征的表现，更是社会和谐运行的必要管理方式和重要表现特征。由此，儒家追求的"和而不同"的社会秩序，具体是以"中和""太和"的思想表现出来的。《中庸》指出："中也者，天下之大本也，和也者，天下之达道

---

① 《论语·子路》，《四书章句集注》，北京：中华书局1983年版，第147页。

也，致中和，天地位焉，万物育焉。"《易传·乾·象》亦言："天道变化，各正性命，保合太和，乃利贞。"太和是最完美的和，中和是恰到好处的和。太和是理想的、静的；而中和是动的，即在不断地变动中，不断调适自身而与外界事物达到的一种和的状态。追求"天地位焉，万物育焉"的宇宙整体和谐是儒家向往的理想境界，这一境界同样也是儒家所追求的社会运行秩序。中和成为儒家文化处理问题的基本方法，又是其观照问题的基本态度，更是其追求的价值目标和理想境界。因此，"和而不同"的思想，成为儒家提倡的解决社会内部各种关系的基本出发点，"和而不同"的存在状态是社会运行所应体现出的理想境界。

在当代社会，儒家"和而不同"的思想仍然具有强大的活力，它可以成为当代社会发展所应持守的一项准则和现代社会秩序所应追求的存在状态。人类任何一种文明形态都有其存在的合理性，都有其他文明不可替代的价值。

"和"的状态和局面的出现形成，离不开承认不同，存异求同，化解矛盾。要实现不同文化之间的相互理解和适应，需要有一个"磨合"的过程。磨合就是通过接触、交流、对话和建立共识，以达到矛盾的消除的过程。全球化推动了经济和社会的发展，这为建立国际关系的民主化秩序提供了前提条件，亦即全球化中的世界是个多样性的充满活力的世界。在全球化的背景下来考察国际关系秩序的重新建构，全球化进程并不必然导致一种以统一的社会和政治不断发展为标志的世界秩序，它应当实现人类的共同利益，是一种包容性的但不是折中性的制度安排，无论是发展中国家还是发达国家，无论是大国还是小国，真正和谐的国际秩序是以"和而不同"的原则而建构起来的。每个国家都有其具体的文化传统、价值观念、国情特点、道路选择。承认各个国家的国情不同、文化差异，尊重各个国家的管理机制、发展道路，讲求和谐共处，这是世界各国和平共处、共同发展的一条道路，否则就要出现纷争。如果只强调"同"而不讲求"和"，以自己的价值观念、意识形态强加于别国，当纷争达到极端状态时，那只能是彼此的毁灭。所以，"和而不同"是人类共同生存的基本条件和应当持守的基本相处原则，更是当代国际社会建构和谐运行秩序所应持守的重要行为准则。

和而不同是不同文明实体相处的方法，共育并存是当今世界人类文明相处之目的。在当代社会的发展中，人类各大文化系统，人类的各种文明，都有生存权和发展权，每一种文化、文明的本质、独立性，都应受到敬重和维护。人类不同文化在相安相敬、和而不同中，才能实现应有之发展，达至理想之境。否则，和谐的国际秩序就难以建立起来，人的存在完善就不可能实现。因此，儒家的思想是推动当代社会和谐秩序建构和发展的重要思想资源。

二 和谐的经济关系是人的存在完善的基础

经济全球化不仅是空前先进的生产方式，而且开辟了人类更先进的生产方式的道路。它的迅猛发展，使得全球资源得到最有效、最合理的优化配置。不仅全球范围内有效地分工协作可以产生新的巨大生产力，而且资源的合理配置使全球经济可持续发展成为可能。同时，它也满足了人们可以得到来自全球最先进、最廉价、最切合自己个性需要的物质生活需求和精神文化需求的消费。在全球化的进程中，全球资源的优化配置，使发达国家和发展中国家都从参与全球化中获得了不少的益处。但是，在分享全球化的利益方面，发达国家占据了绝大多数。众多的发展中国家，由于历史的原因，经济结构相对脆弱，资金匮乏，技术落后，市场发育不成熟，因而在分享全球化的利益时所得有限。因而，一个日益严重的社会现象，那就是在全球化进程中，贫国与富国、穷人与富人的差距在拉大而不是缩小。如果极为悬殊的贫富差距，如果不在一系列国际性政策上对发展中国家采取更为积极主动的、实质性的支持举措，即将推进的全球化依然还不是真正意义上的全球化，全球化的收益在发达国家和发展中国家，以及不同发展中国家之间的分配的不均衡现象还会加剧，这对于全球化的继续平稳推进是一个十分严峻的现实威胁。因此，只以效率和利润而不讲道德和公平的全球化，是一种不健康的历史恶动力。尊重人尤其是尊重处于弱势地位的多数人的生存权利，应是全球化运动的道德底线。人类唯一的出路，就是顺应经济全球化的本质要求，建立一个公正合理的，从而全球共赢共荣的国际经济新秩序，解决全球化过程中出现的各种经济问题，这是实现人类存在完善的重要保证。

儒家的思想，不可能为全球化过程中国际经济新秩序的建立，提供现成理想的方案。但是，儒家关于如何发展经济，以及经济的作用等思想，却可以为全球化进程中经济发展出现的问题解决，提供具有现实意义的启迪，而这主要表现为儒家"利用厚生"的经济观。儒家的这一思想，不仅指出了和谐的经济关系，具体表现为满足人们的生存需求，而且强调了和谐的经济关系，还在于实现人与自然的和谐共处。

儒家的利用厚生思想，是中华民族在社会治理中形成的具有丰富价值的经济管理思想，它具有着久远深厚的文化渊源，展示了人类对于自身生存的理性认识，是中华民族对于经济发展及其作用的智慧探索。早在《尚书·大禹谟》中就记载："禹曰：'於！帝念哉！德惟善政，政在养民。火、水、金、木、土、谷，惟修；正德、利用、厚生，惟和；九功惟叙，九叙惟歌。戒之用休，董之用威，劝之以九歌，俾勿坏。'帝曰："俞！地平天成，六府三事允治，万世永赖，时乃功。"《左传·文公七年》中也记载："六府、三事，谓之九功。水、火、金、木、土、谷，谓之六府。正德、利用、厚生，谓之三事。义而行之，谓之德礼。"利用就是尽物之用；厚生就是富裕民众。德惟善政，政在养民，而要实现养民，达致善政，就要在社会治理中，实行"利用厚生"的经济管理政策。儒家"厚生利用"的经济观，是以保障人们的生存发展，实现社会的共同富裕为其核心特点的。就其具体内容而言，一是养民富民的"厚生"，为政的目的和经济的作用，在于保障人们的物质生活生存需求；二是合理利用自然资源的"利用"，合理地运用自然物质资源，实现经济和社会的可持续发展。

关于如何实现养民富民，孔子提出了"庶、富、教"顺序渐进的三个过程。他主张，为政应当"因民之所利而利之"①，保证民众的生存是社会治理的重要内容，而要实现养民富民，就要在社会治理中，采取措施保证民众拥有生活和生产的所需求的基本物质资料。《论语·颜渊》载："子贡问政。子曰：足食、足兵、民信之矣。"足食是指保证民众能够拥有生存所需的物质生活资料，足兵是指保证国家要有强盛的兵力，民信是指为政要得到民众的信任，亦即实现国富兵强，得到民心归依，这是治国的三条基本原则。可见，养民富民的厚生，是治理社会的重要内容，其目

---

① 《论语·尧曰》，《四书章句集注》，北京：中华书局1983年版，第194页。

的在于达到"博施于民，而能济众"的至善境界。孔子认为，"博施于民，而能济众"至善境界，是连尧舜那样的圣王都还没有做到。"子贡问曰：'如有博施于民而能济众，何如？可谓仁乎？'子曰：'何事于仁！必也圣乎！尧舜其犹病诸！'"①"博施于民，而能济众"的至善境界，是既仁且圣的理想政治。

　　孟子在继承孔子的思想基础上，他所主张的养民富民厚生思想，集中表现为仁政学说。他指出，仁政就是以"不忍人之心"，行"不忍人之政"，其目的在于实现保民安民，满足民众的生存需求，"养生丧死无憾，王道之始也"，"黎民不饥不寒，然而不王者，未之有也"②。他曾以周文王为例，指出文王之所以能够为周朝政权的创建奠定下厚实的根基，就是由于其在政治活动中实行了以养民富民的经济政策。"昔者文王之治岐也，耕者九一，仕者世禄，关市讥而不征，泽梁无禁，罪人不孥。老而无妻曰鳏，老而无夫曰寡，老而无子曰独，幼而无父曰孤。此四者，天下之穷民而无告者，文王发政施仁，必先斯四者。"③关注民众的生存，特别是关爱矜寡孤独废疾的弱势民众，实施养民爱民的仁政德治，薄赋税，省刑罚，才能得到民众的拥护和支持，保证政权的稳固，实现社会的和谐。

　　儒家关心和重视民众的生存，反对极为悬殊的贫富差别，主张治理社会必须实行人人得以生存的社会保障体制，做到"养人之欲，给人之求"，满足人们的社会生存发展需求。这种重视民众生存保障的思想，是对人的生存权和发展权的充分肯定，是以仁德为核心的朴素人道主义的重要体现。儒家的"厚生"的思想，是儒家人权观的重要构成内容，它在全球化进程中，有其现实的意义。全球化的发展，就要保障人类所有成员的生存和发展，缩短贫富差距，实现共同富裕。只有使弱势群体的基本生存和发展权利得到保障的全球化，才是可以被接受的和可持续发展的全球化，才能保证人类自身生存的完善和发展。

　　全球化的进程中，人类为了追求最大的经济利益，对于自然采取的掠夺性的开发和利用，不仅导致了生态环境的污染和恶化，同时阻碍了经济

①《论语·尧曰》，《四书章句集注》，北京：中华书局1983年版，第91—92页。
②《孟子·梁惠王上》，《四书章句集注》，北京：中华书局1983年版，第203、212页。
③《孟子·梁惠王下》，《四书章句集注》，北京：中华书局1983年版，第218页。

的可持续发展，而人类也在这种行为中受到了大自然的惩罚。为了保护生态环境，为了经济的可持续发展，人们正日益重视自然资源的合理运用。而儒家的"利用"思想，为此可以提供可资借鉴的思想。

儒家的利用思想，是建立在天人合一的理论上的。儒家的天人合一理论，并不是孤立地探讨天存在意义，也不是片面地分析人存在的意义，而是将天与人作为一个对立统一的整体来认识，指出了天与人是相通合一的。这种相通合一表现为，人在现实的社会活动中，应当以识得则法天道、遵循践履人道作为行为的规范和准则。从天人合一的思想出发，儒家强调人与自然应当是一种和谐相处的关系。人与自然和谐相处，包括两个方面的内容：一方面是人类可以持续不断地从自然获取自身生存所需要的物质资源，而同时努力增强自然的再生产能力，保持其原有的生态环境，不让其恶化。另一方面是自然源源不断地提供人们所需要的物质，更多地赐福于人，而不是频降灾难。实现人与自然的和谐共处，是人类社会持续发展的需要。《礼记·中庸》指出："惟天下至诚，能尽其性。能尽其性，则能尽人之性。能尽人之性，则能尽物之性。能尽物之性，则可以赞天地之化育。可以赞天地之化育，则可以与天地参矣。"人类遵循天地自然规律以助天地之变化，则可以与天地和谐并立。儒家指出，人类的生存离不开自然，人类对待自然应当持守"仁民爱物"的态度，保护利用好自然资源，树立"爱物成物"的道德意识，把人类的爱心推之于自然万物。这就是儒家对待自然万物的仁爱精神。仁爱是人际关系和谐的道德基础，同样它也是人与自然实现和谐相处的道德基础。世间万物虽然各自不同，但它们并不是孤立存在的，而是处于一个统一的整体之中的，相互之间有着紧密的联系。只有从仁德出发，爱护万物，遵循万物生长的自然规律，做到"万物并育而不害"，才能合理利用自然为人类服务。

儒家主张，开发利用自然资源，改善人的物质生活，是人类生存发展的需要，但人类对自然界的开发利用，必须合理有节，而不能采取对自然的任意宰制和破坏的态度和行为，不能将自然界完全视为单纯的客体使用对象。儒家在强调泛爱万物的同时，更强调人与自然的和谐相处之道，提出了保护生态平衡的一系列主张。为了保证这些措施能够得到实施，他们又将对自然的保护列为礼的内容，以规范人们在经济生活中的行为，实现经济和社会的可持续发展。如儒家坚决反对"焚薮而田"，"竭泽而渔"，掠夺式地向自然索取物质生活资料，导致山川湖泽丧失再生能力。他们主张："数罟不入洿池，鱼鳖不可胜食也；斧斤以时入山林，材木不可胜用也。"① 荀子把保护生物资源，列为圣王之制的重要内容。他说："圣王之制也；草木荣华滋硕之时，则斧斤不入山林，不夭其生，不绝其长也；鼋鼍鱼鳖鳅鳝孕别之时，罔罟毒药不入泽，不夭其生，不绝其长也；春耕、夏耘、秋收、冬藏，四者不失时，故五谷不绝，而百姓有余食也；污池渊沼川泽，谨其时禁，故鱼鳖优多，而百姓有余用也；斩伐养长不失其时，故山林不童，而百姓有余材也。"② 因此，人类不能为满足自然不断增长的物质欲望而违背自然规律，盲目地、无尽地向自然界索取，破坏自然界的平衡。如果人类一味地追求物质利益，忽视可持续发展规律，必然会破坏自然环境，最终导致人类自身的生存处于灾难之中。在人与自然的关系上，儒家肯定了人与自然界的和谐统一，强调人类应当认识自然、保护自然，尊重自然发展的客观规律，实现人与自然的和谐共处。人与自然和谐共处，是人在处理人与自然关系时应持守的最基本的态度。儒家主张合理开发自然的"利用"思想，是仁心外推、万物一体的生态伦理的体现。在全球进程不断加速的今天，儒家关于合理开发自然的"利用"思想，经过创造性诠释，完全可以成为建立全球和谐生态的伦理规范，也是实现人类生存完善的重要内容和保证。

三　和谐的身心修养是人的存在完善的保证

社会秩序的实现，只能由人类自身来完成的。人之所以为人之道，只能由人类自身来建构和实现。尽管儒家就社会秩序存在的合理性，以及社会秩序规范的确立上，曾将上天引入到其思想理论的论证中，但他们却没有将人类自身所应承担的责任，交给上天，而是明确地将其落实到了人类自身。社会秩序的建立和实现，人的存在的完善，只能由人类自身来完成。由此，儒家特别重视人和谐的身心修养，明确指出，以修身达致自身道德的完善，是人存在完善的保证。

---

① 《孟子·梁惠王上》，《四书章句集注》，北京：中华书局1983年版，第203页。

② 《荀子·王制》，（清）王先谦《荀子集解》，北京：中华书局1988年版，第165页。

　　和谐的身心修养是实现个体道德完善的方法。道德贯穿于人类社会生活的各个层面和领域，它是人之所以为人而与动物区别开来的本质属性，是人类社会得以和谐运行发展的人道核心。儒家对于道德与人的关系，有着极为深刻的认识。孟子指出，人之所以为人在于其有仁义礼智的道德。荀子强调，人之所以为人非特以二足而无毛者也，以其有群居和一明分使群的礼义之制，人之所以最为天下贵而能生存于社会之中，就在于人类社会具有仁义礼智的道德规范和行为准则，以及由此而建立起来的社会纲纪和社会组织。人的生存发展，社会的和谐运行，都是离不开道德的，没有道德则人难以体现出自身存在的本质属性，人类社会也将陷入残杀争夺的动荡混乱之中。所以，对于道德的修养和践履，是人之为人的存在要求，也是社会运行的基础保证。儒家关于人存在的道德及其作用的思想，在当代社会发展中，同样是实现人存在完善的重要保证。

　　儒家的伦理思想，是建构在以"仁"为核心道德基础上的。儒家认为，仁德的具体含义是"爱人"，它是人之所以为人的人道核心，是人与人之间相互交往的基本道德规范。孔子说："道二，仁与不仁而已矣。"① 孟子说："仁也者，人也。合而言之，道也。"② 以仁为核心的道德，作为人之所以为人的人道核心，它存在于人类生活的各个方面，确立了人之所以为人的本质特征。仁德是人道德的核心，它统摄涵盖了其他道德，礼、义、智、信、忠、恕、恭、敬、宽、惠、刚、毅等道德，都是仁德的具体表现。爱人的仁德，内在于人的心性之中。孔子说："仁远乎哉？我欲仁，斯仁至矣。"③ 仁德的践履是由个体自我主动的行为所决定的，"为仁由己，而由人乎哉？"④ 个人只有在具体的社会实践活动中，自我主动地去实践仁德，才能成就自身的道德属性，达致人际关系的和谐。

　　儒家指出，实践爱人的仁德，个体要在符合自身的社会关系和行为的前提下，由近及远地去泛爱社会中的人。仁德具体表现为忠恕之道。孔子的弟子曾子曾说："夫子之道，忠恕而已矣。"⑤ 忠恕是孔子所主张的仁德

---

① 《孟子·离娄上》，《四书章句集注》，北京：中华书局 1983 年版，第 277 页。
② 《孟子·尽心下》，《四书章句集注》，北京：中华书局 1983 年版，第 367 页。
③ 《论语·述而》，《四书章句集注》，北京：中华书局 1983 年版，第 100 页。
④ 《论语·颜渊》，《四书章句集注》，北京：中华书局 1983 年版，第 131 页。
⑤ 《论语·里仁》，《四书章句集注》，北京：中华书局 1983 年版，第 72 页。

的核心。忠有忠诚、公正、无偏不倚之意，它是人际交往的关系或道德实践中呈现于自己内心世界的一种德性，是自我在道德实践中所应呈现出公正无私的心理状态。忠要求人们在与人交往、在处理事情时，都应恪尽职守，公正无私，无偏不倚；恕是指推己及人，推己及物，设身处地为他人着想，也就是"己所不欲，勿施于人"的仁道。"子贡问曰：'有一言而可以终身行之者乎？'子曰：'其恕乎！己所不欲，勿施于人。'"① 忠恕之道是以仁德为核心的，它的另一种表达就是《大学》所指出的"絜矩之道"，即"所恶于上，毋以使下；所恶于下，毋以事上；所恶于前，毋以先后；所恶于后，毋以从前；所恶于右，毋以交于左；所恶于左，毋于交于右；此之谓絜矩之道。"这也就是"己所不欲，勿施于人"的普世伦理的基本原则。能够以忠恕之道去规范自身的行为，就是爱人的仁德。

忠恕之道既是道德修养的基本方法，也是人与人之间最基本的交往规范。如何实践"己所不欲，勿施于人"的忠恕之道？儒家指出，人们在自身的行为过程中，要持守以诚信为本的道德规范。

儒家认为，诚德是人的仁德的重要表现，它是源于天道的道德，是实现人际关系和谐的重要规范。孟子说："居下位而不获于上，民不可得而治也。获于上有道，不信于友，弗获于上矣。信于友有道，事亲弗悦，弗信于友矣。悦亲有道，反身不诚，不悦于亲矣。诚身有道，不明乎善，不诚其身矣。是故诚者，天之道也；思诚者，人之道也。至诚而不动者，未之有也；不诚，未有能动者也。"② 天道表现为生生不息、真实无忘的诚德，人道即表现为对于诚德的识得践履；天道是人道的终极来源和本根依据，人道是天道的具体流行和现实显现。实践天道，践履诚德，就要"择善而固执之者也"。否则，就不可能实现事亲、信友、明善、践道的要求。对此，《中庸》进一步指出，"唯天下至诚，为能经纶天下之大经，立天下之大本，知天下之化育。""唯天下至诚，为能尽其性；能尽其性，则能尽人之性；能尽人之性，则能尽物之性；能尽物之性，则可以参赞天地之化育；可以参赞天地之化育，则可以与天地参矣。"只有至诚尽性，才可参赞天地。因为"诚则形，形则著，著则明，明则动，动则变，变

① 《论语·卫灵公》，《四书章句集注》，北京：中华书局1983年版，第166页。
② 《孟子·离娄上》，《四书章句集注》，北京：中华书局1983年版，第282页。

则化，唯天下至诚为能化"，"诚者物之终始，不诚无物，是故君子诚之为贵。"人在社会活动中，要以持守诚德，成就自身的道德。荀子则鲜明地指出了诚德在人际和谐和社会发展中的作用。他说："天地为大矣，不诚则不能化万物；圣人为知矣，不诚则不能化万民；父子为亲矣，不诚则疏；君上为尊矣，不诚则卑。夫诚者，君子之所守也，而政事之本也。"①诚是成己成物的仁德，故《中庸》说："诚者非自成也，所以成物也。成己，仁也；成物，知也。性之德也，合内外之道也，故时措之宜也。"儒家指出，诚德就是修己安人、成己成物的仁道，它是达致天人合一，参赞天地化育的根本原则。

信德是儒家所强调的人际交往的又一重要道德规范。信，就是指真实无妄的道德。孔子指出，人在行为活动中，要"主忠信"，"敬事而信"，"言而有信"。信德运用于人们之间的交往活动，就是要求人们之间应当诚实守信，真实无欺。信德是做人之本，失去它不仅不能得到人们的认同和理解，陷入孤立隔绝之中，而且更难以成就自身的道德完善。故孔子说："人而无信，不知其可也。大车无輗，小车无軏，其何以行之哉？"②又说："言忠信，行笃敬，虽蛮貊之邦，行矣。言不忠信，行不笃敬，虽州里，行乎哉？"③人们在交往过程中就要在言论和行动上诚实守信，"吾日三省吾身，为人谋而不忠乎？与朋友交而不信乎？"（《论语·学而》）所以，儒家主张个人要以反省、克己的工夫，来培养诚信之德。而要践履"己欲立而立人，己欲达而达人"，"己所不欲，勿施于人"的忠恕之道，必须持守诚信的道德规范。因此，修养自身道德，规范自身行为，不仅能够提升个人的道德品格，而且能够实现人际关系的和谐融洽，促进社会道德的进步发展，进而保证社会的有序运行。

儒家伦理观对于人的道德规范的重视，对于人的向善成善潜在能力的肯定，以及它所主张的"己所不欲，勿施于人"等行为规范，是当代社会人存在完善的重要思想资源和价值指归。对儒家的道德完善伦理观予以合于当代社会发展需求的损益更新，具有着启迪人们成就自身存在完善，

---

① 《荀子·不苟》，（清）王先谦《荀子集解》，北京：中华书局1988年版，第48页。
② 《论语·为政》，《四书章句集注》，北京：中华书局1983年版，第59页。
③ 《论语·卫灵公》，《四书章句集注》，北京：中华书局1983年版，第162页。

达致社会和谐发展的理论价值。正如 1993 年 8 月 28 日至 9 月 4 日在芝加哥召开了"世界宗教会议"大会上，代表们签署的《世界宗教议会走向全球伦理宣言》中，明确提出"全球伦理"的基本内涵："我们所说的全球伦理，并不是指一种全球的意识形态，也不是指超越一切现存宗教的一种单一的、统一的宗教，更不是指用一种宗教来支配所有别的宗教。我们所说的全球伦理，指的是对一些有约束性的价值观，一些不可取消的标准和人格态度的一种基本共识。没有这样一种在伦理上的基本共识，社会或迟或早都会受到混乱或独裁的威胁，而个人或迟或早也会受到绝望。"全球伦理是指人类在交往中所必须遵循的最为基本的行为规范准则，"这个原则是有数千年历史的宗教和伦理的传统所寻获并持守的，己所不欲，勿施于人！"①

　　人的存在完善，是由当今的人们来完成和实现的。能否完成，也并不在于人们是否依照遵循了儒家的优秀思想和方法，更在于人们能否从当今社会的发展特点出发，建立和实践合于人类生存发展的社会秩序，实践人之为人的为人之道，保证社会的进步发展。

---

① ［德］孔汉思、库舍尔编：《全球伦理——世界宗教议会宣言》，成都：四川人民出版社1997 年版，第 12 页。

现实应用篇

儒学与现代乡村文化建设

"看得见山、望得见水，记得住乡愁"①，山水之间，静谧悠闲；岁月沧桑，不舍眷恋，这是现代人们对乡村的长久记忆，更是对乡村未来发展的愿景诉求。当然，乡村社会的未来发展，并不是也不可能完全回到过去的乡村，而应是在保持乡村特色的基础上促进乡村社会全面进步，从而实现传统乡村文明向现代乡村文明的有序跨越。人们对乡村未来发展的愿景诉求中，既包含着现代人们对乡村田园牧歌式生活的追寻，更涌动着对自然纯朴、温情宽厚之乡村文化品格的向往，乡情、乡恋、乡愁依然成为当代中国人的生活主题。正是基于此，现代乡村文明建设不能不谈及文化，以传统回归、价值重塑、文化创新为主旨的乡村文化建设显得尤为重要。

一　乡村文化建设的内涵

相对于传统乡村文明，现代中国乡村文明建设是推动乡村社会物质文明、社会文明、政治文明、精神文明和生态文明的全面构建，这里涵括着乡村社会物质财富、精神文化财富的全面发展与文明进步。其中，乡村文化建设既是主要目标，也是重要途径。乡村文明建设视阈中的乡村文化建设，是"在广大农村建设和谐、生态、文明、科学、现代的乡村文化和乡村文化形态，满足广大农民多样化的文化需求和保障农民的文化权益，缔造新的乡村精神和乡村理想"②。具体而言，乡村文化建设将经历一个由外而内的变化历程，通过对乡村生产生活方式的现代化建设、乡村文化

---

①　《2013 年中央城镇化工作会议公报》。

②　马永强、王正茂：《农村文化建设的内涵和视域》，《甘肃社会科学》2008 年第 6 期。

机制的创新发展等进行外部构建，激发乡村文化活力，重塑乡村精神，从而实现乡村文化的内涵重构。从这个角度来分析乡村文化建设的内涵，应包含以下几个方面：

（一）乡村文化建设应遵循乡村文化品格。乡村文化是乡村居民在乡村环境中长期生产与生活中的精神活动及其物化成果，"它承载了千百年来乡村居民在一定社会制度下形成的意识形态，包括乡村居民的情感心理、思想观念、伦理道德、生活情趣、人生追求、行为习惯，外显为民风民俗、典章制度和生活器物等，是乡村居民生活世界的重要组成部分，也是乡村居民安身立命的意义所在"[①]，它是一个村落的精神风貌的综合体现，是一个村落的文化品格。在历史发展中，乡村文化既保留了传统文化的天然根脉，也在现代多元文化的碰撞冲击中积累融合，演化发展，形成了自己的独特特征，乡村文化建设的前提应是遵循乡村文化品格、突出乡村文化特征。

（二）乡村文化建设应突出乡村文化的乡土性特色。以农业为基础、以村落为主要活动区域而形成的乡村文化，是生长在"乡村"、"土地"上的文化形态，因此，乡土性是乡村文化一经形成便自有的特性，"传统乡村文化的独特文化韵味在于其中所蕴涵的泥土般的厚重、自然、淳朴而又不乏温情的生存姿态。"[②] 随着世界工业化、城市化发展进程的加速，乡村社会正经历着快速而深刻的社会转型，乡村文化乡土性的内涵也在不断发生着改变，"乡土性正由静止型的原生态走向流变中的乡土性，乡土性的核心内涵——村民同'土'与'乡'的关系——正在发生深刻的改变"[③]。虽然随着城镇化的发展和大批农民进城务工，村民远离了乡村、远离了田地，这一变化是深刻的，但并非绝对的，在城乡二元结构下形成了"以代际分工为基础的半工半耕的农村劳动力再生产方式"[④]，乡村家庭中年轻子女进城务工经商，年老父母在家务农，进城村民可自由选择留在城镇或返回家乡发展。可以说，土地依然是现代农民的生活保障，乡土性依然是乡村文化的首要特征。因此，在城乡一体化发展背景下进行的乡

[①] 夏森：《当代中国乡村文明建设研究》，兰州大学博士学位论文，2011 年。
[②] 刘铁芳：《乡村的终结与乡村教育的文化缺失》，《书屋》2006 年第 10 期。
[③] 高长江：《乡村现代化与乡村文化建设》，《中国农村观察》1995 年第 4 期。
[④] 贺雪峰：《新乡土中国》，2013 年版，修订版自序。

村文化建设，不是城乡一样化，不是要按照城市文化模式进行乡村文化建设，而是要立足于乡村的原有属性和乡村的资源禀赋，结合乡村的自然风貌，建设有浓郁乡村特色的文化形态。

（三）乡村文化建设既要传统回归，也要文化创新。传统性是乡村文化的独特魅力。历史上，在以儒家文化为主体的中国传统文化产生发展过程中，自给自足的小农经济、以乡村血缘、地缘为关系形成的熟人社会，为关注人与人关系秩序的儒家文化提供了土壤，并贯穿于传统中国社会的全部生活世界之中，成为人们普遍接受和认可的文化心理，因此，梁漱溟指出"中国文化的根在乡村"①。现如今，随着工业化、城市化进程的不断加速，乡村文化中的传统因素正在开始遭到破坏，但相对城市文化而言，广大乡村还是较多地蕴藏、沉淀着传统的东西，依然在自然环境、生产生活方式、习俗心理和文化精神等诸多方面展现出较多的传统因素，如传统的特色村落、传统民间文化、民间手工技艺以及融化在乡土生活中的民族传统习俗、仪式等，尤其重要的是，传统文化已渗透到乡村文化主体——农民的性格和心理之中。因此，乡村文化建设不应是抛弃一切旧有的去新建，而应尽可能地保留历史文脉，实现传统回归，使乡村独有的传统文化形态依然能和城市文化并存，呈现出不同的特质和风貌。同时，当今时代，随着社会向信息化、知识化、大众化、现代化和世俗化方向发展，农民在文化接受途径和手段、文化消费方式等方面也相应出现了新的变化，这要求乡村文化建设要积极探索创新模式，为传统文化注入现代内涵，"通过外力引导和内部启发培育传统文化与现代文明兼容的文化体系，用现代文明之长补传统文化之短，用传统文化之精弥现代文明之粗，用新文化改造民德民智，培育农村自治力量"②。

（四）乡村文化建设的主体应是农民。乡村文化应是以农民为主体进行建设，这是在村落社会的现代转型背景下需要强调的视角。一方面，乡村文化建设以农民为主体，要兼顾乡村农民与进城务工经商农民的全体。现代社会城市化、工业化的发展，使许多农民远离乡村来到城市，农民同

----

① 梁漱溟：《乡村建设理论》，上海人民出版社 2006 年版。

② 辛秋水：《传统文化与现代文明相对接——新乡村建设的理论与实践》，合肥工业大学出版社，2010 年 9 月，自序。

乡土的关系正在发生深刻的演变，也加速了村落社会的转型，仅从乡村这一地域范围进行乡村文化建设不能顺应这一社会变迁情况，因此要强调文化的主体性。正是基于此，乡村文化建设中应有一定的比重来应对、解决进城务工农民城市化中的文化问题，城乡文化差别带给了进城农民文化观念方面的疏离状态，"其疏离状态主要体现在历史因素、价值观念、精神生活、归属意识上"①，乡村文化建设要引导农民从这种疏离状态到逐渐适应，即从基本生存——文化观念——社会交往等全方位的适应。另一方面，乡村文化建设以农民为主体，是要提高农民群众参与文化的主体意识，发挥其文化主体性。农民是乡村文化建设的参与主体、创新主体和受惠主体，乡村文化建设的重要目标就是要唤醒农民自身的文化自觉意识，使农民不仅认识到自己的文化责任，而且具有一种文化传承精神和文化创造精神，从而增强农民文化自主创新能力，加速乡村文化的新陈代谢。

二 乡村文化建设的作用

乡村文化蕴含着真诚的乡村情怀，体现着质朴的生活质感，可以启迪智慧、修养心性、陶冶情操、激发力量，可以起到教育人民、引导社会、推动发展的重要作用。"乡村地域文化中长期积淀而形成的地域、民俗文化传统，以及乡村生活现实中原本就存在着许多合理的文化因素，有着对于乡村生活以及乡村生活秩序建构弥足珍贵的价值成分。"② 从乡村文明和乡村文化的关系来看，乡村文明是乡村"文化的凝聚和历史性的展现，是乡村文化的可视状态，是人类借助科学、技术等手段在改造客观世界过程中所形成的文化结晶，是对文化发展的静态描述"③。而乡村文化孕育并传达了乡村社会的基本生命姿态和价值观念，通过自身的不断累积而生成深具文化特色的乡村文明。从理论到实践，乡村文化建设已经印证了自

---

① 李红艳：《乡村传播与城乡一体化——北京市民与农民工传播关系之实证研究》，社会科学文献出版社，2009 年 7 月，第 46 页。

② 刘铁芳：《乡土的逃离与回归：乡村教育的人文重建》，福建教育出版社 2011 年版，第 17 页。

③ 辛秋水：《传统文化与现代文明相对接——新乡村建设的理论与实践》，合肥工业大学出版社，2010 年 9 月，第 26—27 页。

身在乡村文明建设中的重要地位与作用。具体表现如下：

（一）传播乡村文明建设理念。对乡村文明的各种理念进行传播、普及以致深入人心，这是开展乡村文明建设的首要工作。只有在广大乡村地区乃至全社会中树立尊重传统乡村文明的观念、培育"生态自觉"意识、倡导"文化兴村"理念，才能真正推动乡村文明建设的快速发展。而这一切，离不开乡村文化建设中的宣传普及工作。

树立尊重传统乡村文明的观念。在现代城市文明的冲击下，传统乡村文明日渐衰落，但这并不意味着传统乡村文明就一定落后于现代城市文明，农民与市民不能完全地评判孰优孰劣。因此，在乡村文明建设中，关键要通过乡村文化建设向全社会传递出这样一种平等、尊重的理念，消除城市居民对乡村、对农民的优越感，消除农民对乡村文明建设的对立感，恢复乡村文化自信、恢复农民在社会发展进步过程中的自信心。

培育"生态自觉"意识。乡村文明建设是推动乡村社会的全面发展和文明进步，但不是简单地从外表上形式上模仿城市发展，乡村文明建设应有自己的评价体系，可以发展成和城市有所区别的另外一种生产、生活形态。但这种生产、生活状态要科学、文明，要符合人与自然、人与人之间的和谐相处之道，要在以乡土、乡情为依托和基础上符合现代文明发展方向。这种生产生活状态如果仅靠乡村生产生活基础设施的大规模改建拆建，只会带来千村一律的景象。乡村文化建设要让"爱乡护土"的生态价值、普惠理念深入人心并成为"生态自觉"，在生态自觉意识下建设的乡村更宜居、更具本土化、更有内涵。历史上，博大精深的中国传统文化形成了影响深远的"天人合一"、"道法自然"的生态观，在农业生产中强调"草木荣华滋硕之时，则斧斤不入山林，不夭其生，不绝其长也；鼋鼍鱼鳖鳅鳝孕别之时，罔罟毒药不入泽，不夭其生，不绝其长也"①，"树木以时伐焉，禽兽以时杀焉"②，这种节制欲望、合理利用和开发自然资源的原始的生态意识和可持续发展观，在广大乡村建立起了尊重自然、善待自然的和谐发展秩序，而依托于土地、乡村生活的农民，对土地的依恋使其会自觉地尊重和保护所生活的乡土环境，这是自觉的生态保护意

① 《荀子·王制》。
② 《礼记·祭义》。

识。现代市场经济的发展，使得乡村社会的发展基本上围绕着经济利益，无形之中破坏了生态利益、文化利益，乡村文明建设就是要恢复并强化"生态自觉"意识，这要借助于乡村文化建设中的大力宣传与普及传播。浙江在"美丽乡村"建设中作为"先行区"就经历了从"示范美"、"大家美"到"内涵美"的生动实践历程，从"千村示范万村整治工程"到"巧借山水、盘活资源、经营村庄"再到"修复优雅传统建筑、弘扬悠久传统文化、打造优美人居环境、营造悠闲生活方式"①，可以看出人们对乡村生态认识的不断升级，从生存改善、生态改善再到生态自觉，乡村的"美"内涵不断丰富，乡村农民的收获也不断增多。

　　倡导"文化兴村"理念。乡村文化是乡村文明建设的重要内容和主要抓手，要"将现代农业科技文化与中国丰厚的乡村文化、民族文化有机融合，在转型、变迁与建设中，振兴乡村，重塑乡村文化。……让中国的乡土气息、民族文化更具有创造性和生命力"。② 一方面要以文化兴生计，即依靠乡村特有的文化资源和自然景观，开发新的地方文化活动和产业，也让乡村成为更高级的生活和游憩的环境，以解决乡村居民的生活问题。山东青岛达尼画家村（大泥沟头村）充分发挥自然资源优势，先后引进了青岛绿泽画院、青岛松泉郊游度假村等多家文化旅游企业，建成了"中国江北第一画家村"。浙江永嘉对有"中国乡土文化史书库"之称的220 多个古村落采取的正是文化兴村，在保护美丽自然风光的同时，注重保护历史文化资源，也充分发掘和利用这些文化资源，如在村里陆续建成开放永嘉学派义学祠、昆曲馆、象棋馆等一系列文化礼堂、展馆，打造出"永远的山水诗、最美的桃花源"的美丽意境③，吸引了大批游客，不仅让天更蓝、水更清，也让村民过上了更加体面、更加美好的生活，更传承了乡村文明。另一方面要以生计促乡情，即引导村民主动营造、珍惜自己的生活，并对所处的环境产生自信，进而建立村民对村落的情感认同和诚心关爱。江苏南京大泉村成功把生态资源和文化资源转化为经济资源，人

---

　　① 《美丽乡村"星火传递"打造美丽浙江的生动实践》，浙江文明网，2014 年 8 月 27 日。

　　② 秦红增：《乡土变迁与重建——文化农民与民族地区和谐乡村建设研究》，商务印书馆2012 年 6 月版，第 5 页。

　　③ 胡丹：《浙江永嘉：220 个古村落近悦远来 美丽乡村建设造福一方》，浙江在线，2014年 6 月 3 日。

文景观与生态美景相得益彰，共同构成了美丽大泉的旅游画卷，吸引了众多游客慕名而来，观赏美景，体验农趣，同时，优美的环境带来了生活的富足，村民保护环境意识大大提高，个个争当生态之美守护者，形成了"村在园中、房在林中、人在景中"的独特宜居环境①。

（二）重塑乡村精神。当前，在"全球化背景下，市场化进程使人们的思维方式、行为方式、价值观念都发生了深刻的、前所未有的变化，尤其乡村社会在小农经济与市场经济的双重作用下，农民的传统价值观念失落、道德失范，乡村社会不可避免地面临着乡村社会价值体系的转折和重建，乡村文明建设的价值取向就在于引领乡村社会思潮，重塑新时期乡村精神和价值体系"②。乡村精神是乡村文化的灵魂与支撑。漫长的传统农业社会，逐渐培植了农民精耕细作、爱家爱土、刻苦耐劳、扶危济贫的优秀品质和道德情操，催人积极向上，陶冶高尚情操，是农民生存和发展的重要精神支撑，也是现代乡村社会文明进步所不可缺少的人文精神。在乡村历史发展过程中逐渐形成的、为农民所认可的乡村精神，是乡村文化的核心和灵魂，也是乡村凝聚力的重要来源。

建构精神家园。乡村文化作为一种自然形成的、以血缘、地缘为主要基础的文化形态，是农民的信仰表达与精神寄托的文化母体，是乡村共同体内的一个精神家园。现代化、工业化、市场化在乡村社会的迅速发展，消解了乡村原有的传统价值观念，冲淡了乡村文化承载的优秀乡村传统文化精神，由此而带来精神家园的失落，"当人们，特别是年轻的一代，对生养、培育自己的这块土地一无所知，对其所蕴含的深厚的文化，厮守在其上的人民，在认识、情感，以致心理上产生疏离感、陌生感时，就在实际上失落了不只是物质的，更是精神的'家园'。当他们逃离土地，远走他乡与异国，就走上了永远的'心灵的不归路'；即使不离乡土，也会因失去家园感而陷于生命的虚空"③。在乡村文明建设中，通过乡村文化建设，适应时代发展，以传统人文精神的优秀品质为依托，以涵养于传统文化中的社会主义核心价值观为主体，建构和形成乡村统一的、积极向上的

---

① 《江苏南京：南京大泉村抢抓美丽乡村建设新机遇　实现发展之美生态之美人文之美新提升》，南京文明网，2014 年 9 月 4 日。

② 夏淼：《当代中国乡村文明建设研究》，兰州大学博士学位论文，2011 年。

③ 钱理群：《追寻生存之根——我的退思录》，广西师范大学出版社 2005 年版，第 152 页。

价值观和人文精神，倡导用诚实劳动争取美好生活，以消除乡村某些价值混乱状况，为广大农民提供正确的价值方向，提供健康成长所需的价值理想、道德信念，成为其安身立命的精神家园。浙江省自2012年起，探索兴建以构建精神家园为内核的文化礼堂，即从建设乡村精神文化地标——文化礼堂入手，为农民打造精神家园，让其在"身有所栖"后"心有所寄"。文化礼堂的建设主要依托已有的旧祠堂、古书院、闲置校舍、大会堂和文化活动中心，不大兴土木，而是通过在室外统一使用Logo、在室内醒目位置悬挂国旗和"浙江价值观"标语等方式，实现精神内涵的统一；在礼堂文化内涵上，注重寻求家与国、古与今、内与外的结合，注重内生性、延续性、持久性，旨在实现单纯娱乐向更高精神层面的跃升；在活动形式上，文化礼堂将以农民群众认同和喜闻乐见的方式，培育乡村社会精神秩序，维护乡村社会和谐。①

　　凝聚价值认同。乡村文化反映着农民的共同意识，是农民共同的精神认知。广大农民聚村而居，在共同的生产生活过程中逐渐形成了能够聚集广大村民思想、行动的思想信念、价值观念、道德风尚和行为规范等集体所共有的村民意识，反映着村民的共同利益，共同的文化使村民之间得以互相认同，并能在心理上、情感上形成对乡村共同体的归宿感、依赖感，从而形成强烈的向心力和凝聚力。但当延续几千年的乡村文化在现代市场经济的挑战下逐渐虚空，在乡村现代化的诉求中逐渐被边缘化，并由此带来了这样的问题，即"乡村文化的虚化直接导致村民原子化生存与民间社会的解体，失去了既有文化的内在聚合力，乡村实际上越来越成为一盘散沙，利益成为彼此联系的压倒一切的纽带，金钱许多时候甚至可以轻易地盖过亲情，敬老爱幼这一乡村社会的基本美德也在许多时候轻易地被弃如敝屣"②。在这种情势下，通过乡村文化建设，可以在乡村倡导、树立一种开放、和谐、自由、精神的富足重于物质的享受为基本理念的生存方式，并使之成为乡村社会和全体农民的价值认同，重新焕发乡村文化精神的向心力和凝聚力。

---

①　《浙江文化礼堂：农村群众心目中的"精神家园"》，浙江文明网，2014年2月27日。

②　刘铁芳：《乡土的逃离与回归：乡村教育的人文重建》，福建教育出版社2011年版，第35页。

传承乡村传统文化。乡村是传统文化存续的主要空间，传统文化是乡村文明的文化根基。正像梁漱溟先生所一直强调的"中国文化的根在乡村，新中国的芽必须从旧中国的老根——乡村中长出来，中国复兴的前提是乡村文化的复苏，而其最重者在于农民的精神重建"①。因此，继承乡村优秀文化传统既是弘扬中华优秀传统文化的长远需要，也是衡量乡村文明建设的重要体现。在乡村文化建设中，大力传承弘扬乡村传统文化，可以保持乡村社会的文化根基，发掘和保护乡村优秀文化资源，如戏曲、传说、技艺、遗迹等，抢救即将失传的乡村文化、技艺形式；可以延续乡村共同记忆，满足农民群众的情感文化需求，激发农民的自豪感和幸福感；可以保持乡村文化的独立和自我完善，保持并丰富文化的多样性，促进文化生态发展；可以提升农村的文化软实力，推动乡村文化产业发展，带动农村和农民发展。

培养高尚道德。从古至今，中华民族崇德尚义、讲诚明礼成为一脉相承的优良传统，融入到了中国人的性格特征与精神理念之中。千百年来的重德厚德传统，现代社会对高尚道德的呼唤，都要求乡村文化建设将传承乡村传统美德、培养高尚道德作为重要内容。因此，以崇德、尚信作为重要内容和目标的乡村文化建设，对开展乡村道德教育有重要作用。山东在乡村文化建设中，积极开展社会主义核心价值观教育，宣传倡导社会主义道德规范，普及山东省公民基本道德行为 40 则，引导农民自觉践行社会主义道德规范，在全省广泛开展立足山东实际、做大做实"诵中华经典、学道德模范、做有德之人"活动；将传统道德教育引入乡村，在乡村开展"乡村儒学讲堂"活动；青岛胶州市以打造"尚德胶州"品牌为载体，推动道德自觉；潍坊寒亭区在各村（社区）普建道德讲堂，建立善行义举四德榜、孝心榜、新风榜、公益榜，推动先进道德理念入脑入心，外化于行。如今，崇尚道德在山东已经成为一种风气、一种价值理念。

（三）引领文明风尚。乡村文化可以通过价值引导凝聚价值认同，也可以通过行为引导引领乡村社会文明风尚。"在传统中国，乡村文化以独特的秩序意义规范和约束着人们的行为，维护着社会的稳定。内生于乡村社会的乡村文化，既以生态智慧建设着美好家园的'生活秩序'，也以道

---

① 梁漱溟：《乡村建设理论》，上海人民出版社 2006 年版。

德交往维系着心灵家园的'精神秩序',更用约定俗成的非制度性规范促使人们形成'自觉秩序'。"① 在现代社会中,快速推进的城市化和工业化进程不断解构着传统乡村文化的秩序价值,传统道德日益碎片化也日渐衰落,但从乡村社会的内在发展来看,与城市人口的流动性相比,乡村人口相对固定,乡村社会仍可视为是以个体化关系为依托的人际共同体,继而在这一共同体中,乡村文化依然可以通过村规民约、族规家训、传统道德等载体来约束规范村民行为。因此,在乡村文化建设中,紧跟时代新风,弘扬传统美德,传扬家训家风,修订村规民俗,既提高了农民的道德修养,提升了乡村文明水平,也传承弘扬了乡村文化传统。

以传统美德倡导文明。乡村传统文化中蕴含着丰富的美德资源,历经千年,适合农民的认知方式和审美习惯,容易产生共鸣。在乡村文化建设中,大力挖掘和充分利用传统美德资源加强乡村道德文明建设成为重要途径。山东省创新开设"乡村儒学讲堂",从建设乡村儒学入手,着重弘扬乡土社会中孝、忠、信、义等传统美德,重建乡村的伦理秩序和文化生态,这一做法很快拥有了深厚的群众基础而获得了巨大支持,成为让优秀传统文化扎根乡村、助力乡土重建道德秩序的有益尝试。②

以家训家规规范行为。许多乡村宗族祠堂里的匾额楹联、族谱都记录着的先贤祖训、治家格言,这些族规家训内容丰富,含义精深,涵括了遵纪守法、刻苦勤俭、爱国爱乡、和睦亲邻、孝敬父母、修身齐家等内容,传递着为人处世、爱国治家的良言诫语,体现着应世经务、学习态度等良好家风,不但可以励志、劝勤、勉学、诲戒、明德,而且启迪童蒙,矫正人生方向,对规范后代子孙的行为起着一定作用。广东河源市是客家先民聚集地的岭南古邑,向以重视家教著称于世,近些年,河源市以弘扬家训文化、践行当代价值作为培育文明村风的重要抓手,古邑家训逐步成为了广大农民的品行向导,编印了《客家古邑家训》书籍发送至全市乡村、学校和家庭,编创了"古邑家训客家魂"节目,以吟诵、舞蹈、竹板歌、山歌等脍炙人口的艺术形式,进镇、进村巡演,宣传家训文化,并广泛开展"传扬家训·崇尚十德·日行一善"活动,精心编印文明修身活动手

---

① 赵霞:《传统乡村文化的秩序危机与价值重建》,《中国农村观察》2011 年第 3 期。
② 《山东:弘扬传统文化 加强乡村道德文明建设》,山东文明网,2014 年 7 月 21 日。

册，让广大农民在传扬家训的同时，践行当代价值。[①]

以村规民约引领新风。村规民约是乡村社会为维护社会稳定，树立良好的乡风民俗等设立的共同约定和准则，内容涉及社会治安、消防安全、村风民俗、邻里关系、婚姻家庭、孝敬老人等方面，与家训文化相得益彰，互为补充，既扩充了家训的内涵，又注入了时代要求，对规范村民行为有一定的实效。近年来，北京顺义区426个村庄全部修订了"村规民约"，从建房到扔垃圾，大事小情有章可循，"村规民约"由每个村庄独立制定，各具特色，在修订中，不仅节约、环保等理念写入"村规民约"，志愿服务、公益活动也为村民们大为推崇，折射出农村新风尚。[②]

以宣传倡导培育风尚。培育乡村良好风尚，既需要道德约束与规范，也要有科学倡导，以正面倡导引导村民文明科学生活。在乡村文化建设中，以"文化墙"、"道德讲堂"为载体，正面宣传和倡导科学文明风尚，可以引导农民树立科学思想、养成文明习惯、追求健康生活，从而推动农村良好风尚的培育，树立乡村文明新风。河北以绘制文化墙为突破口，在全省8000个重点村大力改善农村环境，倡导文明风尚，做到农村"讲文明树新风"公益广告的大面积覆盖。在文化墙绘制中力求内容丰富，贴近群众，涵括了环境保护、文明风尚、"善行河北"等内容，分为动漫乡村版、社区版、综合版和招贴画地市版、行业版等类别，使文化墙不仅为新农村建设环境美化增添色彩，也成为宣传党的方针政策、提高村民素质的"固定的课堂"。[③]山东莱州市金城镇建成以孝德文化、廉政文化、历史文化、道德教育以及中国梦为内容的道德文化墙，让孝、诚、爱、仁"四德"文化引领村风文明。

（四）塑造新型农民。农民是乡村文明建设的主体，农民素质的高低是乡村文明建设的核心要素，培育和提升农民素质成为乡村文明建设的重要着力点和关键点。乡村文明建设要推动农民从单纯的"务农之民"转变为"有文化、懂技术、会经营、讲文明"，具有"新素质、新观念、新精神"的新型农民，在这个转变过程中，乡村文化建设起到了重要的塑

①　《河源：弘扬家训文化　培育文明新风》，广东文明网，2014年8月11日。

②　《北京顺义区426个村庄修订村规民约　提升乡风倡文明》，首都文明网，2014年8月26日。

③　《河北省以农村文化墙建设推进精神文明创建活动》，河北文明网，2013年10月18日。

造作用。

培育新精神。在长期的生产生活中，广大农民养成了勤劳勇敢、质朴实在、诚实厚道、艰苦奋斗的优良品格，形成了守望相助、见义勇为、济困扶贫的人文传统，这是千百年来广大农民身上积极向上的价值观念、人文精神的体现，也是现代农民所需要的精神内涵。在乡村文化建设中，大力弘扬乡村优秀人文精神，既是全社会对弘扬社会正气的呼唤，更是对农民自身价值的肯定和尊重，使农民对自身价值具有确定感，从而极大地提升广大农民对个人、对农民群体、对农村社会的自信心。当然，现代社会中，除传统人文精神之外，现代农业和经济的发展还需要农民具有开拓进取、灵活创业、勇于创新等精神，还需要积极向上、团结友爱、互帮互助的公民意识。例如，山东潍坊寒亭区广泛开展农村志愿服务活动，以弘扬农民守望相助精神为主旨，倡导农民亲帮亲、友帮友、邻帮邻、户帮户，参与关爱孤寡老人、残疾人和留守儿童志愿服务活动，取得良好效果。

倡树新观念。乡村发展关键在于农民的观念转变与创新。在乡村文化建设中，通过宣讲、培训等形式可以引导农民转变因循守旧，小富即安等传统落后观念，建立符合市场经济发展的开放观、市场观、竞争意识，培养农民的法制观念，平等观念，契约观念等，逐步形成适合于农村现代化建设需要的价值观念。引导农民树立正确的人生观和价值观，引导农民树立勤劳俭朴的生活理念。山东潍坊诸城市则以培育农民的现代经营意识、产业意识等为目标，在农业产业化过程中，积极对农民进行产业，创业意识培养，在镇街建立特色工业园区和中小企业创业服务基地，引导城区商贸企业到农村社区发展联营，连锁门店，带动农村社区发展商贸园区，商贸经营业户。[①]

塑造新素质。农民素质是农民群体所具有的特质、能力之总和，涵括了政治素养、道德观念、文化水平、精神风貌以及技术技能等多个层面。在乡村文化建设中，通过思想启蒙和道德强化，可以提高农民的思想道德素质，可以营造农村的文化氛围，赋予农村新的人文风尚和人文素养，让农民在享受文化中陶冶情操，提升文化素质和审美能力，通过农村文化教

---

① 韩冰等：《农业产业化　农村社区化　农民市民化——山东省诸城市破解"三农"问题的实践及启示》，《人民日报》2012 年 12 月 19 日第 7 版。

育培训，可以为农民提供适应新形势的文化知识结构，新技能知识，从而直接提升农民文化水平，增强农民能力；通过参与农村文化产业生产发展，使农民成为文化产业创作，生产主体，从而培养了大批"有技术、懂经营"的新型农民。

满足文化需求。乡村文化不仅"对农村社会成员的思想观念、道德情操和精神世界产生了潜移默化的影响，而且使得相对单调缓慢的乡村生活产生了趣味和意义，使农民的精神世界得到充实和提升"①。随着乡村文化建设的深入推进，不断焕发生机的乡村文化精神等共同意识将唤起农民对乡村生活的认同感、幸福感，培养其作为乡村主体的自信心，增强其精神力量，还可以提升农民的精神境界，引导农民追求更高尚的生活意义和人生价值，满足农民的精神文化需求。乡村文化中优秀的文化资源，歌舞、服饰、节庆活动、美术建筑等，浓缩了传统文化和民族文化的精华，可以为农民提供丰富多彩的文化产品，从而满足农民多层次多方面的娱乐文化需求，愉悦心灵。乡村公共文化水平的不断提升，拓展了更多的乡村公共文化空间，而乡村大众文艺、大众体育等文化活动的广泛开展，则吸引着农民自发地参与各项文化娱乐活动，从而搭建了更多利于农民文化交流沟通互动的平台，在满足农民文化消费需要的同时也满足了农民对新的社会交往的需求。

三　乡村文化建设的方向途径

乡村文化承载着广大乡村地区的精神寄托，其建设事关乡村社会发展的大局。乡村文化建设的目标和任务，决定了乡村文化建设的方向与着力点，即能够培养新型农民，提高乡村的整体综合素质；能够保护和传承传统文化，积极吸取和融合现代文化，重塑乡村文化；能够满足广大农民群众不断增长的精神文化需求和文化权益，提升农民群众的满意度和幸福指数。各地乡村在乡村文化建设上已经取得了较大的成果，但也有不少问题与困惑。总结经验，看到问题，找出对策，将进一步深入推进乡村文化建设。

---

① 白蕴芳、陈安存：《构建以农民为本位的农村文化》，《唐都学刊》2010 年第 6 期。

（一）拓宽乡村文化教育的范围。乡村教育是乡村文化建设乃至乡村建设的重要内容与途径，但在城市化几乎等同于现代化的理念追求中，乡村教育也比照着城市化教育而进行。因此，乡村教育被局限于乡村学校教育、农业技术技能教育、现代生产生活方式教育的内容之中，缺少了乡村特色，忽视了乡村文化。深入推进乡村文化建设，要从教育内容，受教群体，教育形式等方面拓宽乡村文化教育的范围。

其一，要将乡村文化贯穿于乡村教育全过程，拓宽教育内容。在乡村学校教育，农民实用技术教育培训中，应将乡村文化所蕴含的古典的、人文的、乡土的意味贯注于乡村教育之中，显现乡村文化内涵，传承乡村文明，从而增进人们"对乡村社会数千年来生存理念的理解，从而有效地拓展他们当下生存的意蕴，在乡村社会独有的生态秩序、心态秩序与文化价值秩序之中为他们找到生命的安顿提供踏实的根基"[①]。

其二，要分清层次，明确侧重，兼顾全体农民教育需求。随着社会的工业化、城镇化发展进程加速，农民的生存场域已突破了过去的区域设定，以居住地来分形成了三种生活模式。一是继续生活在农村地区，二是随着城镇化建设迁出村落居住在乡镇或县城，三是作为农民工群体定居在城市。生产生活场域的变化，对农民的综合素养提出了更多的要求。为此，乡村教育就要根据农民生活情况，结合具体实际，有侧重、有针对性地进行，要兼顾了各个生活区域农民群体对教育的需求。在农村，乡村教育内容要兼及农村生态、农业生产、农民生活等各个方面，主要是培养农民生态环境保护意识、养成科学健康文明的生活方式、获取更多的农业科技知识和技术、形成"产业农民"意识等；在城镇，着重对新、老城镇居民进行社区化、市民化培训教育，使农民顺利实现从农民角色到城镇居民角色的社会转型；对进城的农民工群体，一方面进行职业技能教育和创业技能培训，另一方面着力进行市民素质培养，使他们能够适应、融入城市生活，使其生活方式、价值观念等与现代城市文明相匹配，成为真正意义上的"新市民"，共享城市发展的成果。尤其需要指出的是，随着乡村人口向城市的大量流动，大批青壮年农民进城务工，青少年群体、留守妇

[①]　刘铁芳：《乡土的逃离与回归：乡村教育的人文重建》，福州：福建教育出版社 2011 年版，第 49 页。

女、留守老人成为乡村的固守群体，如何更加有效地对这些群体进行文化教育，满足精神文化需求，是乡村文化教育的重点。如今，在各地广泛推广的"乡村少年宫"建设，通过建设形式不同、功能完备的"乡村少年宫"，开办各类培训，不仅使乡村少年获得了与城市儿童一样的素质教育，而且使本土特色文化得到了传承，成为乡村青少年教育的得力抓手。相比较而言，针对留守妇女、留守老人的文化教育发展则明显滞后，因此，在乡村教育中要推动乡村妇女教育和乡村老人教育发展。

第三，要构筑社会化教育体系，全方位加强教育培训。要注重整合教育培训资源，深入推进农民就业培训，采取成人高校、职校与企业联合办学、职业学校对口企业等多种形式，面向农村进行农村基层干部岗位培训、农民绿色证书培训以及家政服务、实用技术等内容的培训，促进培训与就业的无缝衔接，提高农民培训实效；可以依托镇村文化大院、文化活动室等设立农民学院、村民学校等，做到农民培训有固定场所、有教学计划、有培训档案，形成覆盖乡村的农民教育培训网络，健全农民教育培训体系，构筑农民终身学习的体系和平台。

（二）寻找乡村传统文化传承有效模式。乡村优秀传统文化是在农耕文明、游牧文明、渔猎文明等长期的积淀下形成的，传承着文化传统，成为乡村文化的独特魅力所在，在乡村文化建设中也发挥着越来越突出的作用。但是，在工业化、城市化进程中，乡村传统文化的保护和发展受到了挑战，因此，乡村文化建设须加强优秀传统文化的保护和传承。

第一，有效保护乡村优秀传统文化。乡村优秀传统文化尤其民间文化艺术不仅是传统文化的重要组成部分，农民群众也主要靠这些土生土长的民间文化自娱自乐。因此，要建立切实有效的民间民俗文化保护机制，同时，要在全社会营造维护乡村传统文化的氛围，培养大众的责任意识。

第二，处理好乡村传统文化与其他文化的关系。一方面处理好传统文化与现代文化的关系，传统与现代不是对立的而是不断继承与发展的关系，要为民间传统文化艺术形式注入现代内涵，使其焕发生机与活力，以剪纸为例，传统剪纸以"龙""福""喜""窗花"等为主，而随着城市化的发展，剪纸在样式上融入了新的内容，如中国结、卡通形象等具有现代化气息的剪纸开始出现，这无疑给传统文化的多样性增强了丰富的内容。另一方面要"协调好乡村的物质文化、精神文化和制度文化等文化关系，用文化和谐的理念统摄经济发展与乡村文化传统的存续，文化产业开发与文化生态的保护"①。

第三，努力找寻最佳的有效传承模式。最大化地发挥乡村传统文化的经济价值，开发利用乡村传统文化，对保护和传承乡村文化起到了重要作用。但是，这里要抛开一个观念，即将传统文化保护和开发利用并联的观念，保护传统文化不应全是为了开发利用，换言之，保护传统文化有经济利益，更有文化利益在其中。如今，许多乡村都在探索保护和开发利用乡村传统文化并行的方法途径，例如，一些镇村凭借传统建筑、传统技艺发展特色古镇游、特色文化游，一些乡村依托传承传统工艺发展特色手工业等。这些途径，前者是通过最大化地保护传统文化形式而发展文化旅游，其优点是保留了乡村传统文化，后者是利用本地传统乡土文化打造新的文化产业，其优点是创新发展了乡村传统文化，这些都不失为保护和传承传统文化的有效方式方法。但是，从乡村传统文化的自身发展和内涵来看，单纯地保留乡村传统文化的形式如建筑、技艺等，使乡村传统文化如同保存在博物馆中，而村民则如同博物馆工作人员，这样保护起来的乡村传统文化缺少了生气与活力，而将本地乡村传统文化如技艺加入科技工艺进行扩大化生产，虽远播了文化，却缺少了原汁原味的精神内涵。由此来看，乡村传统文化的保护和传承，要探索出一个能将形神二者兼具的有效模式。

（三）创新农村文化发展模式。随着社会发展，农民在文化接受途径、手段和文化消费方式等方面也相应出现了新的变化。这要求在乡村文化建设中，充分发扬改革创新的时代精神，坚持与时俱进，进行创新，以体现时代性，把握规律性，富于创造性，以保持乡村文化建设的旺盛生机和活力。

一要拓宽文化活动内容。要根据经济社会发展的新形势、新任务、新要求，立足于广大农民群众对生态文明，社会道德秩序，健康生活方式的新期待，不断丰富、充实和完善乡村文化活动内容，创造农民新生活，塑造新农民、新形象。在乡风民俗方面，注重培植洁净之风、德孝之风、互助之风、学习之风、和美之风；在加强广大农民道德养成教育方面，着力

---

① 马永强、王正茂：《农村文化建设的内涵和视域》，《甘肃社会科学》2008 年第 6 期。

把培育"勤勉、互助、民主、文明"乡村文化精神；在生活方式建设中，坚持以科学、卫生、健康为重点，广泛开展科学知识普及活动和农业科技知识、实用技术和创业技能培训，引导广大农民群众开展低碳消费，革除铺张浪费等不良习俗，建设科学文明健康的新生活。

二要打造文化建设新载体，要以实施独具特色的系统工程推进乡村文化建设，从农民需求的现实入手，精心打造系列工程，积极实施农民素质提升行动、文明风尚普及行动和文化惠民行动，以此提高乡村文化水平。

三要培育文化传播新形式。只有有效地进行文化传播，才能更好地传承、发展乡村文化。在现代乡村社会中，文化传播需要借助于多种手段，既要有教育教学、书籍、媒体等形式，也要有口耳相传的传统形式。要加强社会整体的文化宣传，利用书籍、媒体等形式传播宣传乡村文化，尊重既有乡村文化的价值，逐步提升、显现乡村社会的文化活力。要适度改变乡村文化传播商业化的模式，加强乡村社会的文化支持，让优秀的图书、影像、艺术进入乡村社会。①

四要创新文化产业发展。要以产业创新揽活农村文化经济。乡村文化建设在增加投入的同时，必须从自身内部寻找发展出路，适应农村经济状态，对乡间传统文化资源进行开发，发展农村文化产业，形成产业发展规模，不仅为农村文化经济带来勃勃生机，丰富农民的精神文化生活，而且可以使乡土文化得以保存和发扬光大。

（四）推进公共文化服务体系建设。乡村公共文化服务体系建设的目标是让更多农民群众享受均等的文化权益，强调的是公共性、大众性和普及化，因此，要充分发挥公共文化服务体系的载体功能，因地制宜做好乡村公共文化服务与需求的对应契合。

推进文化硬件设施建设。在基本文化设施建设基础上，加强对偏远乡村的广场健身器材、文化广场的建设力度，重点建设公共文化、社会保障等，全面升级城乡公共文化服务。要结合社区化、城镇化发展，高水平推进镇街综合文化站建设、农家书屋、文化信息资源共享、广播电视村村通、农村电影放映等农村文化"五大工程"建设，实现公共文化共享工

---

① 刘铁芳：《乡土的逃离与回归：乡村教育的人文重建》，福建教育出版社 2011 年版，第 11 页。

程到村的完全覆盖。

推动城乡一体化发展。在硬件设施方面，要注重促进城市与乡村建设对接，充分发挥城市优质资源，通过硬件投资、软件辐射、交流互动等多种方式，让农民获得图书、博物馆、科技园、文化娱乐设施，如电影院等更多更丰富的文化资源，满足其精神文化需求。在人才流动方面，除了城乡结对之外，要推动城市精英人群向乡村地区的有序流动，其中一个重要的步骤"就是从乡村社会走出去的知识人以各种方式——尤其是中国古代社会中的告老返乡的模式——回归乡村社会，促进乡村社会的文化孕育，发挥乡村自然与乡村人文相结合的健全乡村生活方式"①。这是因为"乡村的文化建设，绝不是送书下乡、送戏下乡这些表面工程能够济事的，而是需要活生生的文化人薪火相传，和农民一起重塑乡村的文化自信。"②

推进农民工文化服务，致力于打造进城务工人员的精神文明家园。要支持和扶持成立民间农民工文化团体，组织开展文娱交流活动，开展文艺活动，到建筑工地、农民工聚集处与农民工子弟学校等地演出；要提供文化娱乐场所，设立农民工图书馆，开展"打工者周末小剧场"、"工友论坛"、"打工者创业论坛"等活动，为进城农民提供心理沟通与经验交流的场所；积极开展培训咨询活动，着力开展计算机、义工、合唱、法律、英语等方面的培训活动，并开通"工友热线"以随时提供咨询服务等。③

---

① 刘铁芳：《乡土的逃离与回归：乡村教育的人文重建》，福州：福建教育出版社 2011 年版，第 10 页。

② 澧人：《书屋絮语》，《书屋》2006 年第 10 期。

③ 参考李红艳：《乡村传播与城乡一体化——北京市民与农民工传播关系之实证研究》，北京：社会科学文献出版社 2009 年版，第 182 页。

儒学在乡村文明建设中的作用

——以山东省淄博市博山区为例

乡村文明，是中华民族文明的主体。搞好社会主义新农村建设，是国家富强文明、和谐稳定发展的保障。2005 年以来，党中央开始关注新农村建设，强调美丽中国要依靠美丽乡村打基础，并制定了一系列的方针政策。山东省是文化建设强省，依托儒家和谐思想，各地顺利展开美丽乡村建设。淄博市博山区是华夏孝乡，是儒家孝文化的代表性区域，以孝促发展、以孝促和谐，美丽乡村建设取得令人瞩目的成绩，为社会主义新农村建设提供了丰富的经验和启示。

一 儒家和谐思想的价值理念

《国语·晋语》有言："且夫偕出偕入难，聚居异情恶。"古代中国，乡村是人们的主要聚居地。不同宗族、不同性别、不同风俗习惯的人们集中在一起居住，难免会产生摩擦和嫌隙。为了协调群聚关系，儒家倡导和谐思想。孔子曰："君子和而不同，小人同而不和。"[①] 有子曰："礼之用，和为贵。"[②] 在中国历史上，"和为贵"成为国家治理的黄金守则。

"和"，最早出现在金文之中。一是与音乐有关。《诗经·郑风·萚兮》："倡予和女"，意思是大家都要与领唱的声音相互应和。《周易·中孚》："鸣鹤在阴，其子和之"，意思是鹤与其同类相互唱和。《礼记·檀弓上》："和之而不和，弹之而不成声"，意思是调不好弦，就弹不成调。

---

① 《论语·子路》。
② 《论语·学而》。

从音乐层面来讲"和",有主有次,但是主次方面声音相互应和,才能成乐,否则只能是音,难以为乐。二是与饮食有关。"和"与"盉"相通。"盉",是一种古代的调味器物,用来调和酒和食物的味道。《礼记·乐记》:"大羹不和,有遗味者矣",指的是肉汁不用盐来调和,食物的美味就不会充分发挥出来。其延伸意义相同,是指事物的各个部分得到很好的调和,整体才能达到最高的境界。从这里看,和谐不是将各种事物简单地混杂在一起,而是各自发挥各自的优势,互相关照,互相补充,目标一致,共同发展的一种良好的状态。

儒家和谐思想包括四个向度:

第一,人与自然的和谐。

人与自然的和谐,讲的是天与人的和谐。儒家倡导天人合一,追求人与自然的和谐统一。这个理念体现出中国人对自然界的敬畏与关怀之心。自然界是一个有机整体,万物相互依存,循环往复,如果生态系统失调,自然界的和谐就会受到破坏。自然界是人类赖以生存的载体,必须要遵循自然发展规律,谨慎保护,取舍有度,这是儒家和谐思想的重要内容。

儒家对天人合一的认识,是仁民爱物的思想出发的。孟子言:"君子之于物也,爱人而弗仁;于民也,仁之而弗亲,亲亲而仁民,仁民而爱物。"① 儒家认为,君子的仁德之心,不仅应该体现在对人、对百姓的关爱上,还应该体现在对自然环境的保护上。将人类的爱心推之于自然万物,以仁心爱物,才能够造就出良好的生存环境。仁爱是人际关系和谐的道德基础,也是人与自然和谐共处的道德基础。"万物并育而不相害,道并行而不相悖。"② 人与万物同时生长而不互相妨害,人类社会和自然都在按照自己的法则行事而不互相违背,这是就是一种天人和谐的状态。人类不能为了满足自己的私欲而破坏自然界运行的法则,无所限制地从自然界索取,一旦破坏自然界的平衡,将会遭受惩罚。所以,人类对待自然资源,要合理开发,节约使用,遵守人与自然界和谐共处的法则。

淄博是齐文化的发源地,齐文化中关于人与自然和谐的思想,也有着丰富的内容。齐国国相管仲提出天、地、人是一个整体,每一部分都要和

---

① 《孟子·尽心上》。
② 《论语·中庸》。

谐发展，社会才能达到最佳状态。《管子·五辅》中记载："上度之天祥，下度之地宜，中度之人顺，此谓三度。故曰：天时不祥，则有水旱；地道不宜，则有饥馑；人道不顺，则有祸乱。"人要按照四时规律来治理国家、发展农业生产。齐鲁文化对人与自然和谐的认识，不但认识到自然资源是人类的生存之本，同时也认识到自然资源是有限的，只有保护生态环境，才能保持人与自然的和谐共存，只有形成和谐、统一的天人关系，保证人类的生存和发展。

第二，人与社会的和谐。

儒家和谐思想讨论的主要内容，就是关于人与社会如何协调的问题。首先是如何建立一个和谐有序的社会秩序。《礼记·礼运》篇讲的"大同"就是一个和谐社会的最高表现。"天下为公，选贤与能，讲信修睦。故人不独亲其亲，不独子其子，使老有所终，壮有所用，幼有所长，矜寡孤独废疾者皆有所养，男有分，女有归。货恶其弃于地也，不必藏于己；力恶其不出于身也，不必为己。是故谋闭而不兴，盗窃乱贼而不作，故外户而不闭。是谓大同。"① 和谐社会是一个为大多数人谋福利的社会，是一个人们之间互相服务的社会，是一个个人能够找到合适位置做贡献的社会，是一个诚信、没有欺诈、没有偷盗的社会。②

在和谐社会的运行中，社会管理者发挥着重要作用。《荀子·王制》篇："传曰：'君者舟也，庶人者水也，水则载舟，水则覆舟。'此之谓也。"唐朝谏臣魏徵在《谏太宗十思疏》中采用了这句话，唐太宗一直以此为警示，时时不忘施惠于民。孟子提出养民富民思想。他认为，养民是实行仁政的根本基础。《孟子·公孙丑》："尊贤使能，俊杰在位，则天下之士皆悦，而愿立于其朝矣。"一个当政者，如果善于任用贤能之人，对百姓怀有一颗仁爱之心，施以仁政，百姓则莫不归从。

社会和谐还表现在正确处理外交关系上。对此，儒家主张和谐共处，协和万邦，重视睦邻友好，互利互惠。孔子说，一个国和一个家，不应该忧虑贫穷，而应该忧虑贫富不均；不应该忧虑人口太少，而应该忧虑人们是否安居乐业。孔子的弟子子夏曾说，君子只要有一个诚敬之心，做事没

---

① 《礼运·大同》。

② 汤一介：《儒家"和谐"思想的现代诠释》，《人民论坛》2006 年第 22 期。

有差失，对人恭而有礼，那么四海之内都是兄弟。① 孟子提倡王道，反对霸道，主张利用和平手段来解决国与国之间的争端，建立相互信任的关系，以道德来感化外邦，这既是"和为贵"的外交思想。只有国家之间和睦相处，才能构建一个和谐有序的生存环境。

第三，人与人的和谐。

人与人的和谐，指的是人际关系之间的和谐。孔子思想的核心——仁，主要就是针对人与人之间关系来讲的。包括两个方面：一是"忠"："己欲立而立人，己欲达而达人。"② 仁德的人，自己想成就的事情，也帮助他人成就；自己想达到的事情，也帮助他人达到。二是"恕"："己所不欲，勿施于人。"③ 仁德的人，自己不想接受的事情，不要强加给别人。

实现人与人的和谐，首先要做到待人以礼，施人以敬。孔子言："非礼勿视，非礼勿听，非礼勿言，非礼勿动。"④ 不合乎礼的事情，不便去看；不合乎礼的事情，不便去听；不合乎礼的事情，不便去说；不合乎礼的事情，不便去行。⑤ 儒家讲对待别人要宽恭笃敬，以和为美，对父母有孝，君臣之间有义，夫妇之间有别，长幼之间有序，朋友之间有信。在老吾老、幼吾幼的基础上，推己及人，去帮助其他老人和爱护其他孩子，彼此友爱互助。将仁德之心从个人家庭推广到整个社会，实现人际关系之间真正的和谐。

实现人与人之间的和谐，还要明确自己的职分。"不在其位，不谋其政。"⑥ "在上位不陵下，在下位不援上。"⑦ 无论在家庭关系中，还是在行政管理中，每个人都有自己的职分，应该自己做的要负责任做好，各在其位，各司其职；不属于职责范围内的，不要盲目行动，不然可能会引起误会，或出现混乱。因此，要保证社会组织结构的和谐运行，则必须要遵守一定的社会规范和行为准则。

---

① 《论语·颜渊》。
② 《论语·雍也》。
③ 《论语·颜渊》。
④ 《论语·颜渊》。
⑤ 钱穆：《论语新解》，北京：生活·读书·新知三联书店 2010 年版，第 305 页。
⑥ 《论语·泰伯》。
⑦ 《中庸》。

第四，人与自身的和谐。

人与自身的和谐指的是身体与精神相和谐，即身心和谐。《礼记·大学》篇中讲："古之欲明明德于天下者，先治其国；欲治其国者，先齐其家；欲齐其家者，先修其身；欲修其身者，先正其心；欲正其心者，先诚其意；欲诚其意者，先致其知；致知在格物。"诚意、正心、修身从而齐家、治国、平天下，身心和谐与社会和谐融会贯通。

儒家指出通过修身，可以达到人与自身的和谐，进而实现自身与自然、社会、人类三者之间的和谐统一。身心和谐实现社会和谐的基本条件，也是实现自身社会价值的必要前提。儒家十分重视人与自身的和谐，认为只有身心和谐，才能以平和、恬淡的心态去面对社会、面对人生，才能理性地对待现实。

在儒家看来，自我修身是完善人格，实现身心和谐的重要途径与方法。孔子的"好仁知礼守义"、孟子的"尽心知性"、荀子的"化性起伪、隆礼贵义"、《中庸》中"尊德性，道问学"、《大学》中"正心诚意、格物致知"，这些都是先秦儒家完善道德，实现身心和谐的修身之道。

细分而言，儒家实现人与自身和谐的修身之道主要包含了以下几个方面：

一、自省，反省自身行为得失，从而加以改正。孔子的弟子曾参每日从是否忠于职守、言而有信、所学与践行相一致三个方面去反省自身，"吾日三省吾身，为人谋而不忠乎？与朋友交而不信乎？传不习乎？"[1] 反省自身的思想意识、情感态度、言论行动等方面是否符合道德的要求，有则改之，无则加勉。

二、克己，自我克制、自我约束，进而提高自身道德。"克己复礼为仁。"[2] 克制自己，使行为合于礼的规范，就能达到仁的境界了。修身先学礼，以礼作为自身行为的规范，"非礼勿视，非礼勿听，非礼勿言，非礼勿动。"[3] 视、听、言、行都要合于礼，不放纵自身，这样才能提高自身的道德水平。

---

① 《论语·学而》。
② 《论语·颜渊》。
③ 同上。

三、忠恕，己欲立而立人，己所不欲，勿施于人。从自身感受出发，推己及人，由近及远地去关爱社会中的人，即儒家所讲的"爱人"的仁德，是道德修养中处理人际关系的重要原则。因此，孔子的弟子曾参在解读孔子"一以贯之"之道时就说："夫子之道，忠恕而已矣。"[①]

四、慎独，独处时也能高度自觉，谨慎不苟。慎独是个人道德修养的重要体现，其道德自觉尤高于"克己"。《中庸》中讲："莫见乎隐，莫显乎微，故君子慎其独也。"即便没人看到自己的行为，也会严格要求自己，自觉以社会道德要求规范自身。

由此可见，作为一种内在自觉的道德实践行为，通过修身可以完善自身道德人格，从而达到人与自身的和谐，进而实现社会的和谐。而和谐的人格不仅能够促进良好道德风尚的形成，也能够促进全社会的整体道德水平提高。

二 和谐思想在美丽乡村建设中的应用

儒家和谐思想追求的是人与自然、人与社会、人与人、人与自身等各方面的协调发展。博山区正是本着儒家和谐思想，将其应用到乡村礼和教育、乡村孝道人物评选、乡村遗迹改造、乡镇干部考核等一系列活动中，真正贯彻了爱民、保民、养民、富民的指导方针。

（一）儒家文化进校园

博山镇下庄小学坐落在一个偏僻的山坳里，这里有来自附近 10 个山村的 200 个学生，共 9 个班级，39 名老师。可是，这里的教学条件并不是我们所想象的那样滞后。

学校有两座四层高的楼房，一座教学楼，一座多功能综合楼。教学楼，又称明礼楼，里面的教室宽敞明亮、干净整洁，每班三四十位学生，均配有触碰式显示屏，每位学生还有自己的收纳柜，班级里的板报内容生动活泼。教学楼采用中央空调供暖，有自动饮水机以保证饮水安全。多功能综合楼，又称致和楼，整栋楼里有十几个多功能教室：实验室、网络教

---

① 《论语·里仁》。

室、史地教室、音乐教室、书法教室、舞蹈教室、陶艺室、微机室、心理咨询室等，供学生们上课和业余活动使用。值得一提的是，在实验室摆放着几台拆开的台式电脑和一台3D打印机。据这里的马校长介绍，这些台式电脑都是别人淘汰下来的，为了让孩子探索，专门放在这里供他们自由拆装，既满足了孩子们的好奇心，又让他们体验到了现代科技的魅力。

在博山镇的这所山村小学里，各种硬件设施一应俱全，与城市里的现代化小学并无多少差别。不同的是，"礼"、"和"这一儒学精髓，铸就了学校文化的血肉与灵魂。进入大门映入眼帘的便是刻在巨石上的"礼和"两个字。"礼"是礼貌、礼节、礼仪、礼让；"和"是和谐、和睦、和平、和顺。儒家礼和文化教育理念深入到下庄小学教育中的方方面面。

其一，"三风一训"。校风：以礼为魂，和谐育人。校训：知书达理，违规担责。教风：静心教书，潜心育人。学风：以礼为行，以学为上。

其二，师德师风新规定。建功立业十要素：承担责任是发展的加速器；喜悦心情是最好的人格状态；垫高别人，放低自己；心怀敬畏，有为他人着想的善良；一事一规则，总结反馈善提炼；执行讲力度，落实讲策略；没有条件创造条件来执行；做解决问题的高手；以直报怨，以德报德；忍耐与信仰可以动摇山岳。"四字"工作作风：恒——持之以恒，见微知著；变——知常达变，及时应变；清——日事日清，不拖不等；新——苟日新，日日新，又日新。

其三，发展愿景。教育梦想：让每个孩子享受幸福的教育生活。办学理念：成才先成人，健康成长比成功更重要。办学思路：点滴皆是教育，细节蕴含成功。培养目标：培养健康、阳光、向上、睿智的时代人才。

其四，班级文化。树立班级榜样，评选出学礼班、懂礼班、尚礼班、知礼班、树礼班、崇和班、炀和班。教育学生守孝道，以礼立德；教育学生敢担当，以礼立责；教育学生明事理，以礼立志；教育学生有教养，以礼立美。

在礼和文化的教育和熏陶下，下庄小学的学生温文尔雅、快乐阳光。孔子言："不学礼，无以立。"[1] 下庄小学以儒家礼和文化为教育理念，培养学生、培养教师，创建现代教学模式，搭建素质教育平台，造就了下庄

---

[1]　《论语·季氏》。

学校优良的教育环境。

除了下庄小学，博山镇其他学校都在进行传统文化的宣传和教育。镇政府对于教育大力支持，每年将镇上财政收入的 1/3 投入到教育事业中，传统教育理念与现代化教育手段相结合，尊师重教之风日渐浓厚。2015年，博山镇举行首届"最美乡村教师"评选，10 名默默无闻、无私奉献的优秀教师获此殊荣。领奖台上，学生为老师颁奖，母亲为儿子颁奖，看到大家对自己的认可，他们泪流满面。10 名受表彰的教师纷纷表示，要珍惜荣誉，继续以校为家、爱生如子，做师德的表率、育人的模范、教学的专家，为全镇的教育事业再做新贡献，为博山区的教育增光添彩。这对其他老师和学生都是莫大的鼓励。

（二）弘扬焦裕禄精神

博山是焦裕禄的故乡。1922 年焦裕禄出生在博山区北崮村一个贫苦的农民家庭，祖辈深受没有文化的苦处，省吃俭用供他上学。他一边刻苦努力、勤奋学习，一边帮助家里割草、砍柴，补贴家用。尽管这样，他的家庭依然穷苦不能维持生计，父亲被地主逼得走投无路，上吊自杀。抗日战争初期，博山因矿产丰富，被日本人占领，焦裕禄多次被日寇抓去做苦力。由于难以忍受日寇的残害，他被迫逃到江苏省宿迁县。1946 年，焦裕禄加入中国共产党，回到博山领导民兵，积极进行游击战争、土地改革和解放运动。之后，他被调到河南省，担任过地方副区长、区长、宣传部长、县委书记处书记、洛阳矿山机器制造厂车间主任、科长等职，在每个工作岗位上都是恪尽职守、兢兢业业。1962年，被调到兰考县任县委书记。兰考地处盐碱地，常年饱受风沙、内涝等自然灾害的侵蚀，那里的人民群众生活艰苦，旱涝无收。焦裕禄以浑然忘我的姿态投入到工作中，带领群众抗灾自救，与大家一起挖河排涝、封闭沙丘、根治盐碱。在这样的舍命工作中，积劳成疾，于 1964年 5 月 14 日以身殉职，时年 42 岁。

焦裕禄精神感染了全国人民，为我们留下了宝贵的精神遗产。其一，作为一位优秀的共产党员，他总结出十条工作经验：要依靠群众；要发扬民主；要经常总结工作；要学习政治；要利用积极分子做工作；要了解群众思想；要依靠党的领导；要搞好团结；要学习党的政策；要主动向上级汇报情况。其二，他告诫我们："新干部不参加劳动就不能明确树立群众观点，老干部长期不劳动，思想就要起变化，就要变颜色。""共产党员应该在群众最困难的时候出现在群众面前；在群众需要帮助的时候去关心群众，帮助群众。"其三，他制定了《干部十不准》：不准用国家的或集体的粮款或其他物资大吃大喝，请客送礼；不准参加或带头搞封建迷信活动；不准赌博；不准用粮食做酒做糖，挥霍浪费；不准拿生产队现有的粮款或向社员派粮派款，唱戏、演电影办集体和其他娱乐活动，谁看戏谁拿钱，谁吃喝谁拿粮，一律不准向社会摊派；业余剧团只能在本乡本土演出，不准到外地营业演出，更不准借春节演出为名大买服装道具，大肆铺张浪费；各机关、学校、企事业单位和党员干部都要以身作则，勤俭过年，一律不得请客送礼，一律不得拿国家物资，到生产队提取国家统购统派物资，一律不准用公款组织晚会，一律不准送戏票，十排以前戏票不能光卖给机关或几个机关经常包用，一律不准到商业部门、合作社部门要特殊照顾；坚决反对利用职权贪污盗窃国家的或生产队的物资，坚决禁止利用封建迷信欺骗和剥削社员的破坏活动；积极搞好集体的副业生产，增加收入，改善生活，反对弃农经商，反对投机倒把；不准借春节之机，大办喜事（不是不准结婚），做寿吃喜，大放鞭炮，挥霍浪费。这个文件成为中央出台《八项规定》的重要参考。

博山响应党的中央号召，传承焦裕禄精神50年不断线。焦裕禄精神，体现了共产党人的精神和党的宗旨，党中央号召全党继续学习焦裕禄精神，习近平总书记专门召开学习座谈会，并写诗《念奴娇·追思焦裕禄》以示纪念。整个淄博市，上至市领导，下至人民群众，都以焦裕禄精神为榜样。2014年3月4日，淄博市领导到焦裕禄纪念馆集体学习，带头接受群众路线教育。2015年2月9日，淄博市委书记王浩到焦裕禄纪念馆参观学习。焦裕禄纪念馆更是博山区领导干部参观学习、接受党性教育和勤政廉政教育的重要场所。为了纪念焦裕禄同志和学习他的精神，博山区建立了焦裕禄学校，创立了博山焦裕禄储蓄所、焦裕禄广场，开展"学习焦裕禄的好干部""百名中层干部大家评""踏着焦裕禄足迹寻访""焦裕禄精神讲坛"等一系列活动，弘扬焦裕禄精神体现在每一个角落。

博山出现焦裕禄这样的好干部，与这里的传统文化息息相关。博山历史文化悠久，被称为华夏孝乡。孝妇颜文姜的故事，在博山家喻户晓，妇孺皆知，她对博山地区的历史、文化、风俗影响深远。据传说，南北朝时期的孝妇颜文姜殁而成神，故博山原本的地名叫"颜神"，滋养这一地区的主干河流被称为"孝妇河"。颜氏的孝行带动整个博山的民土民风，广大群众将孝文化融入到日常生活中，崇尚孝道、乐善好施、家庭和睦、社会和谐。焦裕禄在这个地方成长，深受孝文化影响，青年时代就有了远大的志向和抱负，他对国家的忠诚和孝文化是分不开的。近年来，博山以孝文化为题材开展了中华孝文化节，组织评选了"孝感中国孝文化大使""孝感鲁鄂模范人物""山东十大孝星""孝感博山十佳孝妇""孝德模范人物"评选活动，举办了孝文化旅游节、孝乡美食节等一系列活动，在社会上产生了强烈反响。古有颜文姜，今有焦裕禄，造就了博山这一方悠久历史和深厚文化底蕴的土地。

（三）打造乡村风貌

乐疃村是博山区乡村建设的一个高端示范区。初进乐疃，这里不像是一个传统的村落，而更像一个现代化社区。这里有一排排高大的楼房，干净整洁的环境，路两旁种满了法桐，配有邮局、银行、超市、理发店、妇女儿童活动中心、塑胶跑道和篮球场等。

当看到楼房外墙上的孔子画像和仁、礼、恭、让、信等论语章句、路灯上村民写的赞颂诗词、宣传栏上村民活动展示时，才感受到隐藏在现代化气息下的乡村淳朴之风。"群众服务无终点，办好实事惠民生。""平时见面问声好，隔壁邻居乡亲近；困难时刻伸把手，相互关照胜远亲。""党员旗帜艳，内助半边天。儿女双双孝，婆媳对对贤。护林忠职守，见义勇为坚。邻里互帮好，生活趣盎然。""诗友文明聚一堂，吟山吟水赋文章。乡村大院开新户，锦上添花花更香。"这样的标语随处可见，从字里行间就能感受到村民们之间的和谐。在党员服务中心，为村里设立了各类档案：《公共服务》《基础设施》《乡村文明》《村容环境》《村级组织建设》《村级组织建设》《帮扶共建》《志愿服务活动》《廉政教育》，还为村民准备了干部代办事项登记簿、订餐卡、干部联系卡、警民联系卡。看得出，这里的村干部真是热心周到。小小乐疃，竟然能让人体味到孔子所言的"大人世及以为礼，城郭沟池以为固，礼义以为纪，以正君臣，以笃父子，以睦兄弟，以和夫妇，以设制度，以立田里，以贤勇知，以功为己”的小康之风。

针对乡村改造来说，保护就是发展。乐疃社区只是冰山一角，真正惊艳的是原有的乐疃村民居。村里将原有的所有民居都进行了很好的保护和改造，采用农家乐经营方式对外开放。村里蜿蜒着青石板小路，每一个宅院都保持原有框架和风格，只不过均是青砖绿瓦白墙筑造，墙壁上绘有传统山水画，屋檐雕梁画栋。进入每一处院内，都能看到一棵古老的树木；每间卧室都配备了独立卫浴间；夏季有空调、冬天有地暖；厨房里的油盐酱醋都一应俱全；床单、被褥上都如三星级酒店的标准；每间卧室里还有一个温度计让游客们随时关注室内温度及时调整舒适程度。采摘园里有各种蔬菜瓜果，供村民和游客享用。在乐疃村里，还能见到传统的豆腐坊、煎饼坊、粮油店、陶艺坊等传统作坊。乐疃村的村民大部分姓“孙”，村里留有一处宅院作为孙家祠堂，当作祭祀和传统礼仪的地点。报本反哺、溯本追源是中华民族的优良传统，是延续历史、传承精神文明的一种方式。乐疃村能够将传统思想融入到现实生活中，的确值得学习和借鉴。现在的乐疃村集国家“美丽乡村”、“省级生态村”、“省级旅游特色村”、“省级卫生村”、“省级宜居乡村”等荣誉于一身，吸引着越来越多的游客慕名而来。

群众文化成为农村和谐稳定的黏合剂。博山镇实施“三个一”工程，在全镇建设一处大型综合文体活动中心、各村建设一处文化大院、一处农家书屋，积极构建“15—20分钟”城乡公共文化服务圈。镇综合文体中心设有书画展览室、钢琴室、舞蹈室等共20个活动室，定期举办活动。顺应群众文化需求，成立了书画协会、诗词协会、摄影家协会等各类民间文化组织。围绕繁荣群众文化，精心举办生态旅游年启动、摄影大赛颁奖仪式、辰巳山民俗文化庙会、“身边的榜样”颁奖仪式、“最美乡村教师”颁奖仪式等各类活动。博山镇村村具有锣鼓扮玩队伍，每逢元宵锣鼓扮玩展演，上至七十老翁，下至三岁孩童，都争先恐后参与其中，融合各类人群，在文化活动参与中减少不和谐、不稳定因素。通过参与文体活动，全镇人民群众增进友谊，提升面貌，真正实现以文化人，促进群众大融合，推进和谐新农村建设。

（四）干部"四德"考核

博山区创新干部考察方式，开展干部"四德"专项考察，提高了选人用人公信度和准确度。一年来，先后有118名干部通过"四德"考察被提拔重用。"德才兼备、以德为先"是干部选拔任用的标准，但对干部"德"的考察一直没有一个明确、具体的尺度。去年8月起，博山区实行定性与定量相结合，将干部"德"的表现分解为政治品德、职业道德、社会公德、家庭美德4大类，每一类再细化分解为3个小项，并按照权重不同，分别赋予不同的分值，使这个看上去难于具体把握的考核指标有了可操作的尺度。

博山区将"四德"考察延伸到干部年度工作考核、村干部工作考评中去。2016年6月，博山区开展了竞争性干部选拔工作，6月21日—6月23日，博山区委组织部派出考察组到39名拟任用人选考察对象的家中、居住村庄（社区）、工作单位，就"四德"诸方面进行走访调查。有1名同志通过考察被任命为共青团博山区委书记，有12名同志通过考察被确定为副科级干部人选。2015年8月以来，先后考核科级干部719人、村干部1148人，有8人因"德"存在问题被批评教育或诫勉谈话。

干部"四德"考核的结果，将作为下一步提拔任用的重要依据。在"四德"考核中优秀的，优先考虑提拔任用；对于测评差票达到1/3及以上、且经了解核实有表现较差等7种情形之一的，不列为拟任用人选。二是作为干部奖惩的重要依据。对考察评价为良好及以上的，在干部评先树优时优先考虑。对存在问题的人员，视其情节进行批评教育、函询、诫勉、警告、免职等处理，对违法违纪的进行惩处。三是作为干部教育培训的重要依据。根据考察中表现出来的普遍性问题，进行有针对性的政治理论、业务知识、岗位技能等学习培训。例如，针对部分干部心理需要调适等问题，在2009年全区第二期科级干部培训班上增加了保持心理健康的内容。

同时，为了促进社区和谐发展，博山区山头街道将"四德"教育落到实处。山头街道结合"两学一做"活动的开展，组织了各种小区文化活动，联合淄博佳灏物业在颜山花园小区，大力弘扬传统文化，广泛开展家风、家训、道德小区创建活动。通过举办"四德"传统文化讲座，"四德"文化演唱会，小区"四德"好家风、好家训文明家庭评选，居民家庭文化交流会等活动使中华传统文化好家风、好家训思想深入业主心中，促进业主家庭和睦，陶冶业主情操，活跃业主的文化生活。四德小区活动带动各个家庭增强好家风、好家训家庭道德意识，能够鼓励业主宣传正能量，弘扬孝文化，为建设美好家园各尽所能，促进社区和谐文明进步。

近年来，淄博市以积极培育和践行社会主义核心价值观为根本，以善行义举四德榜建设为突破口，以山东省四德工程建设示范市和示范区县建设为带动，充分调动全社会参与四德工程建设的积极性、主动性和创造性，以社会公德、职业道德、家庭美德、个人品德为内容的四德工程建设取得了显著成果。淄博市被评为山东省首批四德工程示范市。

三　博山区和谐美丽乡村建设中的启示

（一）乡村文明传承，需传统文化与红色精神相结合

乡村是中国革命的起点，也是传统文化萌生的源头。抗日战争时期，毛泽东坚持以农村为革命根据地，团结农民群众，共同完成了抗击日本侵略者、推翻封建主义、土地革命等多项历史任务。他深刻认识到中国农民具有伟大的力量，在农民群众中流淌着生生不息的民族精神。在几千年的生产与社会实践过程中，农民作为中华民族最庞大、最重要的群体，勤劳善良、自立自强、仁爱谦逊、坚毅勇敢、愤世嫉俗、充满智慧，养育了无数优秀的炎黄子孙，被称为中国的"脊梁"。在农民群众身上，我们可以看到积淀的传统文化，也可以看到熠熠生辉的红色精神。

红色精神是我们的革命之本、建国之本，也是中国优秀传统文化的凝聚和体现。红色精神主要包括：（1）艰苦奋斗的创业精神。这是中华民族刚健有为的道德追求。《易传》中有句话："天行健，君子以自强不息。"说的就是刚健有为的精神。（2）全心全意为人民服务的奉献精神。这是对传统文化中"民本主义"的革命性转换。孔子言："节用而爱民，使民以时。"孟子言："民为贵，社稷次之，君为轻。是故得乎丘民而为天子。"红色精神坚持"为大多数人谋利益"的观点，发扬传统文化中的民本思想，形成了全心全意为人民服务的革命理念。（3）廉洁自律精神。这是对人格"内圣"的追求。儒家把仁、义、礼、智、信、恭、宽、信、敏、

惠作为修养身心的具体内容，这与红色精神中的廉洁自律思想是一致的。

乡村文明传承，需要将传统文化与红色精神密切结合。焦裕禄精神、井冈山精神、长征精神、延安精神、大庆精神、雷锋精神，都是传统文化与红色精神相结合的表现。正是由于红色精神扎根于传统民族文化肥沃的土壤之中，才使得我党取得一个又一个胜利，红色精神无一不是中华民族精神的发扬光大。在美丽乡村建设中，我们同样要将传统文化与红色精神相结合，承上启下，努力创造社会主义新农村。

（二）职业道德与家庭美德相结合考核乡村干部

乡村文明的建设，关键在乡村干部。如何建设一支坚决执行党的政策，一心为民的乡村干部队伍，如何完善乡村干部考核标准，这直接关系到乡村文明的建设能否成功。目前我国大部分乡村干部是当地的农民，虽然他们对乡情民俗有着全面的理解，对村民有着深厚的感情，但在一定程度上眼界较窄，学习能力较弱，思想偏于保守，对新技术、新信息、新文化掌握不多，对国家政策文件理解力不足，对乡村精神文明的全面建设形成一定的制约。博山区关于干部"四德"考核文件的实施，就是针对乡村干部的特点而提出的。特别是他们对乡村干部的职业道德和家庭美德方面着重要求和培养，取得十分明显的成效。

明确乡村干部的岗位职责，是职业道德建设的基本要求。新时期的乡村建设，对乡村干部职业道德有新的要求。首先，要有强烈的党性观念，做好党在乡村的"形象代言人"。其次，要有强烈的发展观念，做全村致富的"领头雁"。善于思考，正确认识村情、上情、下情，认真思考本村的资源和优势，然后确定发展路子。再次，要有强烈的集体观念，做百姓的"主心骨"。要把百姓的利益放在心里，将领导班子团结起来，大家心往一处想，劲往一处使，自然能够改变落后面貌。最后，要有强烈的自律意识，做个遵纪守法的"当家人"。在项目工程、婚丧嫁娶、购房乔迁中是否经得起金钱诱惑。决不能化公为私，侵占集体和群众的利益或财产，对乡村财务收支、工程发包、政策补贴等群众关注的问题，要定期公布，留下一个好口碑。

家庭美德是乡村干部成功与失败的关键。一个好的乡村干部，要培养自身的家庭美德，经营好自己的家庭，为乡村百姓做榜样。习近平总书记指出，不论时代发生多大变化，不论生活格局发生多大变化，我们都要重视家庭建设，注重家庭、注重家教、注重家风。乡村与城市的生活环境不同，邻里之间都互相熟悉，对每个人的家庭情况都十分了解。在这种情况下，乡村干部的良好行为对群众的正确引导显得更重要。作为乡村干部，在家庭中应该尊老爱幼、夫妻和睦、勤俭持家。儒家倡导齐家、治国、平天下。只有先把家庭安顿好，才能为百姓做更多的事。一个具有家庭美德的人，才会有良好的社会公德，然后才会有良好的职业道德。乡村干部如果在家庭美德方面出了问题，一定会失去大家的信任和支持。

新时期的乡村干部，应该成为"新乡贤"，成为群众信任和依赖的人。中国传统中，乡贤文化原本就根植乡土、贴近百姓，表达着一种爱国爱乡、见贤思齐、崇德向善的观念。新时期的乡村干部，应该赋予新的时代要求，正确树立社会主义核心价值观，打造出一支与美丽乡村建设相适应的新乡贤队伍。从现实情况看，乡村优秀基层干部、道德模范、身边好人，是乡村建设中涌现出来的先进典型，在当地有着较高的威望和影响，日益成为"新乡贤"的主体。要发挥这些人的示范引领作用，用他们的嘉言懿行垂范乡里，涵育文明乡风。要以乡情为纽带，吸引和凝聚各界成功人士回乡支持农村建设，用他们学识专长、创业经验反哺桑梓，支持家乡发展，建设美丽乡村。

（三）乡村教育均衡，需儒家理念与现代化教育方式相结合

乡村教育，是一个不容忽视的问题。目前，乡村教育存在许多问题。最关键是孩子上学难。不少地方教育部门将国家农村城镇化战略简单地理解为"向城镇转移"，一些县级教育部门一声令下，减掉了对村级幼儿园和小学的投入并责令其向乡镇合并，乡镇高中向县城集中，形成一股"停办村校向城镇合并"之风。村里没了小学是每户农家最头疼的问题，孩子们上学成为难题。再就是硬件设施、师资力量极其薄弱。教育成本的增加，乡村教育部门投入不能跟进，致使许多村级学校没有足够的教室和活动场所。师资明显不足，一名教师教好几门课程，甚至出现教师严重老龄化现象。现代社会快速发展，城乡一体化趋势日益迫近，如果乡村孩子继续守着这种自我封闭式的贫乏的学习环境，很难适应现代社会。对乡村建设来说，突破落后的教育环境是一个越不过去的"门槛"。

　　乡村教育要守住优良的传统文化。梁漱溟先生对乡村教育进行过系统的教育实践探索，他提出乡村教育要以中国传统文化为根基，融合西方文化之所长，才能使民族文化得到新的发展。根据乡村受众的特点，他将教育形式分为学校教育、社会教育、职业教育，内容都以传统文化为主。相关教材除了《中华民族故事》《农民国语课本》《国学教材》之外，有一种名为《乡农的书》，书中既宣扬乡村伦理道德，也倡导劳动至上，勤俭持家，还有《精神陶炼》介绍孔子、诸葛亮、岳飞等民族代表人物，以启发民族精神。通过学习传统文化知识，让群众继承民族传统，才能增加民族自信和自尊。

　　乡村教育要融合现代化教育方式。现代化教育方式包括两个方面：一个是教育思想的现代化。在国际化日益明显的今天，要想使乡村孩子适应外界环境，必须进行面向世界、面向未来的教育。在学习传统文化的同时，还应该使孩子们了解西方的语言、西方文化知识和先进科学技术，逐步建立起现代意识。二是教育手段的现代化。要打破"黑板＋粉笔"的传统教学模式，采用多媒体教学方式，使抽象、枯燥的学习内容转变为生动、有趣的动感内容。现代化教育方式在乡村教育中的普及有些难度，需要教育部门加大关注和投入。实现乡村教育均衡发展，让乡村孩子受到良好教育，培养他们热爱自己的母校和家乡的感情，有朝一日能够回归故土为家乡做贡献。

（四）乡村遗迹改造，需艺术性与生活性相结合

　　对乡村遗迹改造来说，精心保护就是最好的发展。习近平总书记在大理市湾桥镇古生村考察工作时强调，新农村建设一定要走符合农村实际的路子，遵循乡村自身发展规律，充分体现农村特点，注意乡土味道，保留乡村风貌，留得住青山绿水，记得住乡愁。中宣部部长刘奇葆在全国农村精神文明建设工作经验交流会上指出，建设美丽乡村，要留得住乡韵、记得住乡愁，保留文化形态、保存文化基因，守护住我们的文化根脉，不能名为搞现代化，实际上把老祖宗的好东西弄丢了。古镇、古村落、古民居是乡土文化的物质载体，要保护历史风貌，避免大拆大建，大力发展有历史文化记忆和地域民族特色的美丽乡村。要加强民间文化的保护和发展，传承独特的风格样式，赋予新的文化内涵，使优秀民间文化活起来、传下

去。博山区乐疃村的成功改造，充分说明了这一点，只有把乡村祖祖辈辈生活的痕迹保护好，才能够留得住乡村文化的根基。

乡村民居具有很高的艺术价值。民居建筑，也称为风土建筑。中国地域广阔，各处民居风格不同，从中能够找到当地人生活的原点和特征。每处民居，都能反映出特定民族、特定地域所独有的居住理念。民居的产生和构造，完全源于当地生态和生活的需要，它密切与民间习俗相结合，也能反映出当地民间艺术特色，这种集适用性、功能性和艺术性于一体的民间建筑群，构成了独特风格的民居环境。

古往今来，乡村人民对建筑的艺术性追求从未停止过。受传统文化影响，我国乡村民居体现着天人合一的思想，聚居地的选择要讲究阴阳调和，崇尚山之阳、水之阴。所以，每一个村庄都是和周围的地域、山、水、地形及当地的气候条件相联系。每一处宅院都不是乱无章法，而是按照传统的宗法伦理来设计。大部分民居都有明堂、东厢房、西厢房，房间都是按照尊卑长幼来安排居住的，体现了我国传统伦理思想。传统民间住宅用自然环境和人文艺术的真实显现，表达出人们内心追求和谐有序、平易近人、自然亲切的感觉，可以促进人与人之间的相互合作和情感交流，寄托着人们深厚的思想感情。如果在乡村改造中将这些传统符号和遗迹全都清除，将是很大的损失。

乡村改造，还要考虑群众生活上的便利。以种地为生的居民，习惯于宽敞的院子，平坦而接地气的房屋，设有院墙的独立的生活空间。当他们搬到楼上，并没有感觉到生活条件的改善，而是出现了很多方面的困扰，如上下楼不方便，农活用具无处摆放，邻里之间不方便走动等等。在房屋改造过程中，乡村群众的生活适应性是一个需要解决的问题。

儒家思想提倡"和故百物皆化"①。文化润物无声，拥有无穷的力量。在乡村建设中，融入儒家和谐思想，使人与自然、人与人、人与社会、人与自身达到和谐状态，乡村便能呈现出一种民主法制、诚信友爱、政通人和、安居乐业的美好景象。这是美丽乡村建设的目标，也是构建社会主义和谐社会的目标。

---

① 《礼记·乐记》。

儒学在社会文明建设中的作用

——对山东烟台市的调查与研究

  在社会文明①建设中，社会生活环境是衡量社会文明程度的重要标志，除各种物质条件之外，社会生活观念、社会生活方式、社会交往方式、社会人际关系等都是影响社会生活品质、生活环境的重要因素。要通过社会文明建设，尤其是系统有效的道德建设，使社会形成诚信友善的人际关系，构建和谐有序的生活氛围，从而为人们提供良好的社会生活环境。"当今世界，人类文明无论在物质还是精神方面都取得了巨大进步，特别是物质的极大丰富是古代世界完全不能想象的。同时，当代人类也面临着许多突出的难题，比如，贫富差距持续扩大，物欲追求奢华无度，个人主义恶性膨胀，社会诚信不断消减，伦理道德每况愈下，人与自然关系日趋紧张，等等。要解决这些难题，不仅需要运用人类今天发现和发展的智慧和力量，而且需要运用人类历史上积累和储存的智慧和力量"②，以儒学为主要内容的中国传统文化蕴含着"丰富哲学思想、人文精神、教化思想、道德理念等，可以为人们认识和改造世界提供有益启迪，可以为治国理政提供有益启示，也可以为道德建设提供有益启发"。鉴于此，近些年来，各地都注重挖掘和弘扬儒学优秀传统资源，着力提升个人道德修

---

  ① 社会文明的定义与内涵有广义和狭义之分，"广义的社会文明，是指包括经济、政治、文化、社会、生态等各方面在内的整个社会的开化程度和进步状态，是人类改造客观世界和改造主观世界所取得的积极成果的总和，是各种文明的有机统一。狭义的社会文明，是指相对于社会主义物质文明、政治文明等具体的文明形态而言，在社会领域中取得的积极成果的总和，主要表现在社会事业和社会生活的进步"（刘辉：《社会主义社会文明研究述评》，《中共四川省委党校学报》2012 年第 4 期）。本文仅从狭义的社会生活这一范围进行阐发。

  ② 《习近平在纪念孔子诞辰 2565 周年国际学术研讨会暨国际儒学联合会第五届会员大会开幕会上的讲话》，《人民日报》2014 年 9 月 24 日。

养，改善公共道德氛围，加强以个人、家庭、社会为旨向的道德建设，构建和谐有序的社会秩序。对此，为进一步了解与评价儒学在社会文明建设中尤其是道德建设中的作用，国际儒学研究与交流中心课题组于2015年8月下旬赴烟台及所属县区进行调查研究，在调研过程中，通过选取相关的部门、企业、城市、乡村等行业和社区及个体，采取召开座谈会、进村入户走访等形式，深入了解烟台市及所属县市儒学优秀传统弘扬情况，挖掘儒学在烟台市社会文明中所起的作用。现将调研结果汇报如下。

一　烟台市的主要做法

在反映城市社会文明水平的最高综合性荣誉——全国文明城市评选中，烟台市是全省唯一、全国仅有的两个"四连冠"地级城市之一。这一荣誉的获得，离不开烟台市卓有成效的社会文明建设，其中，道德建设成为烟台社会文明建设的亮点。在烟台道德建设中，"四德"工程始终走在全省乃至全国前列，2012年中宣部将获得高度评价的莱州道德建设"4＋1"工程列为全国重大典型，组织中央媒体进行了集中宣传报道。继莱州市的经验在全省全国持续推广之后，烟台市牟平区又成为山东"四德"工程建设工作的新典型。通过调研发现，无论在烟台的"四德"工程、未成年人思想道德建设中，还是乡村文明建设中，儒学优秀传统都是可资利用的重要思想文化资源。

2013年习近平总书记在山东考察时强调，要继承和弘扬中华优秀传统文化，弘扬中华传统美德，振奋中华民族精神。山东是齐鲁文化发祥地，是孔孟故乡，也是墨子、孙子、荀子等古代思想家的故里，在弘扬中华民族传统美德方面资源丰富。历史上，儒家提出了许多为人类所共同拥有的道德规范、道德人格和道德价值观，形成了影响深远的儒家伦理传统，道德思想成为儒家思想的核心内容。儒家传统道德中包含有许多支撑社会发展的向上向善的力量，蕴藏着积极向上的道德追求，也具有大量道德建设可资利用的重要思想文化资源。因此，烟台各地在道德建设乃至社会文明建设中，注重深入挖掘齐鲁传统文化中的道德精华和精神追求，将儒学优秀资源融入社会文明建设，以儒学优秀资源助推社会文明建设。

（一）搭建载体，精心组织道德主题活动

文明养成，贵在行动。在社会文明建设尤其是道德建设中，烟台在依托原有道德建设载体的基础上，将儒学优秀资源融入其中，精心组织各种道德主体活动。主要包括：

一是依托"道德讲堂"组织活动。烟台市结合实际，在全市精心组织开展了道德讲堂活动，吸引群众主动参与、自觉实践，截至 2015 年 8 月，共建成"道德讲堂"995 个，分机关、企业、行业、学校、社区、村镇 6 个类型，覆盖全市各级文明单位和部分社区、村镇，共开展活动 15000 余场次，30 多万名干部群众参与活动。① 在道德讲堂上，诵道德经典、讲道德故事、做道德感悟，深入挖掘传统道德文化资源，让人们在参与道德讲堂的过程中认知、感悟、提高。烟台毓璜顶街道黄山北社区开设道德讲堂，将"国学教育"与"杏坛传香"活动相结合，聘请退休教师对辖区内居民和学生们讲解《弟子规》，受到了辖区居民的广泛欢迎和一致好评。市公路系统推行道德讲堂"5＋1"模式，唱一首道德歌曲、诵一段道德经典、看一部道德短片、讲一个身边道德故事、做一番道德感悟等，并通过征文、演讲比赛等形式，学习实践优秀传统文化的精髓和古圣先贤的智慧，提升了个人道德素颜，树立了行业形象的"道德品牌"②。

二是积极选树道德模范。一方面，真正深入到基层，从群众身边发现并层层选树道德模范，各县市区和市直部门结合各自特色开展基层评选，招远市实行道德模范"月报季选年评"制度，莱州市推行"全民海选、月评好人"制度，"美德金都"、"德润莱州"、"莱阳梨乡好人"、"龙口新二十四孝贤"等 10 多个品牌活动在县域叫响。另一方面，浓墨重彩做好本地宣传，先后在市级媒体上开设了"道德之光"、"德耀烟台"、"时代先锋"、"凡而不凡"、"好人365"、"新烟台·新榜样"等多个专栏专题，借助品牌栏目、利用黄金时段开展战役性的宣传，芝罘区开展身边好人评选主题晚会，莱山区拍摄出品好人题材电影进行免费露天播放，形成道德模范形象随处可见、好人事迹随处可闻的铺天盖地的宣传效果，并分

---

① 资料来源于烟台文明网。
② 《烟台"道德讲堂"经验全省推广》，《烟台日报》，2013 年 9 月 15 日 A06 版。

别发挥网络媒体传播快、受众广、影响大的特点，由胶东在线网站联合全国百家网站发起"爱传百城·寻找最美的你"活动，在全国引发广泛关注。该活动后经国新办指导纳为全国性活动，为推广重大典型人物事件开拓了新的思路。

三是注重公共文化设施中的道德熏陶。为使道德文化浸入人心，烟台各区县如莱阳、莱州在公共文化设施上下功夫，在公园、广场、围墙等建设道德典型宣传长廊，使之成为道德教育的公共课堂。莱州市将广场上立起了很多刻有美德警句、图画的浮雕和石凳，把每个广场都镌刻上道德箴言，使人们在晨练、休闲活动中感受到道德的洗礼，而在金城镇中心小学的读书长廊上则镌刻着《弟子规》、《论语》等传统经典，"四德文化墙"以漫画的形式展示了"悯农"等中华传统美德，让学生们随时随地可以感受到道德文化的熏陶。同时，烟台重视网络道德教育，精心打造了网上国学类栏目"品读经典"，其中开设名家讲堂、经典传承、文修美德、经典名著、古圣先贤等版块，旨在传递积极的人生追求、树立高尚的思想境界和培养健康的生活情趣，使烟台民众足不出户即可享受国学经典的熏陶。①

四是传承家风家训。家训家规、家教家风，体现了一个家庭的道德水准，对公民道德、社会风气影响很大。因此，加强全社会的思想道德建设，离不开家风的传承。2015 年，为倡树良好家风，烟台市举办了"家风"主题征文大赛，启迪思想，塑造心灵，培育道德正能量。龙口市开展"培育良好家风"系列创建活动，大力推进家风教育，形成家训文化，许多村庄以"道德讲堂"作为家训家风的传承场，通过在道德讲堂活动中诵读《朱子家训》、《劝善词》等名篇佳句和上台讲述"我的家风"好故事等形式，同时，还举办敬老、祈福等文艺展演系列活动，将家训搬上舞台，通过喜闻乐见的吟诵、舞蹈、歌曲等艺术形式，不断丰富家训文化内涵，将好家风更深入地融入家家户户。招远市九曲蒋家村将村民家家户户修订的家训家规张挂上千，并定期督导，进门入户考核家训家规落实情况，取得了良好的成效。

---

① 《弘扬国学经典烟台市"品读经典"栏目上线》，烟台文明网，2015 年 10 月 27 日。

（二）区分重点，全面开展文明养成教育

在如何充分发挥儒学优秀资源推动社会文明建设上，抓好重点人群的文明养成教育是关键。烟台各地因地制宜、因人而异，对不同人群采取了不同形式和内容的文明养成教育。

一是让党员干部汲取传统文化，加强党性修养。烟台结合"三严三实"专题教育活动，把弘扬中华优秀传统美德、践行社会主义核心价值观融入到对党员干部的教育实践中，着力加强党员干部的党性、德性修养。例如，蓬莱市在"名师大讲堂"中，邀请儒学名家学者为全市党员干部作专题讲座，就"儒家文化与为政之德"等问题进行详细阐述，使党员干部们深受启发和教育。[①] 通过讲座，使党员干部不仅了解了儒家文化的深刻内涵和时代意义，也明白了如何将儒家思想应用到日常工作生活中，更深切地感受到执政为民的深刻意义。

二是将传统与现代相结合，提高女性文明素养。烟台各地将提升女性文明素养作为提升家庭道德、社会文明水平的着力点来重点推进，除采取传统的女性讲座、培训等手段外，从传统文化中汲取思路，传承经典，紧随潮流，开办女性学堂，创作推广《新女性文明三字经》。2012 年，在烟台职业学院设立全市首个"女性素质培训示范基地"——名萱学堂，开设女性养生保健、仪态气质塑造、幸福家庭经营、身心素质拓展等课程内容，帮助广大女性自我完善、提升素质，以更好地促进身心和谐健康。2013 年开始，烟台市妇联充分利用传统文化资源和传播形式，结合现代行为规范，创作了《新女性文明三字经》，分立志、修身、持家、孝亲、相夫、教子、处世、立业 8 个篇章，如"女子者，美之源，树形象，修内涵。倡四自，志高远，求平等，敢比肩……"并精心编排了说唱、快板、腰鼓等多个版本的传唱方式，印制宣传册及相关典型事迹，在全市各妇女之家及妇女儿童家园张贴上墙，以在全市妇女中形成学唱文明三字经、争做文明新女性的社会风尚。[②]

---

① 资料来源于《蓬莱市举办"名师大讲堂"500 多名干部接受儒家思想熏陶》，《烟台日报》2015 年 6 月 30 日 02 版。

② 资料来源于《〈新女性文明三字经〉唱响烟台》，《中国妇女报》2014 年 1 月 15 日。

　　三是吸收传统文化优秀精神推进未成年人思想道德建设。青少年是国家的未来，是民族的希望。同时青少年可塑性很强，教育好青少年，就保证了未来。而青少年教育中道德教育是关键。为培养青少年高尚的个人品德，促进其全面发展，烟台各地各教育部门注重开展各种主题活动，让他们在社会实践活动中养成德性。"弘扬国学　普觉智慧"烟台市第一届"国学达人"挑战赛、举办"传承国脉"经典诵读、举办"道德讲堂——从古代私塾教育看现今教育"讲座、暑期"传统文化"公益夏令营、成立国学馆童学馆等，引导青少年通过学习、诵读儒家经典，吸收其优秀文化精神。通过诵读、讲解，大家知道了"曾子杀彘"、"孔融让梨"等道德故事，更被传统道德文化所感染，进而敦促自己树立敏而好学、和谐家庭、友爱兄长的品德。

（三）创新思路，多方推进社会文明建设

　　在社会文明建设尤其是道德建设中，烟台各地不断创新思路，充分利用和发挥传统文化资源开拓新的道德建设路径，如莱州"4＋1"工程、招远市九曲蒋家村村民素质教育、《新女性文明三字经》等成为全省乃至全国的典型，也成为提升烟台社会文明水平的有力抓手。

　　莱州道德建设从《三德歌》到"4＋1"工程。"一个道理传古今，要做孝德人，要做诚德人，要做爱德人"，这是广为传颂的《三德歌》传递出来的歌曲内涵。2006 年，莱州市将传统美德与现代文明相结合，全面实施以孝德、诚德、爱德为主题的"三德"工程建设活动，并评选各种道德典型如"莱州当代二十四孝贤"，道德建设取得了显著成效。在"三德"工程基础上，莱州市不断丰富活动内容和形式，逐渐形成孝德、诚德、爱德、仁德为主题的"四德"工程和未成年人思想道德"心灵工程"，即"4＋1"工程，扎实推进家庭美德、职业道德、社会公德和个人品德建设，深入开展心灵沟通、心灵塑造、心灵保护三大行动，使"四德文化"渗透到了城乡每一个角落，汇聚起了社会正气，见证了道德的力量。

　　招远开展乡村传统道德文化建设活动。"全国文明村"招远市九曲蒋家村致力于进行乡村传统道德文化建设，并取得了良好的成效，《光明日报》2013 年 12 月 12 日在头版头条以《道德比黄金更珍贵》为题刊发了

九曲蒋家村的道德建设情况，引起各地关注和学习。为提高村民的道德文化水平，九曲蒋家村创作编写了《九曲蒋家村民素质教育手册》，将传统道德文化与现代道德文化、价值观与村情民情相结合，提炼问题供干部村民思考。同时，该村还从学习中华文化经典入手，组织编写了《中华传统道德文化经典选读》、《做新型农民建和谐家园》等 200 多万字的道德文化教育教材，其中内容包括《孝经》、《论语》、《中庸》、《墨子》、《孟子》、《荀子》、《大学》、《周易》、《礼记》等，鼓励村民学习、写学习笔记，村里 60 岁以下村民写学习笔记 8000 多篇。另外，村里邀请专家教授开展传统文化讲座 50 多次，如邀请东北大学客座教授吴荫培驻村 10 天，为村民逐章逐句解析《弟子规》、《三字经》，受教育村民 5300 人次，邀请烟台市传统文化大讲堂特邀教授，以《百善孝为先》、《诚信的力量》为题，向村民串讲《百孝篇》及如何诚实做人、诚信做事，使 70% 的村民能够熟读并能讲解《弟子规》。

烟台妇联创新形式，创作推广《新女性文明三字经》。为规范女性行为规范，引导广大女性传递美德、践行文明，2013 年，烟台妇联创作了《新女性文明三字经》，一经推广就在烟台各县市区引起强烈反响。究其原因在于，一方面，《新女性文明三字经》借鉴《三字经》《弟子规》等传统蒙学编排形式，使语言朗朗上口、易懂易记；另一方面，通过喜闻乐见的方式多方推广，借助一支队伍即基层巾帼健身队、两个阵地妇女之家和妇女儿童家园、三大品牌即名萱学堂、激情广场"好歌大家唱"及婚姻家庭健康工程等多个渠道，通过编排说唱、快板、腰鼓等多个版本的传唱、张贴宣传画、公交车上播放传唱视频等多种形式进行推广。通过这些举措，使《新女性文明三字经》成为烟台文明创建活动的又一精品工程。

二 烟台市在社会文明建设中传承和弘扬儒学优秀传统的良好成效

道德构筑幸福，道德促进和谐，道德发展经济。近些年来，烟台市着力推动建设"道德烟台"，灵活运用儒家优秀传统文化，既弘扬传承了中华传统文化，又提升了全社会的道德素质，全市从机关到企业，从城区到乡村，幸福指数普遍提升，进一步推动了烟台的社会文明建设。

1. 城乡文明程度不断提升

全国文明城市是反映城市社会文明水平的最高综合性荣誉，它要求一个城市要符合健康向上的人文环境、有利于青少年健康成长的社会文化环境、安全稳定的社会环境等十个指标。而这些指标的实现，是与烟台市扎实深入的道德建设分不开的。在道德建设中，烟台以"四德"工程为抓手，灵活吸收传统道德文化精华，创新道德建设工作机制，引导人们移风易俗、除旧布新，养成健康文明的生活方式，极大地提升了个人品德、家庭美德、社会公德，构建了崇尚文明、崇尚科学的社会风尚，形成了家庭和睦、民风淳朴、互助合作的良好社会氛围，数据显示，2013 年度烟台市群众安全感达 97.26%、群众满意度达 97.3%，均创历史新高。① 良好的道德氛围带来了和谐有序的社会环境，为此，烟台从 2005 年被中央文明委授予"全国文明城市"称号，成为 9 个首批全国文明城市之一开始，到 2014 年 12 月，烟台四度蝉联"全国文明城市"荣誉称号，是全省唯一、全国仅有的两个"四连冠"地级城市之一。不仅如此，2014 年 12 月，烟台市龙口、莱州、蓬莱荣获"全国县级文明城市提名城市"称号，招远市蚕庄镇、莱州市金仓街道仓南村、龙口市新嘉街道王格庄村、蓬莱市大辛店镇木兰沟村等 4 个村镇获得"第四届全国文明村镇"称号。在 2015 年 8 月第四届省级文明城市和省级文明县评选中，烟台市省级文明县数量升至 11 个，居全省前茅。

2. 好人善举不断涌现

随着"爱心烟台"、"道德烟台"的建设，全市思想道德水平得到显著提升，烟台好人善举不断涌现，2013 年《光明日报》头版头条以《山东烟台：人人传播正能量》为题报道了烟台的道德建设情况。烟台各地通过扎实系统的道德建设，弘扬了社会正气，大大提高了广大人民群众的文明道德素质，在全省范围内形成了崇尚道德楷模、学做道德模范的社会风尚，见难伸手、助人为乐、奉献社会蔚然成风，2013 年，"烟台市慈善义工管理体系"获得全国优秀志愿者工作案例二等奖，设立慈善义工管理中心 26 个，义工达 3 万多人，共有 30 家公益捐款超 200 万元的爱心企

---

① 资料来源于齐鲁网。

业，先后募集善款 1.36672 亿元，社会化募捐成果十分显著。① 在人人争当文明市民的道德创建活动中，烟台先后涌现出李登海、张广秀、刁娜、刘盛兰等一批在全国、全省具有重大影响的好人代表，越来越多的烟台好人用自己的经历、故事和选择诠释着真善美的内涵，周江疆、孙义良、刘盛兰、"托举哥"蒋兴保、王家强、李冬、"最美女护士"王菁、沈成磊、"订票哥"甘宜强等一个个烟台好人不断涌现，成为全省乃至全国道德模范。截至 2015 年 6 月，烟台市共有 152 人入选"山东好人"，仅 2014 年，烟台评选出"山东好人"40 人，居全省第二位，入选"中国好人榜"3人，入选"山东好人之星"3 人，使烟台已然成为一座名副其实的"爱心城市"、"好人之城"，充分折射出烟台作为连续四届文明城市的深厚道德底蕴。

　　3. 未成年人思想道德教育成效显著

　　烟台市不断加强和改进未成年人思想道德建设，借鉴传统道德教育和蒙学教育中的合理方法，利用传统道德文化资源生动形象、易懂易记、思想深邃的特点，建立更为全面的教育体系和更为灵活多样的教育形式，并取得了良好的成效。其中，莱州市未成年人"心灵工程"经验在全国推广；2012 年在中央文明委公布的未成年人思想道德建设工作测评结果中，烟台获全国未成年人思想道德建设工作先进城市，烟台市教育局被评为全国未成年人思想道德建设工作先进单位。烟台对农村未成年人思想道德建设更为着力。2012 年，烟台市已经建成各类乡村学校少年宫 207 个，基本实现了全覆盖，初步形成了布局合理、规模适当、经济实用的未成年人活动场所网络，在乡村少年宫建设中，烟台各地根据农村未成年人的思想实际和兴趣爱好，精心设计活动内容和教育方式，广泛开展道德教育、养成教育、体验教育和实践教育，集中抓好"诵读经典、爱我中华"等道德实践，努力实现农村未成年人快乐学习和健康成长的结合。

　　4. 道德建设为经济建设提供了重要支撑

　　烟台各地以道德建设为重点推动了社会文明建设，为烟台经济全面发展提供了重要支撑。通过加强道德建设，弘扬良好道德精神，增强了全市干部群众的凝聚力、向心力，为实现烟台文明发展、和谐发展、又好又快

---

① 《山东烟台：人人传播正能量》，《光明日报》2013 年 6 月 16 日 01 版。

发展提供了强大的精神动力。自 2006 年始，莱州市以中华民族传统美德为切入点，以提升公民道德素质、培育社会文明风尚为重点，大力倡导孝、诚、爱、仁"四德"工程，针对未成年人启动"心灵工程"，从每个人做起，从每个家庭、每个单位、每个行业抓起，实现了道德建设对家庭、单位、社会三大活动空间的全覆盖，促进了当地和谐稳定又好又快发展，"十一五"期间，莱州市地区生产总值由 2005 年的 225 亿元增加到 2010 年的 468 亿元，年均增长 13.5%；地方财政收入由 8 亿元增加到 24 亿元，年均增长 24.3%；城乡居民人均可支配收入翻了一番多。招远市九曲蒋家村是"中国黄金第一村"，也是"全国文明村"，为提升村民生活的幸福指数，从 2004 年开始，蒋家村扎实系统地开展了村民素质教育活动，以中华传统道德文化建设为抓手，加强村民传统道德教育，并取得了明显成效，村民道德水平整体提升，先后有 400 多人次被评选为村级先进人物，20 人次被评为国家、省和市级先进模范，全村为慈善事业、社会公益事业累计捐款捐物 1.2 亿元，2011 年 12 月，该村被中央文明委授予"全国文明村"荣誉称号。全村也形成了政治稳定、经济发展、文明和谐的局面，大力开展道德教育的这几年，也是九曲蒋家村集体经济发展最快的时期，2012 年底，该村集体企业发展到 15 家，提供就业岗位 5000 多个，资产总额 74 亿元，总收入 28 亿元，财税贡献 1.2 亿元，村民人均收入 4.5 万元。①

三　儒学在山东社会文明建设中的作用

山东自古以来就是道德之乡、礼仪之邦。近年来，山东各地都深入挖掘弘扬中华优秀传统文化中蕴含的丰富道德资源，扎实开展"四德"工程建设等道德实践活动，创造性地利用善行义举榜等一系列新形式，把传统美德作出了现代价值。儒学作为中华传统优秀文化的重要组成部分，其优秀的道德资源是推动经济社会进步发展的重要精神力量，传承弘扬儒学优秀传统，对于加快社会文明建设，打造山东道德高地，具有重大的现实

---

① 赵秋丽、向继贵：《道德比黄金更珍贵——山东招远九曲蒋家村大力推进道德建设纪实》，《光明日报》2013 年 12 月 12 日 01 版。

意义和精神引领价值。

1. 儒家优秀传统文化为山东社会文明建设提供宝贵的道德资源

以儒学为主要内容的中华传统文化崇尚道德，追求高尚的道德精神，向往理想的道德人格，蕴含着丰富的道德传统，这些可成为山东文明建设中可资利用的宝贵资源。传承和弘扬儒家尚德厚德传统，"敬德保民"①、"为政以德"②，有助于"引导人们向往和追求讲道德、尊道德、守道德的生活，形成向上的力量、向善的力量"③；儒家崇君子、尚圣贤的道德理想，以及孟母断杼教子、孔融让梨等故事，蕴含着许多做人的基本道德规范，引导人们追求高尚的道德人格；儒家讲仁爱、倡人道的道德情怀，"仁者爱人"④、"仁民而爱物"⑤、"老吾老以及人之老、幼吾幼以及人之幼"⑥ 的人道关怀，可以温润人的心灵，帮助培育民众理性平和、开放包容的社会心态，可以凝聚人心、提升境界；儒家尊礼仪、讲诚信的道德原则，"不学礼，无以立"⑦、"和为贵"⑧、"己所不欲，勿施于人"⑨、"言必行，行必果"⑩，强调对他人、社会的承诺和责任，可以形成和谐有序的人际维系、社会维系；儒家尚节重义的道德情操，"富贵不能淫，贫贱不能移，威武不能屈"⑪、"君子义以为上"⑫、"不义而富且贵，于我如浮云"⑬，传达出一种社会正气，可以形成维系和谐社会的精神纽带和道德风尚。

2. 儒家优秀传统文化为山东社会文明建设提供有益的经验借鉴

"儒家思想和中国历史上存在的其他学说都坚持经世致用原则，注重

---

① 《尚书》。

② 《论语·为政》。

③ 《认真贯彻党的十八届三中全会精神汇聚起全面深化改革的强大正能量》，《人民日报》2013 年 11 月 29 日第 1 版。

④ 《孟子·离娄下》。

⑤ 《孟子·尽心上》。

⑥ 《孟子·梁惠王上》。

⑦ 《论语·尧曰》。

⑧ 《论语·学而》。

⑨ 《论语·卫灵公》。

⑩ 《论语·子路》。

⑪ 《孟子·滕文公下》。

⑫ 《论语·阳货》。

⑬ 《论语·述而》。

发挥文以化人的教化功能，把对个人、社会的教化同对国家的治理结合起来，达到相辅相成、相互促进的目的。"① 儒家注重道德教化，孔子提出"为政以德"，孟子强调"仁政"，荀子倡导"隆礼重法"，都注重运用道德的手段加强社会治理，形成了优良的德治思想和德教传统，积累了系统的丰富的包括道德教化、道德推举和道德评价在内的道德建设经验，可以在社会文明建设中予以借鉴。现代社会中，大众生活方式与价值观念日趋多元，人际关系复杂多变，这就需要在提升个人道德的基础上培育社会公德，以构建健康有序的公共社会，而儒家在公共社会中道德取向、秩序维护等方面形成了一系列思想理论，例如儒家不仅将诚信作为为人之基本品德，也将诚信视为处理人与社会关系的最基本的行为准则，"民无信不立"②、"与朋友交，言而有信"③、"敬事而信"④、"非诚贾不得食于贾"⑤等等。因此，可以挖掘儒学优秀传统资源并进行创造性地转化，以为构建健康有序公共社会提供经验借鉴。另外，许多儒学著作尤其蒙学教材的编写形式也可以为今天提供借鉴，如体现《论语》"弟子，入则孝，出则悌，谨而信，泛爱众，而亲仁。行有余力，则以学文"理念的《弟子规》等蒙学读物，不仅将大量美德故事融汇其中，使其生动形象，让人们在潜移默化中受到了道德教育，而且语言精练，化深奥为浅显，读起来朗朗上口，易于传颂，借鉴其形式的烟台《新女性文明三字经》就取得了很好的推广效果。

3. 儒家优秀传统文化为山东社会文明建设提供有效的文化条件

"中华文化源远流长，积淀着中华民族最深层的精神追求，代表着中华民族独特的精神标识，为中华民族生生不息、发展壮大提供了丰厚滋养。中华传统美德是中华文化精髓，蕴含着丰富的思想道德资源。"⑥ 山东具有深厚的道德文化底蕴和优良传统，其中，以儒学为主要内容的齐鲁

---

① 《习近平在纪念孔子诞辰 2565 周年国际学术研讨会暨国际儒学联合会第五届会员大会开幕会上的讲话》，《人民日报》2014 年 9 月 24 日。

② 《论语·颜渊》。

③ 《论语·学而》。

④ 《论语·学而》。

⑤ 《管子·乘马》。

⑥ 习近平：《把培育和弘扬社会主义核心价值观作为凝魂聚气强基固本的基础工程》，新华网，2014 年 2 月 25 日。

文化蕴含着丰富的道德思想，充分挖掘和利用优秀传统道德文化的作用，有助于推动美德山东、文明山东、诚信山东建设，全面打造山东道德高地，引领社会健康发展。具体来说，由传统文化所生发和凝聚的传统美德，可以融入到山东公民道德建设的内容当中，为山东道德建设提供有效的载体和平台，进一步丰富山东社会文明建设的方式方法；弘扬儒家优秀道德文化，可以营造崇德向善、文明和谐的良好社会氛围。

4. 儒家优秀传统文化为山东文明建设提供较多的心理认同

第一，两千多年的社会化历程已经使儒家文化逐渐沉积到民众的心理层面，逐步内化为人们日常生活中所广泛践行的柔性社会规范，贯穿于社会生活的各领域，已成为人们惯用的认知方式和审美习惯，容易产生共鸣。第二，山东是孔孟之乡，儒学是齐鲁文化的重要内容，传承和弘扬儒家优秀传统，山东具有地域优势，人们更容易接受和认同当地已有的传统文化，并产生亲近感、认同感。第三，儒学构建了一个被民众广泛接受理解的社会伦理体系，其重视德行、讲求礼仪的精神性特征与民众生活交往心理、习惯的契合，容易让人们产生共鸣与认同，例如"兄友弟恭"、"父慈子孝"等等思想，儒家思想将某些早已存在于民众心中普遍认可的观念具体化、体系化，贴近民众的日常生活，因此易于被大众接受。

四 弘扬儒家优秀传统文化，推进山东社会文明建设的建议

山东各地依托儒学优秀传统资源，创新形式，搭建平台，有力地推动了社会文明建设。期间，亮点频出，成效显著。但是还存在很大的提升空间，比如传承弘扬儒学优秀资源多集中于儒学的德、孝思想，内容上还有待于进一步扩充；在举办讲座、诵读经典等形式的基础上，还需要更多的群众喜闻乐见的文明创建活动，以提高覆盖面、受众面，等等。因此，为充分发挥儒家优秀传统文化的作用，以进一步推进山东社会文明建设，提出以下对策建议。

1. 对儒家优秀传统文化进行创造性转化和创新性发展

传统社会中，儒学历经数千年而逐渐内化为行为习惯和伦理规则，凸显出儒学在社会变迁中不断自我调适的文化活力。但是，"传统文化在其形成和发展过程中，不可避免会受到当时人们的认识水平、时代条件、社

会制度的局限性的制约和影响，因而也不可避免会存在陈旧过时或已成为糟粕性的东西。这就要求人们在学习、研究、应用传统文化时坚持古为今用、推陈出新，结合新的实践和时代要求进行正确取舍，而不能一股脑儿都拿到今天来照套照用。要坚持古为今用、以古鉴今，坚持有鉴别的对待、有扬弃的继承，而不能搞厚古薄今、以古非今，努力实现传统文化的创造性转化、创新性发展，使之与现实文化相融相通，共同服务以文化人的时代任务"[1]，因此，在推动山东社会文明建设中，要结合时代要求对儒学进行创造性转化和创新性发展，以充分发挥其作用。一方面应当立足于时代特点，加强对儒家优秀传统文化现代性的挖掘与阐发，并加以创造性地转化，使之与当代社会相适应、与现代文明相协调。另一方面必须与时俱进，创新载体形态与传播手段，使儒家优秀传统文化融入人们的生活，山东一些乡村开设儒学讲堂，让儒学走进生活，走进群众，有力推动了乡村文明建设，具有很强的实践价值。

2. 将弘扬儒家优秀传统文化与践行社会主义核心价值观紧密结合

社会主义核心价值观作为社会主义意识形态的本质体现，在形成精神力量、引领社会思潮、凝聚社会共识等方面发挥着巨大的作用。倡导社会主义核心价值观，有助于在全社会建立正确的价值取向、职业道德和行为准则，有助于在全社会汇聚主流道德观念，弘扬社会正气，凝聚社会力量，汇聚和传递出更多更大的正能量。因此，要坚持将弘扬儒家优秀传统文化与践行社会主义核心价值观紧密结合起来，以引导人们向往和追求讲道德、尊道德、守道德的生活，形成向上向善的强大力量。要深入挖掘儒家优秀文化资源，赋予传统文化新的时代内涵，积极培育富有山东特色的道德文化品牌如"大爱山东"、"诚信山东"、"孝德山东"等，努力建设共有精神家园，让传统美德融入人们日常生活，不断发扬光大，以道德文化建设引领山东在新时期的创新发展、和谐发展和可持续发展。

3. 注重凸显儒家优秀传统资源的人本内涵

在传统文化资源的开发利用上，不少地方侧重于对传统文化进行商业化开发，文化搭台，经济唱戏，没有凸显传统文化本身的人本内涵。山东

---

[1]　《习近平在纪念孔子诞辰 2565 周年国际学术研讨会暨国际儒学联合会第五届会员大会开幕会上的讲话》，《人民日报》2014 年 9 月 24 日。

作为孔孟之乡，是儒学的发源地，儒家文化资源丰富。在如何发挥儒家优秀传统资源作用上，要着重将儒家优秀文化传承与文明养成、道德教育结合起来，以提升民众整体素质为目的，注重对儒学优秀人文精神层面的弘扬。

第一，依托儒家优秀道德资源建设道德教育园区基地。在新的时代背景下，要充分发挥儒家优秀道德传统对道德建设的积极作用，在继承传统美德的基础上，努力建立与发展社会主义道德体系。齐鲁大地上存在许多与儒家道德有关的历史故事、传说、遗迹遗址等，如曾子杀彘、"志士不饮盗泉之水"、"廉者不受嗟来之食"等，它们代表着一种道德符号、蕴含着一定的道德信息，凝聚着山东人特有的价值观念、道德祈求和社会理想。对这些宝贵的道德文化资源理应加以合理的修缮、保护，开发成道德教育基地，建设各种以道德为主题的文化园区，使人们接受道德熏陶，培养良好的道德情操和行为习惯。

第二，充分利用儒家传统美德资源助推乡村文明建设。"中国文化的根在乡村"①，历史上，自给自足的小农经济、以乡村血缘、地缘为关系形成的熟人社会，为关注人与人关系秩序的儒家文化提供了赖以生存发展的土壤，儒家文化也贯穿于传统社会人们的生活之中。在现代社会中，相对于城市文化，广大乡村还是较多地蕴藏、沉淀着传统的东西，尤其重要的是，数千年来，以儒家文化为主体的传统文化已渗透到乡村文化主体——农民的性格和心理之中。因此，在乡村文明建设中，以儒家传统道德文化对村民进行道德教育，适合农民的认知传统和审美习惯，容易产生共鸣。山东省将"乡村儒学"建设纳入现代公共文化服务体系，创新开设"乡村儒学讲堂"，从建设乡村儒学入手，着重弘扬乡土社会中孝、忠、信、义等传统美德，重建乡村的伦理秩序和文化生态，这一做法很快拥有了深厚的群众基础而获得了巨大支持，成为让优秀传统文化扎根乡村、助力乡土重建道德秩序的有益尝试。②

第三，利用儒家优秀文化资源开展道德教育活动。良好的道德观念、道德追求经过内化和社会化可以逐渐积淀在人们的文化心理结构之中，通

---

① 梁漱溟：《乡村建设理论》，上海：上海人民出版社 2006 年版。

② 《山东：弘扬传统文化加强乡村道德文明建设》，山东文明网，2014 年 7 月 21 日。

过开展各种道德教育活动，如传承家风传扬家训、传统美德展演、举办道德讲堂等，使人们形成崇德重德的价值观念、思想道德、情感模式、行为习惯和人格品质等特征，从而将崇德重德观念内化到人们的精神世界中，进而时时处处显现到人们的生活轨迹中。

4. 拓宽内容，创新形式

儒家文化内容丰富、思想深邃。在推动社会文明建设中，要根据经济社会发展的新形势、新任务、新要求，立足于广大群众对社会道德秩序、健康生活方式的新期待，深入挖掘儒家优秀传统文化中关于德孝、信诚、贵和、崇学、尚义等思想，不断丰富、充实和完善文明创建活动内容。同时，要在把握儒家优秀传统美德思想精神的基础上，追随时代潮流，创新活动载体，通过群众喜闻乐见的方式展现儒家优秀传统，如烟台《新女性文明三字经》、莱州道德文化广场等用新颖的形式把儒家优秀传统文化与人们的日常生活融合在一起，在潜移默化中提高文明素养。需要注意的是，依托儒家传统文化资源开展各种道德教育活动，要拓宽内容、创新形式，但也要注重其科学性、规范性，避免误导误信现象的发生。

后　记

  《中国政治文化的现代转型探析》，是中宣部 2016 年度重大课题"推进党内政治文化建设研究"（批准号 2016MZD027）阶段性成果，项目主持人唐洲雁。本书对近现代中国政治文化特别是当下中华优秀传统文化在中国特色社会主义建设中的积极意义和现实价值，进行了多方面的探讨，并且对具有代表性的地区做了认真的调查研究，具有一定的启示作用。

  具体的分工情况如下：

  《代前言》和《文化融合篇》由李军和郭萍共同完成。李军讨论近现代中、西、马三派特点，接着论及陈独秀与文化保守主义的论战，以及把马列主义与中国具体国情相结合的毛泽东思想，内容有：《陈独秀与文化保守主义的论战》和《中国特色的毛泽东思想》；郭萍主要讨论西方自由主义与儒学的争论，强调了中国自由观念的民族性与时代性，内容有：《近现代儒学与自由主义的遭遇战》、《中国自由观念的民族性与时代性》。

  《理论探索篇》出自石永之，重点讨论传统儒家伦理如何给现代政治提供道德支撑。内容有：《儒家伦理学及其特质》、《传统儒家的政治哲学及其特质》、《伦理与政治的新连接》、《内圣外王的重新诠释》。

  《现代价值篇》由孙聚友撰写，重点关注了儒学与人类命运共同体、全球化浪潮，以及儒家思想与生态文明和人的存在完善等。内容有：《大同思想与人类命运共同体》、《儒学与全球化》、《儒家思想与生态文明》和《儒家与人的存在完善》。

  《现实应用篇》有两位执笔人，通过调查研究，具体考察了儒学在现代社会文化建设中的作用。李玉撰写了：《儒学与现代乡村文化建设》、《儒学在社会文明建设中的作用——对山东烟台市的调查与研究》；李文娟：《儒学在乡村文明建设中的作用——以山东省淄博市博山区为例》。

编著者